Friedrich M. Kircheisen

Briefe Napoleon I.

Erster Band

Verone

Friedrich M. Kircheisen

Briefe Napoleon I.
Erster Band

1st Edition | ISBN: 978-9-92500-051-7

Place of Publication: Nikosia, Cyprus

Erscheinungsjahr: 2015

TP Verone Publishing House Ltd.

Briefe Napoleons I., Nachdruck des Originals von 1910.

Friedrich M. Kircheisen

Briefe Napoleon I.
Erster Band

Verone

BRIEFE
NAPOLEONS DES ERSTEN

IN DREI BÄNDEN

Auswahl aus der gesamten
Korrespondenz des Kaisers
herausgegeben von

F. M. KIRCHEISEN

BRIEFE NAPOLEONS DES ERSTEN

Erster Band
Vierte Auflage

VERLAG ROBERT LUTZ ⸱ STUTTGART

1910

Einleitung.

Die beste Darstellung der Persönlichkeit Napoleons ist in seiner Korrespondenz enthalten. In ihr kommt seine schöpferische Kraft zur vollen Geltung, und seine Individualität, sein wahres innerstes Wesen, ohne die seine Handlungen und Taten nie ganz zu verstehen sind, treten klar und hell in die Erscheinung, wenn man einen Einblick in seine Briefe tut. Welch unermeßliche Pläne, welch außerordentliches Genie, welch rastlose Tätigkeit sprechen aus ihnen! Sein politischer Weitblick sah die Ereignisse einer kommenden Zeit voraus, und wir können mit Goethe sagen: „Napoleon war immer erleuchtet, immer klar entschieden, und zu jeder Stunde mit der hinreichenden Energie begabt, um das, was er als vorteilhaft und notwendig anerkannt hatte, sogleich ins Werk zu setzen. Sein Leben war das Schreiten eines Halbgotts von Schlacht zu Schlacht, von Sieg zu Sieg. Von ihm könnte man wohl sagen, daß er sich in dem Zustande einer fortwährenden Erleuchtung befunden; weshalb auch sein Geschick ein so glänzendes war, wie es die Welt vor ihm nicht sah und vielleicht auch nach ihm nicht sehen wird."

Wir mögen noch so sehr von der Größe Napoleons als General, Staatsmann und Gesetzgeber überzeugt sein: diese aus dem Kabinett des Konsuls und Kaisers, aus dem Biwak des Soldaten, ja selbst die aus der Feder eines Liebenden hervorgegangenen Dokumente liefern einen Beweis seiner Eigenart, wie es wohl keinem Historiker gelingen wird, sie darzustellen. Aus diesen Aufzeichnungen spricht der M e n s c h Napoleon, wie er mit seinen Fehlern und guten Eigenschaften war, aus ihnen spricht seine Größe, die sich besonders darin offenbarte, daß er sich zu allen Zeiten gleich blieb. Vor oder nach einer Schlacht, bei einem Siege oder einer Niederlage, immer war er unerschütterlich und rasch entschlossen zum Handeln. Nie verlor er seine Energie und sein kaltes Blut; das eben sind die Eigenschaften des wahren Genies! Und wenn wir auch bisweilen vor seinen wuchtigen Aeußerungen, die Völker und Fürsten ins Verderben stürzten, vor seiner oft geringen Wahrheitsliebe und korsischen Verschlagenheit zurückschrecken, so können wir doch diesem Manne, den die Natur mit einer so großen Vielseitigkeit, mit so reichen Fähigkeiten für das Erhabene und Niedrige ausgestattet hatte, unsere Bewunderung nicht versagen, denn alles an ihm ist groß und mächtig, auch das Häßliche!

Es ist daher ein bedeutendes Verdienst der Wissenschaft, daß diese wertvollen und interessanten Briefe nicht in den Archiven verborgen gehalten worden sind, wofür wir besonders dem letzten Kaiser der Franzosen danken müssen. In den ersten Jahren seiner Regierung faßte Napoleon III. nämlich den Entschluß, den Briefwechsel seines Onkels sammeln und drucken zu lassen, und beauftragte zu diesem Zwecke eine Kommission, die sich mit der Ausführung seiner Idee befassen sollte. Infolge eines kaiserlichen Dekrets vom 7. September

1854 begab sich die Kommission an die Arbeit, und in den Jahren 1856—1870 erschien die 32bändige »Correspondance de Napoléon Ier.«

Dies war jedoch nicht der erste — und soweit es sich um die in der 32bändigen Ausgabe n i c h t enthaltenen Briefe handelt — auch nicht der letzte Versuch, den Briefwechsel des französischen Kaisers der Oeffentlichkeit zu übergeben.

Napoleon I. selbst hatte, bereits als er noch Konsul war, die Initiative zu einer Sammlung seiner Briefe ergriffen. Ein solcher Gedanke lag ihm sehr nahe, denn oft kam er in die Lage, diesen oder jenen aus seinem Kabinett hervorgegangenen Brief zu Rate ziehen zu müssen. Da aber die Entwürfe oder Abschriften nicht immer so klassifiziert waren, daß sie ein schnelles Nachschlagen ermöglichten, so ließ der Erste Konsul von allen Briefen Abschriften nehmen und sie zusammenheften. Das Ganze bildete die stattliche Reihe von 47 Bänden, eine Sammlung, die später in den Besitz der Nachkommen seines Bruders Joseph übergegangen ist.

Zur Fortsetzung dieser Sammlung fand Napoleon indes weder Zeit noch Gelegenheit; gedruckt wurde sie erst nach dem Sturze des ersten Kaiserreichs und erschien unter dem Titel: »Correspondance inédite officielle et confidentielle de Napoléon Bonaparte«. 7 Bände. Paris, 1819—1820.

Ferner möchte ich nicht unerwähnt lassen, daß schon in den Jahren 1808—1813, also vor der soeben erwähnten Veröffentlichung, eine Sammlung in einem mit Napoleon verbündeten Lande herausgegeben wurde, die viele Briefe von ihm enthielt. Es war die von Christian Fischer veröffentlichte: »Collection générale et com-

plète de lettres, proclamations, discours, messages de
Napoléon le Grand, rédigée d'après ,le Moniteur'«
2 Bände, Leipzig, 1808—1813.

Ein sehr interessantes Buch — weniger für den
Historiker als für den Psychologen — sind die »Lettres
de Napoléon à Joséphine, pendant la première campagne
d'Italie, le consulat et l'empire«. 2 Bände. Paris, 1833;
ein Werk, das in viele Sprachen übersetzt worden ist.
Es ist eine eigenartige Publikation, in der man Napoleon,
den man sonst immer nur als General und Staatsmann findet, als Liebenden und Gatten kennen lernt.
Und es mag keine Uebertreibung sein, wenn man behauptet, die Liebe zu Josephine habe den jungen General
zu den glänzendsten Taten in Italien begeistert, und der
glückliche Ausgang seiner ersten Schlachten sei zum
großen Teile dieser glühenden Leidenschaft zuzuschreiben.

Eine ähnliche Veröffentlichung wie die von Ch.
Fischer herausgegebene »Collection de lettres de Napoléon«, doch viel umfangreicher, bildet der »Recueil par
ordre chronologique de ses lettres, proclamations,
bulletins, discours sur les matières civiles et politiques«,
von Kermoysan. 4 Bände. Paris, 1853—1865.

Endlich erschien in den Jahren 1858—1870 die
bereits flüchtig erwähnte große Korrespondenz des
Kaisers. Sie ist — trotz allen gegen sie gemachten
Einwendungen — so wichtig, daß ich mich mit ihr
näher beschäftigen muß.

Wie schon bemerkt, wurde am 7. September 1854
das Dekret Napoleons III. bekannt gegeben, das eine
Kommission zur Veröffentlichung des Briefwechsels des
ersten Kaisers der Franzosen einsetzte. An ihrer Spitze

standen der Marschall Vaillant und der Vizepräsident
Dupin. Zehn Jahre später, am 3. Februar 1864, wurde
indes eine neue Kommission ernannt, welcher der Prinz
Napoleon, ein Sohn Jérôme Bonapartes, präsidierte.

Die Auswahl aus der ungeheuren Sammlung —
man schätzt die vorhandenen Briefe wenigstens auf
60—70000 —, die teilweise erst aus fremden Archiven
und Privatsammlungen erbeten werden mußten, gehörte
zu den schwierigsten Aufgaben der Kommission. Dazu
kamen noch allerlei Rücksichten, die allerdings oft
in zu weitgehendem Maße beachtet worden sind. So
geschah es, daß viele wichtige Briefe, die auf jeden
Fall Aufnahme hätten finden sollen, nicht berücksichtigt
wurden, wodurch sich beide Kommissionen, besonders
aber die vom Prinzen Napoleon präsidierte, scharfen
Tadel von der Kritik zugezogen haben. Vor allem hat
man dem Prinzen vorgeworfen, eine große Anzahl be-
deutender Briefe, oder Stellen aus solchen unterdrückt
zu haben, die für die Geschichte von größtem Werte
sind; sie befinden sich glücklicherweise in anderen Publi-
kationen. Es ist nicht meine Absicht, an dieser Stelle
die gegen den Präsidenten der zweiten Kommission
erhobenen Anklagen bis ins einzelne zu untersuchen,
nur möchte ich bemerken, daß jeder Herausgeber —
in diesem Falle der Kaiser Napoleon III. selbst — das
Recht hat, einer Veröffentlichung, die er aus freien
Stücken im Interesse der Wissenschaft unternimmt, ge-
wisse Beschränkungen zu geben. Schließlich ist es mehr
als verständlich, wenn ein Staatsoberhaupt wünscht,
daß wegen gewisser Ausfälle in der Korrespondenz seines
Onkels gegen seinen Vater oder andere hochgestellte
Persönlichkeiten, deren Nachkommen noch am Leben

waren, manche Briefe oder Bruchstücke nicht gedruckt werden. Die durch diese Unterdrückung entstandenen Lücken in der Korrespondenz Napoleons I. sind übrigens schon seit Jahren ausgefüllt, soweit die in Betracht kommenden Briefe nicht vernichtet worden waren. Durch diese Nachlese mußte die Welt sich überzeugen, daß Napoleon III. solche Stücke, wie sie uns in den Supplementen geboten werden, aus rein politischen Gründen nicht preisgeben konnte, weil er mit den meisten Staaten, deren ehemalige Oberhäupter Napoleon I. oft so wenig zart behandelte, in gutem Einvernehmen stand; es hätte nur alte Wunden wieder aufgerissen.

Der Wert dieser Veröffentlichung des napoleonischen Briefwechsels bleibt dennoch unbestreitbar. Es gibt kein Werk, das, so kurze Zeit nach dem Tode eines Mannes von der Bedeutung Napoleons I. unternommen, der »Correspondance de Napoléon Ier« an die Seite gestellt werden kann. Wenn man sonst bei der Wiedergabe der Stücke und den Annotierungen nicht mit der Sorgfalt verfuhr, als es jetzt deutsche oder französische Historiker tun würden, so darf nicht vergessen werden, daß die Methode der Geschichtsforschung in den letzten fünfzig Jahren bedeutende Fortschritte gemacht hat.

Sowohl ehe die große Sammlung der Briefe Napoleons erschienen war, als auch später, wurde der Briefwechsel, den Napoleon mit Generalen oder Staatsmännern Frankreichs und Italiens geführt hat, in Sonderpublikationen oder in Revuen veröffentlicht. Genannt seien nur die Namen: Bernadotte, Carnot, Caulaincourt, Fesch, Jérôme Bonaparte, Joseph Bonaparte, Louis Bonaparte, La Riboisière, Melzi d'Eril und Talleyrand. Die Korrespondenz König Friedrichs von Württemberg mit dem Kaiser erschien im Jahre 1889, diejenige Kaiser Alexanders von Rußland mit Napoleon 1891.

Von Supplementen, welche die Briefe Napoleons an verschiedene Persönlichkeiten enthalten, verdienen besondere Erwähnung: »Supplément à la correspondance de Napoléon . . . Publié par le Baron Albert Du Casse«. Paris, 1887; »Lettres, ordres et décrets de Napoléon Ier, en 1812—1814, non insérés dans la Correspondance. Recueillis et publiés par le Vicomte Emmanuel Henri de Grouchy«. Paris, 1897; »Le régistre de l'île d'Elbe. Lettres et ordres inédits de Napoléon Ier (28 février 1814—22 février 1815). Publiés par Léon Gabriel Pélissier«. Paris, 1897; »Lettres inédites de Napoléon Ier (An VIII—1815). Publiées par Léon Lecestre«. 2 Bände. Paris, 1897; »Lettres inédites de Napoléon Ier. Collationnées sur les textes et publiées par Léonce de Brotonne«. Paris, 1898; »Cent quatre-vingt-trois lettres inédites de Napoléon. (Année 1806). Publiées par Frédéric Masson«. In: Miscellanea napoleonica. Serie VI. Roma, 1899; »Dernières lettres inédites de Napoléon Ier. Collationnées sur les textes et publiées par Léonce de Brotonne«. 2 Bände. Paris, 1903.

Die wichtigsten Ergänzungen sind die von Léon Lecestre und Léonce de Brotonne[1].

Soviel über die Sammlungen des Briefwechsels des französischen Kaisers. Kommen wir nun zu den Briefen selbst, zu der Art, wie sie entstanden, wem er sie diktierte, wie und wann er sie verfaßte.

Napoleon schrieb selbst nur wenig. Seine Hand-

---

[1] Ausführliche Angaben über die Korrespondenz Napoleons und ihre verschiedenen Ausgaben und Supplemente findet man im 2. Bande meiner »Bibliographie des napoleonischen Zeitalters«.

schrift wurde mit der Zeit immer schlechter und un-
leserlicher, so daß sie nur von ganz genauen Kennern
entziffert werden konnte. In der großen Korrespondenz
befinden sich Stellen, deren Inhalt nicht einmal der
damals noch lebende Sekretär des Kaisers, Jouanne,
vollkommen wiederzugeben vermochte.

Selbst zu schreiben war Napoleon eine große Last.
Seine Gedanken entwickelten sich mit einer solchen
Schnelligkeit, daß seine Feder nicht folgen konnte. Befand er sich gerade allein und wollte er einige Bemerkungen zu Papier bringen, so nahm er wohl bisweilen
selbst die Feder zur Hand, um sie jedoch bald wieder
wegzulegen und einen seiner Sekretäre oder dienst-
tuenden Adjutanten, oder auch den General und späteren
Großmarschall Duroc herbeizurufen. Napoleons Schrift
war ein Chaos von Buchstaben, oft ohne Trennung der
einzelnen Wörter, was einen sehr verwirrenden Eindruck machte. Er selbst konnte sie kaum lesen und
mußte meist das Ganze nochmals einem seiner Sekretäre diktieren. Das Seltsame aber war, daß sein Diktat
zwar andere Ausdrücke enthielt, die Ideenfolge aber
immer dieselbe blieb.

Die Orthographie Napoleons war sehr mangelhaft.
Nicht allein daß er viele ganz gebräuchliche Wörter
falsch schrieb, sondern er verstümmelte sie auch oft-
mals, indem er die Endsilben wegließ. Man bedenke
jedoch, daß er die französische Sprache erst in seinem
10. Jahre erlernte, und da sein Geist immer sehr lebhaft war und er sich wenig an Nebensächlichkeiten hielt,
sondern stets das Große im Auge hatte, so konnte er
sich auch nicht mit der pedantischen Orthographie be-
freunden. Dies hatte er übrigens mit Goethe gemeinsam,

was ein Blick in die Tagebücher unseres größten Dichters beweist. Obwohl aber der Kaiser selbst sehr unorthographisch schrieb, wußte er doch die Fehler anderer in ihren Briefen herauszufinden. Es war eben mehr eine ihm zur Gewohnheit gewordene Nachlässigkeit, unorthographisch zu schreiben, als eine tatsächliche Unkenntnis der Rechtschreibung.

Sein Stil, der in seiner Jugend begeistert, manchmal sogar poetisch angehaucht war, wurde später kurz und trocken: er schrieb in abgerissenen befehlenden Sätzen, in knappster Form seinen Gedanken Worte gebend, so daß manche seiner Briefe wie Depeschen anmuten.

Von Napoleon als Kaiser existieren nur sehr wenige eigenhändige Briefe. Sehr belustigend ist, was Meneval in seinen Memoiren über die Schwierigkeiten berichtet, die es Napoleon verursachte, gelegentlich seiner Vermählung mit Marie Louise einen eigenhändigen, halbwegs lesbaren Brief an seinen zukünftigen Schwiegervater, den Kaiser Franz, zu schreiben.

Der Gedanke lag nahe, federgewandte Leute heranzubilden, die nicht allein die Fähigkeit besaßen, die schnellen Gedanken des Diktierenden zu erfassen, sondern die auch in allen Dingen diskret und etwaigen Bestechungen unzugänglich waren. Von allen Sekretären Napoleons haben Bourrienne, Meneval und Fain sein größtes Vertrauen besessen und sich am besten in die Arbeitsweise ihres Gebieters, die außerordentlich aufreibend war, hineingefunden.

Spätestens um acht Uhr morgens betrat der Kaiser sein Kabinett, wo er bereits seine Sekretäre beim Ordnen der Papiere und eingegangenen Briefschaften vorfand. Er setzte sich zunächst an seinen Schreibtisch, um die am vorhergegangenen Tage oder auch wohl in der vorangegangenen Nacht fertiggestellten Briefe zu unterzeichnen. Fast immer las er die von ihm diktierten Schriftstücke noch einmal durch, wovon seine zahlreichen eigenhändigen Bemerkungen Zeugnis ablegen. Nur selten ließ Napoleon diese Gewohnheit außer acht, und auch nur dann, wenn er durch eine andere wichtige Beschäftigung daran gehindert wurde.

Nachdem der Kaiser Befehl gegeben, die Briefe zu befördern, nahm er auf einem kleinen Diwan Platz, der in der Nähe des Kamins stand, und las die in der Nacht oder am Morgen eingetroffenen Postsachen. Die unwichtigen Briefe, die er keiner Antwort für nötig hielt, warf er zu Boden und nannte dies seine »Beantwortung«. Auf dem Tische häufte er diejenigen Schriftstücke an, mit deren Beantwortung er sich während des Tages zu beschäftigen gedachte; dies waren, wie er sagte, die laufenden Briefsachen. Diejenigen Papiere aber, die er erst später beantworten wollte, und zu denen längeres Nachdenken notwendig war, bezeichnete er mit »le suspens« und ließ sie zunächst beiseite legen.

Es folgten nun die zahlreichen Rapporte, die ihm täglich von dem Polizeiminister, dem Polizeipräfekten, dem Gouverneur von Paris, dem Generalpostmeister und andern Staatsbeamten zugesandt wurden. Endlich kamen die Zeitungen an die Reihe, unter denen er besonders den »Moniteur« bevorzugte; ferner die ihm von seinem Uebersetzungsbureau angefertigten Auszüge aus fremden Zeitungen und Zeitschriften.

Sobald alle diese Papiere, Rapporte und Zeitungen gelesen waren, setzte sich der Kaiser an seinen Schreibtisch, um sich mit den im Laufe des Tages zu be-

antwortenden Briefen zu beschäftigen. Bald aber erhob
er sich wieder von seinem Sessel, begann im Zimmer
auf und ab zu gehen und seinem Sekretär zu diktieren.
Erst langsam, dann immer schneller und schneller ent-
schlüpften die Worte seinem Munde, bis seine Rede
schließlich einem nie endenwollenden Strome glich und er
dabei immer rascher auf und ab schritt und immer
heftiger mit den Armen gestikulierte. Mit außerordentlicher Schärfe und Klarheit entsprangen seinem Hirne
die Gedanken, die der Sekretär mit fieberhafter Schnelligkeit zu Papier bringen mußte. Napoleons Diktat glich
einer aufgeregten Unterhaltung, denn er wandte sich
im Geiste an die Person, mit der er korrespondierte,
genau, als wenn er mit ihr spräche. Und darin liegt
die Lösung des Rätsels, weshalb alle seine Briefe so
gar nichts Gemachtes, so gar nichts Formelles an sich
haben, sondern eine so unmittelbare Wirkung hervorbringen und so frisch und lebhaft im Ton sind.

Niemals gestattete der Kaiser, daß man ihn beim
Diktieren unterbrach, weil dadurch sein ungeheurer Ge-
dankenflug abgeschnitten worden wäre. Und wagte es
dennoch ein Sekretär, um die Wiederholung eines Wortes
oder eines Satzes zu bitten, so erhielt er ein barsches
»ich habe es gesagt« zur Antwort, und mit verdoppelter
Schnelligkeit, wie um die verlorene Sekunde wieder
nachzuholen, ging es weiter!

Die Mahlzeiten, Empfänge oder Paraden unter-
brachen nur in geringem Maße die ungeheure Tätigkeit,
die oft bis spät in die Nacht fortgesetzt wurde.

Die Korrespondenz Napoleons, aus der ich den Kern in deutscher Uebersetzung herauszuschälen bemüht war, gehört zu den lesenswertesten Büchern der Weltliteratur. Sie zeigt, was Napoleon geleistet, was er gewollt und wie er es gewollt hat; durch sie sind seine Taten unauslöschlich in die Geschichte Europas eingegraben!

Bei der Auswahl der Briefe bin ich so unparteiisch wie möglich verfahren und war bemüht, ebenso die Briefe zu zitieren, die Napoleon in einem vorteilhaften Lichte erscheinen lassen, wie auch die, welche nicht zu seinen Gunsten sprechen. Als Quellen dienten mir, wie bereits eingehend erwähnt, zum großen Teile die »Correspondance de Napoléon«, die »Lettres de Napoléon à Joséphine«, und die Supplemente von Du Casse, Vicomte de Grouchy, Lecestre und de Brotonne. Am Schluß eines jeden Briefes habe ich vermerkt, welcher Sammlung derselbe entnommen wurde; nur bei den aus der großen offiziellen Sammlung herrührenden Briefen glaubte ich diese Angabe weglassen zu können. Auch habe ich unterlassen, die oft unwahren Angaben Napoleons hinsichtlich der ihm zur Verfügung stehenden Streitkräfte zu berichtigen, die er, je nach den Umständen und wie es für ihn am vorteilhaftesten war, in seinen Briefen erhöht oder verringert. Nicht alle hier übertragenen Briefe Napoleons tragen seine Unterschrift; dies ist besonders bei denen der großen Korrespondenz der Fall, die nicht nach dem Original, sondern nach den in den Archiven befindlichen Abschriften oder Entwürfen aufgenommen worden sind.

Beim Lesen der Briefe Napoleons wird man oft über die grausamen Befehle, die er seinen Generalen oder Ministern zukommen ließ, erstaunt und gleichzeitig ent-

rüstet sein; wenn man aber die Gründe kennt, die ihn
zu solch scharfen Anordnungen veranlaßten, wenn man
anderseits untersucht, wieweit diese Befehle buchstäblich
ausgeführt wurden und inwieweit Napoleon eine wört-
liche Befolgung derselben erwartete, so wird man zu
einem minder harten Urteil kommen. Napoleon war
streng aber gerecht! Genau wie er in Feindesland die
Unruhestifter oder Verbreiter von aufrührerischen Schrif-
ten durch ein Militärgericht zum Tode verurteilen und
diesen Urteilsspruch selten in eine mildere Strafe um-
wandeln ließ, so war er auch unerbittlich gegen seine
eigenen Soldaten, wenn sie die Sitten des Landes, das
sie besetzt hielten, nicht beachteten und sich zum Plün-
dern und zu Ausschreitungen aller Art hinreißen ließen.
In solchen Fällen verfuhr er ebenso schonungslos wie
gegen seine Feinde und ließ die Schuldigen nach kurzem
Verhör erschießen.

Bekanntlich hatte Napoleon eine außerordentliche
Schwäche für seine Familie und überhäufte diese mit
Wohltaten, während die wenigsten seiner Verwandten
ihm dafür Dank wußten. Außer Joseph hatte er auch
seine beiden jüngeren Brüder, Louis, der sich nicht im
geringsten zum Herrscher eignete, und Jérôme, der das
Königsein nur von der lustigen Seite aus betrachtete, zu
Königen gemacht. Und nicht zum wenigsten trug dieser
echt korsische Familiensinn zum Untergange Napoleons
bei, indem er seinen Brüdern Posten anvertraute, denen
sie nicht gewachsen waren. Die Briefe der Correspondance und der Supplemente sind voll von bitterbösen
Vorwürfen gegen seine Brüder und Schwestern, die sich
nicht immer mit der ihren hohen Stellungen zukommen-
den Würde benahmen; er kanzelte sie wie Schulbuben ab.

Dies verhindert ihn jedoch nicht, fast unmittelbar nach
einem solch bösen Brief an Jérôme, seinem Bruder
Joseph zu schreiben: „ich bin mit beiden (Jérôme und
Louis) sehr zufrieden, obgleich ich ihnen immer das
Gegenteil schreibe und sie beständig ausschelte!" Na-
poleon huldigte scheinbar dem wenig empfehlenswerten
Erziehungsgrundsatz, mit Lob so viel wie möglich zu
geizen, und meinte, bei seinen Brüdern alles durch
Tadel erreichen zu können.

Ob nun aber der Leser für oder gegen Napoleon
Partei erfaßt, immer und immer wird er von dem
Genie, das sowohl die größten als auch die kleinsten
Dinge mit erschöpfender Genauigkeit behandelt, überzeugt sein müssen. Sein Charakter drückt sich in seinen
Ideen aus, die er aus dem Milieu schöpft, in dem er
lebt. Sein Genie paßt sich den Umständen an; je höher
er emporsteigt, desto größer wird es. Sein Geist ver-
schmilzt sich mit dem Geiste der Völker, die er regiert,
und verändert sich mit erstaunlicher Geschmeidigkeit
je nach Bedürfnis. Seine unermüdliche Tätigkeit, seine
rastlose Arbeitskraft kommen am besten durch seine
Briefe zum Ausdruck. Wohl kein Herrscher hat so
viel und so zielbewußt gearbeitet wie Napoleon! In
seinen unermeßlichen Plänen, in seinem unbeugsamen
Willen findet man seine schöpferische Kraft, seine
geniale Befähigung veranschaulicht; sie erstreckte sich
nicht allein auf große Dinge, nein auch im Kleinsten
war Napoleon groß! Mit seiner unermüdlichen Arbeitskraft suchte er alles Mißgeschick, das ihm widerfahren,
auszugleichen, und dieser eiserne Wille zur Arbeit muß
auch bei seinem größten Feinde Bewunderung finden.
Napoleon war kein Gott, dessen erste und letzte Tat

untadelhaft ist, sondern ein Mensch, aber ein großer! Sein Minister des Innern, Graf Chaptal, der ihn in seinen Memoiren nicht schont, berichtet folgenden Zug genialer Größe Napoleons. Eines Tages teilte ihm der Erste Konsul die Absicht mit, in Fontainebleau eine Militärschule zu gründen, und beauftragte ihn, die Statuten nach einem ihm allgemein bekannten Plan auszuarbeiten. Der Minister zog sich zurück, verwandte die ganze Nacht auf die Arbeit und überreichte sie am nächsten Morgen dem Ersten Konsul. Dieser las, lobte sie, fand die Statuten aber noch nicht vollständig genug. Darauf befahl Napoleon ihm, sich zu setzen und diktierte ihm 2—3 Stunden lang einen Organisationsplan, der 117 Artikel enthielt! Chaptal fügt hinzu: „Ich glaube, daß niemals etwas Vollkommeneres dem Hirne eines Menschen entsprungen ist, als dieser Plan!"

Im allgemeinen kann ich wohl annehmen, daß dem Leser die Persönlichkeiten und Ereignisse der napoleonischen Aera bekannt sind, und ich habe mich daher auf die notwendigsten Anmerkungen beschränkt. Die innere Einteilung der drei Bände ist folgende:

1. Band: Briefe vom Jahre 1784 bis zur Mitte des Jahres 1801.

2. Band: Briefe von der Mitte des Jahres 1801 bis Ende 1808.

3. Band: Briefe vom Jahre 1809 bis zum Exil auf Sankt Helena.

Genève, Pinchat, im Frühjahr 1909.

Friedrich M. Kircheisen.

Vorwort.

In dem vorliegenden ersten Bande sind die Briefe
Napoleons bis zum Jahre 1801 enthalten. Die Jugend-
briefe, die man ungefähr bis zum Zeitpunkt der Belagerung von Toulon rechnen kann, sind in deutscher
Bearbeitung nahezu unbekannt. Ich habe deren eine
große Menge aufgenommen, da man in ihnen schon
die Anfänge des allumfassenden Geistes des späteren
Herrschers von halb Europa bemerken kann. Aus diesen
Ergüssen eines jugendlichen Herzens sprechen bereits
kühne Ideen, ausgedrückt in männlichen, äußerst be-
lebten Worten. Erstaunlich ist die Logik und Energie,
die der fünfzehnjährige Napoleon, der Schüler von
Brienne, in einem Briefe an seinen Onkel an den
Tag legt und mit der er über die Zukunft seines älteren
Bruders Joseph philosophiert. Schon in frühster Jugend
ist Napoleon um seine Familie besorgt und bemüht,
beim Tode des Vaters die schwergeprüfte Mutter zu
trösten; kaum vermag man zu glauben, daß so ver-
nünftige Gedanken dem Gehirne eines Kindes entsprungen sind! Und je weiter er in seiner Entwicklung
vorwärts schreitet, desto kühner und schwungvoller
wird seine Beredsamkeit, desto deutlicher tritt der
Herrenmensch in Bonaparte hervor. Das Gute und Er-

habene der neufreiheitlichen Ideen begeistert ihn, das Schlechte, die Greueltaten eines Marat und Robespierre stoßen ihn ab. Das freie Menschentum des jungen Napoleon tritt in seinen Briefen klar vor uns, sein großer Geist, der keine Schranken kennt, der vor keinem Hindernis zurückschreckt, dem nichts zu erhaben und nichts zu niedrig ist, das ist der Geist einer neuen Zeit, der Geist der großen Umwälzungen, die dem morschen Europa neue Lebenskraft verlieh!

Er, der junge Offizier, der Fremdling wagt alles und gewinnt alles! Als 24jähriger Bataillonskommandeur entwickelt er einen Belagerungsplan von Toulon, den er der Regierung als „den einzig möglichen" darstellt und der eines kriegserfahrenen Befehlshabers würdig ist. Napoleon fühlt sich als Sieger, und seine Sprache ist herrisch und imponierend! Mit 27 Jahren Oberbefehlshaber der italienischen Armee schreibt er dem Direktorium Briefe voller Vorwürfe über die schlechte Verwaltung und die Nachlässigkeit in den Staatsangelegenheiten, als stünde e r an der Spitze der Regierung. Und zwischen hindurch klingt das Siegesjubeln, klingen die Namen: Montenotte, Millesimo, Lodi, Arcole und Rivoli, Namen, die in ganz Europa Wiederhall fanden und die jugendliche Stirn des Siegers mit einem Glorienschein umgaben, der nie verbleichen sollte, nicht einmal nach dem Drama auf dem Schlachtfelde von Waterloo!

Napoleons Schilderungen seiner Siege wirken heute auf uns noch ebenso, wie ehemals seine Worte auf seine Soldaten; wir sind hingerissen und festgebannt. Mit Staunen sehen wir zu dem Manne empor, der durch ein einziges Wort Tausende von Menschen begeistern kann, dem zuliebe Tausende kaltblütig in den Tod gehen;

wir zittern vor seiner Gewalt und bewundern sein Talent als Schlachtenlenker und Politiker! Dann wieder tritt uns der Mensch Napoleon entgegen. Derselbe Mund, der heute noch ein Machtwort in die Welt geschleudert, klagt morgen um die Liebe einer Frau. Alle Siege, aller Ruhm und Glanz gelten Bonaparte nichts, wenn er sie, die Einzige, seine Josephine nicht bei sich hat. Wie ein Verdurstender nach der Quelle schmachtet der gewaltige Feldherr nach einem Liebeszeichen von ihr; die Eifersucht verzehrt ihn und treibt ihn beinahe soweit, daß er sein Kommando niederlegen will, um zu der Frau zu eilen, die den gefeierten Sieger bereits vergessen.

Auch das Freundschaftsgefühl kommt bei dem jungen Bonaparte stark zum Ausdruck. Später war er wohl zu viel Herrscher, als daß er noch wahre Freunde hätte haben können; dennoch fanden sich einige in seinem Unglück. Er selbst war denen stets ein wahrer Freund, die sein Vertrauen einmal gewonnen, und handelte auch als solcher. Seine Geschwisterliebe aber kommt am schönsten zur Geltung in dem Briefe an Joseph, in welchem er schreibt: „Wir haben so viele Jahre zusammen gelebt, so eng verbunden, daß unsere Herzen verschmolzen sind, und Du weißt besser als irgend jemand, wie sehr das meinige Dir gehört". So war Napoleon als Gatte, Freund und Bruder!

Erstaunlich ist auch sein Anpassungsvermögen. Seine Heimat ist d a s Land, wo er sich befindet, seine Religion die der Völker, die er für sich gewinnen will. Er verkehrt mit den Muselmännern ganz so wie ein Orientale, redet mit ihnen auf ihre Weise und paßt sich ihren Sitten an. Seine Briefe an die Scheichs atmen den Geist des Propheten; man ist beim Lesen unwillkürlich überzeugt, daß er es ehrlich meint, daß er zum mohammedanischen Glauben übergetreten ist. So überzeugend verstand Napoleon zu lügen, eine Eigenschaft, die sich später, als er Machthaber war, noch mehr ausprägte. Sein Genie erstreckte sich eben auf alle Gebiete, und seine Tatkraft kannte keine Erschlaffung. Wenn er den ganzen Tag auf dem Schlachtfelde gewesen, wenn er ununterbrochen im Sattel gesessen, gönnte er sich nicht einmal nachts die wohlverdiente Ruhe, sondern beschäftigte sich mit der Verwaltung der Armee, hörte Berichte an, erteilte Befehle und diktierte Briefe; ein rastloser Geist in einem unermüdlichen Körper!

F. M. K.

An einen seiner Onkel in Ajaccio[1].

. . . .[2]

Mein lieber Onkel, ich schreibe Ihnen heute, um Sie von der Ankunft meines lieben Vaters in Brienne zu unterrichten, der Mariana[3] nach Saint-Cyr bringen und in Paris versuchen will, seine Gesundheit wieder herzustellen. Er ist mit Luciano[4] und den beiden Fräuleins[5], die Sie gesehen haben, am 21. hier angekommen. Luciano, der 9 Jahre alt und 3 Fuß, 11 Zoll, 6 Linien groß ist, will er hier lassen. Er sitzt in Sexta, um Lateinisch zu lernen, und wird alle Fächer des Unterrichts durchnehmen. Er zeigt viel Lust und guten Willen. Hoffentlich wird er ein guter Schüler. Er befindet sich wohl, ist dick, lebhaft, wild, und für den Anfang ist man mit ihm recht zufrieden. Er spricht ausgezeichnet Französisch und hat das Italienische voll-

---

[1] An welchen von den zahlreichen Onkels Napoleons dieser Brief gerichtet war, ist nicht mit Bestimmtheit zu behaupten; Masson vermutet an Paravicini, den Mann von Napoleons Pate Gertruda.

[2] Der Brief ist wahrscheinlich vom 25. Juni 1784.

[3] Die älteste der Schwestern Napoleons, die man später im Pensionat von Saint-Cyr Elisa nannte, um sie nicht mit einem andern jungen Mädchen gleichen Namens zu verwechseln.

[4] Lucien Bonaparte, der spätere Fürst von Canino.

[5] Es waren Fräulein Casabianca und Fräulein Colonna, Napoleons Cousinen.

kommen verlernt: übrigens wird er meinem Briefe ein paar Zeilen beifügen. Ich werde ihm aber dabei nicht behilflich sein, damit Sie sehen, was er kann. Hoffentlich schreibt er Ihnen jetzt öfter als aus Autun[1].

Ich bin fest überzeugt, daß mein Bruder Joseph Ihnen noch nicht geschrieben hat. Was wollen Sie; er schreibt ja kaum an meinen lieben Vater! Offengestanden ist er nicht mehr derselbe wie früher. Mir schreibt er jedoch sehr oft. Er sitzt in Unterprima und würde der Beste sein, wenn er arbeitete, denn der Herr Rektor hat zu meinem Vater gesagt, er habe in der ganzen Schule weder einen Sekundaner, noch Unter- oder Oberprimaner, der so viele Fähigkeiten besäße und ein so gutes Exerzitium lieferte, als er. Was den Beruf betrifft, den er ergreifen will, so hatte er zuerst den geistlichen Stand erwählt, und bis zu diesem Augenblick, wo er dem König zu dienen beabsichtigt, war er fest entschlossen dazu. Dieser Wechsel ist indes aus verschiedenen Gründen töricht von ihm. Erstens besitzt er, wie mein lieber Vater sagt, nicht genug Beherztheit, um den Gefahren einer Schlacht zu trotzen. Seine schwache Gesundheit gestattet ihm nicht, die Strapazen eines Feldzugs zu ertragen, und dann betrachtet mein Bruder überhaupt den Soldatenstand nur vom Standpunkt der Garnison aus. Gewiß, mein lieber Bruder wird vielleicht ein ausgezeichneter Garnisonoffizier sein, denn er hat ein angenehmes Aeußere, versteht mit seinem leichten Sinn nichtige Schmeicheleien zu sagen und wird mit seinen Fähigkeiten sich stets aus den gesellschaftlichen Angelegenheiten eines Salons zu ziehen

---

[1] Lucien war bisher auf dem Collège von Autun gewesen.

2

wissen, — aber aus einer Schlacht? Das ist es, was mein lieber Vater bezweifelt.

Zweitens hat er eine für den geistlichen Beruf passende Erziehung genossen. Es ist ziemlich spät, sich jetzt noch eines andern zu besinnen. Seine Hochwürden, der Bischof von Autun, würde ihm alle Wege geebnet haben, und sicher wäre er bald Bischof geworden. Welcher Vorteil für die Familie! Hochwürden hat sein möglichstes getan, um ihn zu ermuntern, doch beim geistlichen Berufe zu bleiben, und ihm versprochen, daß er es nicht zu bereuen habe. Aber nein, er bleibt bei seinem Willen. Wenn er eine entschiedene Neigung für diesen Beruf hat, den schönsten übrigens, den es gibt, und wenn die große Triebkraft aller menschlichen Dinge ihm (wie mir), als sie ihn bildete, diese entschiedene Neigung fürs Militär mitgegeben hat, so lobe ich ihn.

Drittens will er beim Militär angestellt werden; das ist sehr schön, aber bei welchem Korps? Etwa bei der Marine? Er kann keine Mathematik. Er brauchte zwei Jahre, um nur einigermaßen etwas zu lernen. Dann ist auch seine Gesundheit mit dem Aufenthalt auf der See unvereinbar. Vielleicht bei einem Geniekorps, wo er vier bis fünf Jahre brauchte, um das Nötigste zu lernen, und am Ende dieser Zeit würde er doch nur Genieschüler sein, um so mehr als ich denke, daß es sich nicht mit seinem leichtfertigen Wesen verträgt, den ganzen Tag angestrengt zu arbeiten. Dieselben Gründe gelten für die Artillerie, mit dem Unterschied, daß er nur 18 Monate zu arbeiten brauchte, um als Schüler zugelassen, und ebensoviel, um Offizier zu werden. Oh! auch das ist noch nicht nach seinem Geschmack. Aha, er will zweifellos zur Infanterie! Gut! ich verstehe. Er will den ganzen Tag nichts tun, den ganzen Tag müßig herumbummeln; und was ist so ein nichtiger Infanterieoffizier? Ein schlechter Soldat drei Viertel des Tages, und das, glaube ich, wollen weder mein Vater, noch meine Mutter, noch mein lieber Onkel, der Archidiakon, denn Joseph hat schon manches Stückchen von Leichtsinn und Verschwendungssucht geliefert. Man muß daher noch einen letzten energischen Versuch machen, ihn für den geistlichen Stand zu gewinnen, andernfalls ihn mein Vater mit nach Korsika nehmen wird, wo er ihn stets unter seinen Augen hat. Man wird versuchen ihn bei der Advokatur unterzubringen.

Ich schließe mit der Bitte, mir auch ferner Ihre Huld zuteil werden zu lassen. Mich ihrer würdig zu erweisen, wird meine erste und schönste Pflicht sein.

Ich bin mit der tiefsten Ehrerbietung Ihr sehr ergebener und sehr gehorsamer Diener und Neffe

Napoleone di Buonaparte.

P. S. Mein lieber Onkel, zerreißen Sie diesen Brief; hoffen wir, daß Joseph mit den Fähigkeiten, die er besitzt, und den Gefühlen, die ihm seine Erziehung einflößen muß, den richtigen Entschluß faßt und die Stütze unserer Familie wird; stellen Sie ihm alle diese Vorteile ein wenig vor.

Du Casse, Suppl. à la Corresp. de Napoléon.

An seinen Vater[1].

(Brienne, 12. Oktober 1784[2].)

Mein lieber Vater, Ihr Brief hat mir, wie Sie sich denken können, keine große Freude bereitet; da es indes Ihre Gesundheit und das Wohl einer mir teuren Familie erheischen, daß Sie nach Korsika zurückkehren, so kann ich nicht anders, als Ihren Entschluß billigen, und ich werde versuchen, mich darüber zu trösten.

Wie sollte ich übrigens nicht glücklich und zufrieden sein, da ich doch Ihrer dauernden Liebe und Zuneigung, sowie Ihrer Fürsorge, mich in allen Dingen zu fördern und zu unterstützen, versichert bin? In diesem Gefühle beeile ich mich, Sie zu fragen, wie Ihnen die Bäder bekommen sind, sowie Sie meiner ehrerbietigsten Zuneigung und ewigen Dankbarkeit zu versichern.

Ich bin entzückt, daß Joseph[3] mit Ihnen nach Korsika gekommen ist, vorausgesetzt, daß er am 1. November, also ungefähr in einem Jahre h i e r eintrifft. Joseph kann hierherkommen, weil der Pater Patrault, mein Lehrer der Mathematik, den Sie ja kennen, nicht abgehen wird. Der Herr Direktor hat mich daher beauftragt, Ihnen zu versichern, daß er hier sehr gut aufgenommen werden würde und nur ruhig kommen solle. Pater Patrault ist

---

[1] Carlo Buonaparte, Advokat in Ajaccio, 1746—1785. Er hatte in Paris den Arzt der Königin wegen seines Magenleidens konsultiert und befand sich nun auf dem Wege nach Korsika.

[2] Vermutliches Datum.

[3] Der Vater durchkreuzte vorläufig Josephs Wunsch und nahm ihn vom Collège zu Autun weg, um ihn wieder nach Korsika zu bringen, wo er ihm eine Anstellung im Oberrate verschaffen wollte.

ein vortrefflicher Lehrer der Mathematik; er hat mir
ganz besonders versichert, daß er es mit Freuden auf
sich nähme, meinen Bruder zu unterrichten, und wenn
Joseph recht fleißig sein will, könnten wir vielleicht
zusammen das Examen für die Artillerie machen. Meinetwegen brauchen Sie keine Schritte zu tun, denn ich
bin ja Schüler. Dies käme nur für Joseph in Betracht;
da Sie aber einen Brief für ihn haben, ist alles erledigt[1].
Ich hoffe auch, mein lieber Vater, Sie ziehen es vor,
ihn in Brienne, anstatt in Metz unterzubringen, und
zwar aus verschiedenen Gründen:

1. Weil es für Joseph, Lucien und mich ein großer
Trost wäre.

2. Weil Sie genötigt wären, an den Direktor von
Metz zu schreiben, was wieder ein Zeitverlust sein
würde, denn Sie müßten erst seine Antwort abwarten.

3. Ist es in Metz nicht üblich, in einem halben
Jahre alles zu lernen, was Joseph fürs Examen wissen
muß, folglich wird man ihn, da er noch gar keine
Kenntnisse in der Mathematik besitzt, zu den Kleinen
tun. Diese und noch viele andere Gründe müssen Sie
veranlassen, ihn hierher zu schicken, um so mehr, da
er hier am besten aufgehoben sein wird. So hoffe ich
denn Joseph noch vor Ende Oktober umarmen zu können.
Er kann übrigens auch erst am 26. oder 27. Oktober abreisen, um am 12. oder 13. November hier einzutreffen.

Ich bitte Sie, mir Boswell (Geschichte von Korsika),
nebst noch einigen andern das Land betreffenden Ge-
schichtswerken und Memoiren zu schicken. Sie brauchen

---

[1] Es handelt sich wahrscheinlich um die Antwort des Unter-
richtsministers, bei dem Carlo Bonaparte ein Gesuch zugunsten seines
Sohnes eingereicht hatte.

nichts zu befürchten; ich werde sie wieder mit nach Korsika bringen, wenn ich komme, und wäre es auch erst in sechs Jahren.

Leben Sie wohl, mein lieber Vater. Der »Chevalier« sendet Ihnen viele herzliche Küsse[1]. Er arbeitet sehr fleißig und hat die öffentlichen Prüfungen sehr gut bestanden. Der Herr Inspektor wird spätestens am 15. oder 16. dieses Monats hier ankommen, das heißt also in drei Tagen. Sobald er wieder abgereist ist, werde ich Ihnen berichten, was er gesagt hat. Sagen Sie Minana Saveria[2], Zia Gertruda[3], Zio Nicolino[4], Zia Touta[5] usw. meine ergebensten Grüße und übermitteln Sie Minana Francesca[6], Santo, Giovanna, Orazio meine Empfehlungen. Kümmern Sie sich um sie, ich bitte Sie, ein wenig, und schreiben Sie mir, ob sie sich wohlbefinden. Ich schließe mit dem Wunsche, daß Ihre Gesundheit eine ebenso gute sein möge als die meinige.

Ihr sehr ergebener und sehr gehorsamer Sohn

de Buonaparte, der zweitälteste.

Nasica, Mém. sur l'enfance et la jeun. de Nap.

---

[1] Mit dem »Chevalier« ist Lucien gemeint; ein Titel, den man in Brienne dem jüngeren von zwei Brüdern aus adligem Hause beilegte.

[2] Napoleons Großmutter väterlicherseits.

[3] Napoleons Pate, Gertruda Paravicini.

[4] Niccolo Paravicini.

[5] Vermutlich der Diminutiv von Antoinetta Benielli, der Schwester seiner Tante Fesch.

[6] Napoleons Tante Fesch.

An seinen Großonkel, den Archidiakonus Lucien in Ajaccio[1].

Paris, den 28. März 1785.

Mein lieber Onkel, es wäre unnütz, wollte ich versuchen, den tiefen Schmerz auszudrücken, den ich über das Unglück, das uns betroffen, empfunden habe. Wir haben in ihm einen Vater verloren, und Gott allein weiß, was für ein Vater er uns durch seine Zärtlichkeit und Liebe war! In allem war er die Stütze unserer Jugend. Sie haben in ihm einen gehorsamen, von Dankbarkeit gegen Sie erfüllten Neffen verloren. Ach! Sie wissen es besser, als ich es ausdrücken kann, wie sehr er Sie liebte. Unser Vaterland hat in ihm, ich wage es zu sagen, einen eifrigen, aufgeklärten und uneigennützigen Bürger verloren. Der ehrenhafte Posten, zu dem ihn seine Mitbürger so oft erhoben[2], beweist am besten, welches Vertrauen sie ihm entgegenbrachten; und dennoch, wo und in welchem Lande war es ihm bestimmt zu sterben? Hundert Meilen von seiner Familie entfernt, auf fremder Erde, unter einem Volke, dem sein Dasein gleichgültig war, fern von allen, die er liebte! Zwar hat ihm in jenem schrecklichen Augenblick ein Sohn beigestanden[3], was zweifellos ein großer

---

[1] Napoleon schrieb diesen Brief, sowie den folgenden an seine Mutter, aus Anlaß des Todes seines Vaters, der am 24. Februar 1785 in Montpellier am Magenkrebs starb.

[2] Carlo Bonaparte wurde dank des Einflusses des Gouverneurs der Insel Korsika, zu dem er in freundschaftlichen Beziehungen stand, wiederholt zum Deputierten erwählt.

[3] Der Vater starb in den Armen seines ältesten, damals 17jährigen Sohnes Joseph.

Trost für ihn gewesen ist, jedoch nicht zu vergleichen mit dem Glück, das er empfunden, wenn er seine Laufbahn in seinem Vaterlande, umgeben von seiner Frau und seiner Familie, beendet hätte. Das höchste Wesen hatte es indes anders bestimmt! Sein Wille ist unabänderlich! Gott allein kann uns trösten! Als er uns das Liebste nahm, ach! da ließ er uns wenigstens die, die allein ihn zu ersetzen vermögen!

Seien Sie uns daher der Vater, den wir verloren! Für dies große Opfer werden Sie sich unsere Liebe und Dankbarkeit in hohem Maße erwerben.

Ich schließe mit der Hoffnung, daß Sie sich ebenso wohl befinden als ich.

Napoleone di Buonaparte.

Du Casse, Suppl. à la Corresp. de Napoléon.

An seine Mutter Letizia Ramolino[1].

Paris, den 28. März 1785.

Meine liebe Mutter, erst heute hat sich mein Schmerz ein wenig beruhigt und ist es mir gestattet, meine Dankbarkeit für alle die Güte, mit der Sie mich stets überhäuft haben, auszusprechen. Wir müssen uns trösten, teure Mutter, die Umstände verlangen es. Wir werden unsere Liebe und Ergebenheit für Sie noch verdoppeln und uns glücklich schätzen, wenn wir Sie

---

[1] Maria Letizia Ramolino, geboren am 24. August 1750 in Ajaccio gestorben am 2. Februar 1836 in Rom.

dadurch wenigstens teilweise den unersetzlichen Verlust eines geliebten Mannes vergessen machen können.

Ich beende meinen Brief, liebe Mutter, mein Schmerz erlaubt mir nicht weiter zu schreiben, aber ich schließe mit der Bitte, Ihren Kummer zu stillen. Meine Gesundheit ist ausgezeichnet; täglich bitte ich Gott, Ihnen eine ebenso gute zu verleihen. Meine ehrerbietigsten Grüße für Zia Gertruda, Minana Saveria, Minana Fesch, usw.

Ihr Sie liebender

Napoleone di Buonaparte.

P. S. Die Königin von Frankreich ist am 27. März um 7 Uhr abends von einem Prinzen entbunden worden. Man hat ihm den Namen Herzog der Normandie gegeben.

Coston, Biographie des prem. an. de Nap. Bonaparte.

An Herrn Amielh, Direktor des kleinen geistlichen Seminars in Aix.

Valence, 25. November 1785.

Mein Herr, niemand kann empfänglicher für das Interesse sein, das Sie die Güte haben an unserer Familie zu nehmen, als ich; gleichzeitig bin ich aufs tiefste beschämt von der Mühe, die Sie sich unsertwegen gemacht. Ich begreife nicht, wie meine lieben Verwandten auch nur einen Augenblick in Sorge sein konnten. Ich habe, ehe ich Paris verließ, zweimal an sie geschrieben und ihnen die Verschiebung unseres Planes mitgeteilt.

In Paris suchte ich Herrn von Marbeuf[1] auf, der mir sagte, daß mein Bruder Luciano noch nicht in Aix aufgenommen werden könnte und in Brienne bleiben müßte[2]. Anderseits habe ich einen außerordentlichen Befehl erhalten, zu meinem Regiment in Valence zu stoßen, und nun bin ich seit drei Wochen hier, während welcher Zeit ich dreimal nach Korsika geschrieben habe. Urteilen Sie demnach selbst, mein Herr, ob man mir die kleinste Nachlässigkeit vorwerfen kann. Ich hätte es allerdings Ihnen zu wissen tun müssen, allein ich dachte, Herr Fesch, den ich in Korsika vermute, würde Ihnen darüber geschrieben haben[3].

Ich werde meinen Urlaub erst nächsten September bekommen. Alsdann wird es mir ein Vergnügen sein, mein Herr, die Bekanntschaft eines Mannes zu machen, dem ich das lebhafteste Interesse entgegenbringe.

Lassen Sie mir bitte die Briefe zugehen, mit denen man Sie beauftragt hat, obwohl ich mir schon denken kann, was sie enthalten.

Ich bin mit der größten Hochachtung, mein Herr, Ihr sehr ergebener und gehorsamer Diener

Napoleone di Buonaparte.

Iung, Lucien Bonaparte et ses mémoires.

---

[1] Gouverneur von Korsika und Wohltäter der Familie Bonaparte. Durch ihn erhielt auch Napoleon eine Freistelle in der Militärschule von Brienne.

[2] Da Lucien schon frühzeitig Neigung zu Literatur und Wissenschaften zeigte, ward er zum Geistlichen bestimmt und bezog nach der Militärschule von Brienne das geistliche Seminar zu Aix. Aber eigener Wille und die Revolution änderten alles.

[3] Dieser Brief beweist, wie ihm das Wohl seiner Familie am Herzen lag und welche Verantwortung er ihr gegenüber fühlte.

An seinen Onkel Fesch[1].

Auxonne, den 22. August 1788.

Wie Sie gewiß wissen werden, habe ich die Antwort des Herrn Vautier erhalten; er gibt zu, daß Joseph besonders Anspruch auf eine Anstellung beim Gericht habe, und er mit Freuden die Gelegenheit ergreifen werde, ihn unterzubringen, daß indes für den Augenblick sehr viele Personen, die schon seit Jahren vorgeschlagen seien, seine Anstellung verhinderten, er aber sein möglichstes tun werde.

Ich fühle mich augenblicklich nicht wohl, woran die großen Arbeiten, die ich in den letzten Tagen geleitet habe, schuld sind. Wie Sie wissen, mein lieber Onkel, stehe ich bei dem hiesigen General in gutem Ansehen, so daß er mich beauftragt hat, auf dem Schießübungsplatz verschiedene Werke zu errichten, die schwierige Berechnungen erfordern, und so bin ich seit zehn Tagen ununterbrochen vom Morgen bis zum Abend an der Spitze von 200 Mann beschäftigt. Diese außerordentliche Gunstbezeigung hat ein wenig die Hauptleute gegen mich aufgebracht, die behaupten, man tue ihnen unrecht, einen Leutnant mit einer so wesentlichen Arbeit zu betrauen. Auch meine Kameraden sind ein wenig neidisch, doch das wird vorübergehen. Was mich am meisten beunruhigt, ist meine Gesundheit, die mir nicht allzufest erscheint.

---

[1] Joseph Fesch, 1763—1839, Stiefbruder Madame Letizias. Er hatte sich dem geistlichen Stande gewidmet und es verstanden, sich in der Welt eine Stellung zu verschaffen. 1803 wurde er Kardinal und französischer Gesandter am päpstlichen Hofe.

Ich war drauf und dran, das Werk, von dem ich Ihnen sprach, einem Buchhändler zu übergeben, aber der ärgerliche Zwischenfall, daß der Erzbischof von Sens in Ungnade fiel, was sich vorgestern ereignete, nötigt mich zu bedeutenden Aenderungen[1].

Schreiben Sie an Ihren Freund in Pisa: bitten Sie ihn um die Adresse, das heißt die Straße, wo Paoli in London wohnt. Vergessen Sie es aber nicht.

Die traurige Lage meiner Familie bekümmert mich um so mehr, als ich kein Mittel zur Besserung kenne. Sie haben sich getäuscht, wenn Sie hofften, daß ich mir hier Geld leihen könnte. Auxonne ist eine sehr kleine Stadt, und ich bin noch nicht lange genug hier, als daß ich schon ernstere Bekanntschaften angeknüpft haben könnte. . . .

Leben Sie wohl, viele Grüße an Isoard; teilen Sie mir bitte die Nachrichten mit, die Sie von der Familie in bezug auf Ihren Plan erhalten.

Oeuvres littéraires de Nap. Bonaparte publ. p. Martel.

An Frau Letizia von Buonaparte in Ajaccio.

Auxonne, den 12. Januar 1789.

Endlich erlaubt mir meine wiederhergestellte Gesundheit, Ihnen ausführlicher zu schreiben. Das Land

---

[1] Es handelt sich um die Geschichte Korsikas, die der kaum zwanzigjährige Bonaparte verfaßte und dem Bruder seines Wohltäters Marbeuf, dem Erzbischof von Sens, widmen wollte. Da dieser aber abgesetzt wurde, mußte er sich eine andere einflußreiche Person suchen, der er sein Werk dedizieren konnte: er wählte Paoli, das Oberhaupt der Korsen.

hier ist wegen der es umgebenden Sümpfe und der
häufigen Ueberschwemmungen des Flusses, der alle
Gräben mit einem verpesteten Wasser anfüllt, sehr un-
gesund. Ich habe mit zeitweisen Unterbrechungen ein
heftiges Fieber gehabt, das, nachdem es vier Tage völlig
verschwunden war, mich plötzlich wieder für längere
Zeit packte. Das hat mich sehr geschwächt; ich habe
viel phantasiert, und es dauerte lange, ehe ich mich
ganz wieder erholte. Jetzt, wo das Wetter wieder besser
ist, wo Schnee und Eis geschmolzen, Wind und Nebel
verschwunden sind, genese ich zusehends. Ich habe
mein Wohlbefinden gleich benutzt, um Herrn von Campy
zu schreiben. Sobald er mir geantwortet hat, teile ich
es Ihnen mit. — Diese für die Finanzen Frankreichs so
unglückliche Zeit bringt die Regelung unserer Angelegenheiten schrecklich in Rückstand. Hoffen wir jedoch, daß wir das lange und peinliche Warten bald
überstanden haben und man uns für alles entschädigen
wird. — Der König hat eine Anleihe von 30 Millionen
aufgenommen. Die Diskontokasse hat sie ihm zu fünf
Prozent und zahlbar im Jahre 1792 besorgt. So dürfen
wir also geduldig das Ende der Unternehmungen der
Generalstände abwarten. — Wie es scheint, hat der
Unfriede bei den drei Ständen Einkehr gehalten, und
schon hat der dritte Stand mit der größten Anzahl Deputierten den Sieg davon getragen. Aber dieser Sieg
hat nicht viel zu sagen, wenn er nicht die Ab-
stimmung pro Kopf, anstatt pro Stand erreicht, was so
alt wie die Monarchie selbst ist. Die Geistlichkeit und
der Adel scheinen entschlossen zu sein, ihre Rechte
und ehemaligen Privilegien tapfer zu verteidigen. Außer
diesen allgemeinen Zwistigkeiten gibt es keine Provinz,

wo nicht vier oder fünf Parteien um verschiedene Gegenstände stritten. Jedenfalls sind die Einberufungsschreiben noch nicht befördert worden. Die Stände können sich daher nicht vor Mai oder Juni versammeln. — Wie Sie wissen, ist der König von Spanien vor einigen Monaten gestorben[1]. Der von England ist dem Wahnsinn verfallen, und die Regentschaft ist nach langen Hin- und Herreden dem Prinzen von Wales übergeben worden. Der Kaiser ist in Lebensgefahr. Wie man sagt, hat er die Wassersucht. Infolge der Kälte sind die Feldarbeiten vorläufig eingestellt worden. Dänemark, das Schweden den Krieg erklären wollte, wurde durch die Erklärungen des Berliner und Londoner Hofes daran verhindert.

Wie es scheint, beschäftigt sich der Kriegsrat mit der Redaktion unserer Kabinettsordre. Jn einem Monat werden wir darüber unterrichtet sein. Dann werden wir ja sehen, was sie mit uns machen wollen. Jedenfalls aber wird das Geniekorps schlecht wegkommen. Vor zwei Monaten sprach man davon, es auf 150 Offiziere zu reduzieren. Diese Aussicht ist für sie nicht gerade glänzend, denn es sind deren 350, und das ist ohne Zweifel zu viel. — Was hat sich inzwischen in Korsika ereignet? Schreiben Sie mir etwas über Joseph. Ist er nach Pisa abgereist, oder ist er geblieben? — Adieu, viele Grüße an Zio Luciano, Maman, Minana usw. usw. und an »Monsieur Louis«. Mariana geht es gut.

Jch hätte Grund, recht besorgt zu sein, denn seit Oktober habe ich aus Korsika keine Nachrichten erhalten. Schreiben Sie mir also so bald als möglich.

Masson, Napoléon inconnu.

---

[1] Karl III., geboren 20. Januar 1716, gestorben 14. Dezember 1788.

An Pascal Paoli[1].

Auxonne, den 12. Juni 1789.

General, als das Vaterland zugrunde ging, ward ich geboren. Dreißigtausend an unsere Küsten geworfene Franzosen, die den Thron der Freiheit mit Strömen des Bluts überschwemmten, das war das entsetzliche Schauspiel, das meine Augen zuerst erblickten.

Die Schmerzensschreie Sterbender, die Jammerrufe Unterdrückter, Tränen und Verzweiflung umgaben meine Wiege bei meiner Geburt!

Sie verließen unsere Insel, und mit Ihnen verschwand jede Hoffnung auf Glück. Als Lohn für unsere Unterwerfung erwartete uns Knechtschaft. Unter dem dreifachen Joch der Militärgewalt, der Gesetze und der Steuern leben unsere Landsleute verachtet . . . verachtet von denen, die die Macht und Verwaltung in Händen haben. Ist das nicht die grausamste Qual, die derjenige erleiden kann, der Gefühl besitzt? Erduldete

[1] Pasquale Paoli, korsischer Patriot, 1725–1807. Er verteidigte die Insel zuerst gegen die Genuesen und später gegen die Franzosen. Nach der Niederlage, die er am 8. Mai 1769 bei Ponte Nuovo erlitt, flüchtete er nach England, von wo er erst auf den Beschluß der Nationalversammlung 1789 zurückkehrte und vom König zum Kommandanten von Bastia ernannt wurde. Nach dem Sturze des französischen Königtums gab er die demokratische Partei Korsikas auf und stellte sich der Republik als Feind gegenüber. Mit Hilfe der Engländer vertrieb er 1794 die Franzosen von der Insel, begab sich aber schon im nächsten Jahre aufs neue nach London, wo er 1807 sein Leben beschloß. Der junge Bonaparte sah in ihm den größten Helden seiner Zeit und wünschte sehnlichst, an seiner Seite für die Freiheit seines Vaterlandes zu kämpfen. Vorliegender Brief bezieht sich auf seine Geschichte Korsikas, die er dem Helden gewidmet hatte.

der unglücklich unter dem Eisen des gierigen Spaniers umkommende Peruaner größere Pein?

Landesverräter, gemeine, von der Sucht nach schmutzigem Gewinn verdorbene Charaktere haben, um sich zu rechtfertigen, Verleumdungen gegen die nationale Regierung und besonders gegen Ihre Person ausgestreut. Die Presse nimmt sie als wahr auf und überliefert sie der Nachwelt.

Als ich das las, ward in mir der lebhafte Wunsch entfacht, diese Nebel, die Gebilde der Unwissenheit, zu zerteilen, und ich bin fest entschlossen dazu. Ein frühzeitig begonnenes Studium der französischen Sprache, langjährige Beobachtungen und aus den Handschriften der Patrioten geschöpfte Aufzeichnungen haben mich in den Stand gesetzt, auf ein wenig Erfolg zu hoffen. — Ich will Ihre Verwaltung mit der jetzigen vergleichen, will diejenigen mit dem Pinsel der Ehrlosigkeit anschwärzen, die die gemeinsame Sache verraten haben. — Ich will die, welche die Regierung in Händen haben, vor den Richterstuhl der öffentlichen Meinung rufen, ihre Bedrückungen aufzählen, ihre Umtriebe aufdecken und, wenn es möglich ist, den ehrenhaften Minister, der den Staat regiert, für das beklagenswerte Schicksal interessieren, das so grausam auf uns lastet.

Wenn es mir mein Vermögen erlaubt hätte, in der Hauptstadt zu leben, so würden mir ohne Frage andere Mittel zur Verfügung stehen, um unsern Klagen Gehör zu verschaffen. So aber bin ich genötigt, zu dienen, und auf das einzige Mittel, die Publizität, angewiesen....

Da ich noch jung bin, mag mein Unternehmen kühn erscheinen, aber die Liebe zur Wahrheit, zum Vaterland, zu meinen Landsleuten, jene Begeisterung, die

mir immer und immer wieder die Aussicht auf Besserung
in unserm Lande einflößt, geben mir Kraft. Wenn Sie,
General, geruhen eine Arbeit zu billigen, in der so viel
von Ihnen die Rede sein wird, wenn Sie die Bestrebungen
eines jungen Mannes ermutigen wollten, den Sie auf-
wachsen sahen, und dessen Eltern stets zur bessern
Partei gehörten, so gilt mir dies als gutes Zeichen für
ihr Gelingen.

Ich wünschte, ich könnte einige Zeit in England
verbringen, um mich Ihnen gegenüber über die Gefühle
auszusprechen, die Sie mir eingeflößt haben, und mit
Ihnen gemeinschaftlich über das Unglück des Vaterlands
zu reden, aber die Entfernung setzt diesem Wunsche
ein Hindernis entgegen: vielleicht kommt noch einmal
der Tag, wo ich imstande bin, es zu überwinden!

Welchen Erfolg auch mein Werk haben wird, so
bin ich doch überzeugt, daß es die ganze Schar der
von mir angegriffenen französischen Beamten, die unsere
Insel verwalten, gegen mich aufreizen wird: was aber
tut das, wenn es sich um das Interesse des Vaterlands
handelt! Die Bösen werden keifen, werden zum Schlage
gegen mich ausholen, ich aber werde mein Gewissen
befragen, mich der Rechtmäßigkeit meiner Gründe erinnern und ihnen dann furchtlos ins Auge blicken
können.

Erlauben Sie mir, General, Ihnen die ehrerbietigste
Huldigung meiner Familie — ach! warum soll ich es
nicht sagen — meiner Landsleute zu Füßen zu legen.
Sie zehren an der Erinnerung einer Zeit, wo sie noch
die Freiheit erhofften. Meine Mutter, Madame Letizia,
beauftragt mich, Sie an die in Corte verlebten Jahre zu
erinnern.

Ich schließe mit der größten Ehrerbietung, General, als Ihr Ihnen sehr ergebener und gehorsamer Diener

Napoleon Buonaparte.
Offizier im Regiment La Fère.

Coston, Biographie des prem. an. de Nap. Bonaparte.

An Joseph Bonaparte.

Freitag, um Mitternacht[1].

Die Post trifft erst morgen ein; ich bin wegen Deiner Erwählung außerordentlich besorgt.

Um 8 Uhr kamen zwei Kuriere aus Frankreich. Ich habe alle Neuigkeiten beim General gelesen![2] Da ich noch zu aufgeregt bin und nicht schlafen kann, will ich mich ein wenig mit Dir unterhalten.

Saliceti hat im Tageblatt eine kräftige Antwort auf einen Brief drucken lassen, worin gesagt wurde, daß Paoli 8000 Korsen ausgerüstet hätte und im Begriff wäre, die Franzosen für England zu vertreiben.

Er hat diese beleidigenden Gerüchte am 14. (August) der Nationalversammlung gemeldet. Buttafoco, der sich durch eine drohende Bewegung Salicetis betroffen fühlte, erhob sich und sagte, er glaube nicht, daß die im Umlauf befindlichen Gerüchte wahr wären, aber er sei erstaunt, daß der Vorredner von Aristokraten spräche, da es doch offenbar wäre, daß es in Korsika keine Aristokraten gäbe. Saliceti antwortete ihm: »Wir sind

---

[1] Vermutlich vom 27. August 1790, aus Bastia.

[2] Bei Paoli, der vor kurzem wieder nach Korsika zurückgekehrt war, und den Napoleon hauptsächlich in der Absicht aufgesucht hatte, für Joseph um eine Anstellung nachzusuchen.

vier Abgeordnete. Sind wir derselben Denkungsart? Allerdings habe ich niemals für die Aristokratie gestimmt.« Darauf beschloß die Nationalversammlung, daß man die über Korsika kursierenden Gerüchte im Protokoll als verleumderisch vermerken sollte.

Wir erhielten Nachricht bis zum 17. Die Apanagen sind eingezogen. Die Prinzen werden eine Million erhalten; sie können sich von nun an keinen Hofstaat mehr halten.

Man hat verschiedene interessante Dinge über die Munizipalität beschlossen, besonders ihre richterliche Gewalt über die Polizei.

Man ist mit der gerichtlichen Verwaltung so weit vorgeschritten, daß man hofft, sie schon am 1. September in Kraft treten lassen zu können.

Es heißt jetzt nicht mehr »königlicher Prokurator«, sondern »königlicher Kommissar«. Er hat nicht mehr das Recht anzuklagen, sondern nur über die Ausübung der Gesetze zu wachen. Die Zeitungen werden Dich übrigens besser darüber unterrichten.

Ich bin müde. Noch ein paar Worte. Die Regimenter sind in der größten Unordnung, die Soldaten empören sich.

Barnave und Cazalès[1] haben sich auf Pistolen gefordert, wobei Cazalès tödlich verwundet worden ist. Wenigstens ist er ein großer Aristokrat!

Gaffori ist am 12. August in Paris angekommen. Wie er sagt, will er mit Korsika nichts mehr zu tun haben.

Masson, Napoléon inconnu.

---

[1] Zwei bedeutende Politiker der Revolution. Der eine, Pierre Joseph Marie Barnave, war eifriger Anhänger der Revolution, der andere, Jacques-Antoine Cazalès, stand auf der Seite der Royalisten

An Joseph Bonaparte.

(Auxonne) Ostersonntag 24. (April 1791).

Fesch, dem ich ausführlich geschrieben habe, wird Dir nähere Auskunft geben können über den Weg, den Du in bezug auf die Angelegenheit der Pflanzschule einschlagen sollst[1]. Es wird Zeit, daß Du Dich ernstlich damit beschäftigst. Wenn Du alles in Bastia erledigt haben wirst, will ich mich damit beschäftigen und bei der Nationalversammlung um eine Gunst nachsuchen.

Louis hat fünf oder sechs Briefe geschrieben, in wer weiß was für einem Kauderwelsch[2].

Er lernt tüchtig und fängt an Französisch zu schreiben.

---

[1] Um die kärglichen Einkünfte seiner Familie zu vermehren, hatte Carlo Bonaparte im Jahre 1782 um die Konzession zur Anlegung einer Maulbeerbaumschule nachgesucht und sie erhalten. Zu diesem Unternehmen sollte er 8500 Franken Vorschuß beziehen und außerdem noch jedes Pfropfreis mit einem Sou bezahlt bekommen. Er hingegen verpflichtete sich, fünf Jahre später mit der Verteilung der Maulbeerbäume unter die Inselbewohner zu beginnen. Im ganzen bezog er 5800 Franken. Aber im Jahre 1786 wurde der Vertrag gerichtlich aufgelöst, da, wie die Verwaltung meinte, keine Pflanzungen mehr nötig wären und man das Geld nicht unnützerweise ausgeben wollte. Letizia hatte jedoch wie alle Jahre ihre Anpflanzungen gemacht und forderte nun vom Gouverneur den üblichen Vorschuß. Er wurde ihr verweigert. Napoleon, der sich während seines Urlaubs im Jahre 1787 sogleich der Sache annahm, erklärte, seine Mutter sei geschädigt worden und verlangte Schadenersatz. Als er sich dann nicht mehr selbst darum kümmern konnte, weil ihn die Pflicht wieder nach Frankreich rief, übertrug er die Sache seinem Bruder Joseph, der sich nun an seiner Stelle zur Regelung der Familienangelegenheiten in Ajaccio befand.

[2] Bonapartes zweitjüngster Bruder, Louis Bonaparte, dessen Erziehung der junge Leutnant ganz auf sich genommen hatte.

Ich unterrichte ihn in der Mathematik und Geographie. Er liest Geschichte. Er wird ein guter Soldat werden. — Alle Frauen hier sind in ihn verliebt. Er hat schon ein ganz französisches Wesen angenommen, ist geschmeidig und gewandt. Wenn er in eine Gesellschaft eintritt, grüßt er sehr anständig, stellt die gebräuchlichen Fragen mit dem Ernst und der Würde eines Dreißigjährigen. Er wird sicher der Beste von uns Vieren werden. Allerdings hat auch keiner von uns eine so gute Erziehung genossen als er.

In seiner Schrift wirst Du seine raschen Fortschritte wahrscheinlich nicht finden, mußt aber bedenken, daß sein Lehrer ihn bis jetzt nur lehrte, Federn zu schneiden und im großen und ganzen zu schreiben. Mit seiner Orthographie wirst Du schon zufriedener sein. Er ist ein reizender Junge, der sowohl aus Neigung, als auch aus Eigenliebe arbeitet und außerordentlich viel Gemüt hat. . . . Er besitzt das Denken und Urteilen eines Vierzigjährigen. Es fehlen ihm nur die Kenntnisse. Wie schade, daß er wahrscheinlich, wie ich befürchte, das Examen nicht machen kann. Dann müßte er nach Korsika zurückkehren, und seine Erziehung wäre vollkommen verfehlt.

Der Rentmeister Conti braucht einen oder zwei Gehilfen bei seinen Geschäften. Er könnte vielleicht Lucien zu sich nehmen. Der Rentmeister von Saint-Jean-de-Losne hat sogar deren drei. . . .

Deine Adresse an (. . . .)[1] ist besser befunden wor-

---

[1] Es handelt sich um die von Joseph redigierte „Adresse à toutes les sociétés des amis de la Constitution" par le Club d'Ajaccio, die am 27. März 1790 im „Journal des amis de la Constitution" erschien.

22

den als ich befürchtete. Sie hat einen sehr guten Eindruck gemacht.

Leb wohl!

Masson, Napoléon inconnu.

An Joseph Bonaparte.

(Paris,) Dienstag, den 28. Mai 1792.

Ich bin gestern in Paris angekommen und habe mich vorläufig in dem Hotel einquartiert, wo Pozzo di Borgo, Leonetti und Peraldi wohnen, nämlich im »Hotel des Patriotes hollandais« in der Rue Royale. — Es ist mir jedoch zu teuer, und ich werde heute oder morgen umziehen. Pozzo di Borgo[1] habe ich nur einen Augenblick gesehen; wir waren etwas zurückhaltend, indes freundschaftlich gegeneinander.

---

[1] Graf Charles André Pozzo di Borgo, 1764—1842, war korsischer Advokat und Generalprokurator. Als die Revolution ausbrach, schloss er sich eng an die Brüder Joseph und Napoleon Bonaparte an, um wie sie für die Freiheit seines Vaterlandes einzutreten. 1790 ward er durch den Einfluss Paolis zum Mitglied in der Verwaltung Korsikas ernannt und 1791 in die Gesetzgebende Versammlung von Frankreich gewählt. Da man ihn aber royalistischer Gesinnungen verdächtigte, kehrte er wieder nach Korsika zurück, wo er sich Paoli anschloss. Von dieser Zeit datiert der unauslöschliche Hass Pozzos gegen seinen ehemaligen Bundesgenossen Napoleon, der während seiner ganzen Regierung durch Pozzos Intrigen zu leiden hatte. 1796 floh Pozzo nach England, wo man ihn vermutlich zu den allergeheimsten Diensten verwendete. Aus den englischen Diensten trat er 1798 in russische und war vor allem bemüht Koalitionen gegen Napoleon zustandezubringen. 1807 trat er aus dem russischen Staatsdienst aus und sank nun nach und nach bis zum gewöhnlichen Agenten herab, der von Napoleons Feinden überall da benutzt wurde, wo eine niedrige Intrige anzuzetteln war. Während der Restauration war er russischer Gesandter in Paris.

Paris befindet sich in der größten Aufregung. Es ist von Fremden überfüllt, und die Unzufriedenen sind sehr zahlreich. Bereits seit drei Nächten bleibt die Stadt erleuchtet. Man hat die Nationalgarde in den Tuilerien verdoppelt, um den König zu schützen. Man will das Korps der königlichen Haustruppen, das, wie man sagt, sehr schlecht organisiert ist, aufheben.

Von den Grenzen kommen immer noch dieselben Nachrichten. Wahrscheinlich sammelt man sich, um die Defensive zu ergreifen.

Unter den Offizieren ist die Fahnenflucht an der Tagesordnung, überhaupt ist die Lage äußerst kritisch.

Es ist nicht wahr, daß die besoldete Nationalgarde rote Aufschläge haben muß, sondern, genau wie die andern Garden, weiße. Ich habe mehr als zwanzig verschiedene Bataillone gesehen, alle mit weißen Aufschlägen.

Aréna[1] habe ich nicht gesehen, weiß aber, daß er allein ist. Jedermann wendet sich von ihm ab: er wohnt im Hotel Strasbourg.

Wie man mir sagte, steht sich Pozzo di Borgo sehr gut mit dem Kriegsminister.

Ich habe Mariana noch nicht besucht, werde aber morgen zu ihr gehen.

---

[1] Barthélemy Aréna, 1765—1829, Bruder des später so berüchtigten Joseph Antoine Aréna. Er war ein eifriger Republikaner und Gegner Paolis, des Freundes der Engländer. Gegen seinen Landsmann Bonaparte hegte er grossen Hass und versuchte auch am 18. Brumaire sich dem Staatsstreich mit Gewalt entgegenzusetzen. Darauf sollte er verbannt werden, entkam aber nach Livorno, wo er starb.

Auch Peraldi[1] habe ich nicht gesehen, da er auf dem Lande ist.

Halte es mit dem General Paoli; er kann alles und ist alles. Alles liegt im Schoße der Zukunft, die kein Mensch voraussehen kann.

Leonetti ist Oberstleutnant der Gendarmerie. Ich glaube, es ist Sache der leitenden Persönlichkeiten, zu wählen, wem die Ueberlegenheit und der Oberbefehl zukommen sollen.

Ich gehe heute zum erstenmal in die Gesetzgebende Versammlung. Sie hat zwar keinen so guten Ruf als die Konstituierende: was bleibt einem aber anders übrig?

Viele Grüße an zu Hause. Schreibe mir bald. Ich umarme Dich.

An Herrn Buonaparte, Administrator des Direktoriums in Corte[2].

(Paris,) den 14. Juni (1792).

Gestern war ich bei Herrn Permon zu Tisch[3]. Seine Frau ist sehr liebenswürdig, liebt ihr Vaterland leidenschaftlich und sieht es gern, wenn Korsen zu ihr kommen.

Der Marineminister Servan, der Minister des Innern, Roland, sowie der Minister der öffentlichen Steuern sind gestern verabschiedet worden. — Dumouriez, der Minister der Auswärtigen Angelegenheiten, hat das Portefeuille

---

[1] Marius Peraldi war korsischer Deputierter der Linken in der Gesetzgebenden Versammlung.

[2] Joseph Bonaparte.

[3] Ein weitläufiger Verwandter der Familie Bonaparte. Seine Frau war Korsin und nahm sich besonders der Brüder Napoleon und Lucien an. Herr und Frau Permon sind die Eltern der spätern Madame Junot, Herzogin von Abrantes.

Servans übernommen und das seinige einem Herrn von Naillac aus Drôme übergeben, den ich sehr gut kenne. Roland hat das seinige Herrn Mourgues abgetreten, einem Mann, von dem ich nie etwas gehört habe. Der Minister der öffentlichen Steuern ist noch nicht ernannt.

Die Gesetzgebende Versammlung war wütend über die Verabschiedung der drei Minister, weil sie gute Patrioten sind. Sie erklärte, sie hätten die Achtung der ganzen Nation besessen, und ihr Abgang würde allgemein bedauert werden. — Man beschuldigt Dumouriez[1] als Urheber dieses Ministerwechsels, so daß wahrscheinlich die Gesetzgebende Versammlung heute gegen ihn vorgehen wird.

Aus den Zeitungen werdet Ihr den Tod Gouvions erfahren haben, der von einer Kanonenkugel getroffen wurde. Er befehligte die Vorhut Lafayettes. In der Nacht griffen ihn die Oesterreicher an. Lafayette eilte herbei; die Angreifenden wurden in die Flucht getrieben und haben auf ihrem Rückzug viele Leute verloren. Die Feinde gaben einige Kanonenschüsse ab, von denen einer Gouvion den Tod brachte.

Dieses Land ist im wahren Sinne des Wortes von den leidenschaftlichsten Parteien zerrissen, und nur schwer vermag man den Faden von all den verschiedenen Plänen zu erfassen. Welche Wendung dies nehmen wird, weiß ich nicht, jedenfalls aber sieht es sehr revolutionär aus.

---

[1] General Charles François Dumouriez gehörte der Gironde an, überwarf sich aber mit ihr und veranlasste 1792 den König, das von ihr erwählte Ministerium zu verabschieden. Später ward er Jakobiner, wandte sich aber in der Schreckenszeit auch von dieser Partei ab, um Anhänger der Royalisten zu werden, die zugunsten des Dauphins die Monarchie wieder errichten wollten.

Die Veröffentlichung des Briefes Bacciocchis hat man nicht gebilligt. Man fand ihn unmoralisch.

Dein Brief an Aréna war zu trocken, und Du mußt noch lernen, anders zu schreiben. Ich unterlasse das ihm gegenüber; er ist ein eifriger Demokrat.

Ich umarme Dich. Ich habe an den Konsul wegen der Pension geschrieben. Benachrichtige ihn, damit er auf der Post in Ajaccio seinen Brief in Empfang nehme...

Laß Dich nicht arretieren: Du mußt unbedingt bei der nächsten Versammlung dabei sein, oder Du bist ein Tropf.

Mach daß Du nach Ajaccio kommst, um Deine Stimme als Wähler abzugeben.

Dieses Schiffsbillett finde ich in meiner Tasche; laß es Dir wieder herausbezahlen, denn ich habe es dem Eigentümer abgekauft.

Masson, Napoléon inconnu.

An Joseph Bonaparte.

(Paris), Freitag 22. Juni 1792.

Herr von Lafayette hat an die Gesetzgebende Versammlung gegen die Jakobiner geschrieben. Sein Brief, den viele für gefälscht halten, ist in einer kräftigen Sprache verfaßt. Herr von Lafayette, viele Offiziere der Armee, alle ehrenhaften Bürger, die Minister, die Pariser Verwaltung stehen auf der einen, die Mehrzahl der Gesetzgebenden Versammlung, die Jakobiner und der Pöbel auf der andern Seite. Die Jakobiner halten gegen Lafayette kein Maß mehr, sie bezeichnen ihn als Mörder, Lumpen, Schurken.

Sie gebärden sich wie die Wahnsinnigen, ohne gesunden Menschenverstand. Vorgestern zogen 7—8000 Menschen, mit Piken, Aexten, Degen, Gewehren, Spießen und spitzen Stöcken bewaffnet, nach der Gesetzgebenden Versammlung, um eine Bittschrift einzureichen. Darauf begaben sie sich zum König. Der Tuileriengarten war verschlossen und von 15000 Nationalgardisten bewacht. Sie haben die Tore niedergerissen, sind ins Schloß eingedrungen, haben gegen die Gemächer des Königs Kanonen gerichtet, vier Türen eingeschlagen, dem König zwei Kokarden angeboten, eine weiße und eine dreifarbige, und ihm die Wahl gelassen. »Wähle,« befahlen sie ihm, »hier oder in Koblenz zu regieren.« Der König zeigte sich und setzte die rote Jakobinermütze auf. Die Königin und die königlichen Prinzen taten das Gleiche. Dann mußte der König mit ihnen trinken. Vier Stunden waren sie im Schloß. Dies lieferte den Feuillants[1] reichlichen Stoff zu ihren aristokratischen Erklärungen. Dennoch ist dies alles sehr verfassungswidrig und ein gefährliches Beispiel. Bei so stürmischen Zuständen kann man schwerlich voraussehen, welchem Schicksal das französische Reich entgegengeht.

Ich hoffe, Du bist in Ajaccio, wofern Du Dich nicht auf der Rückreise befindest. Du würdest mich indes von der Lage der Dinge unterrichtet haben. Buonarotti kann Dir bei Deinen Plänen äußerst nützlich sein[2]. Ich

---

[1] Die Feuillants — so genannt nach dem Kloster, in welchem sie ihre Versammlungen abhielten — waren eine politische Partei, die eine ähnliche Verfassung wie die englische anstrebte.

[2] Michel-Philippe Buonarotti, italienischer Schriftsteller und Politiker. Er war ein eifriger Republikaner und hatte sich nach Korsika geflüchtet, wo er die Zeitung »L'ami de la liberté italienne« herausgab. 1792 wurde er Jakobiner.

schicke Dir ein Exemplar des »Modenkabinetts«; es wird Paoletta[1] interessieren.

Ich erwarte Deine Antwort für Mariana. Ich bin unentschlossener denn je. Nun bin ich schon einen Monat in Paris, und die Papiere hinsichtlich der Pflanzschule sind immer noch nicht angekommen. Ich hatte ganz richtig vorausgesehen, was kommen würde.

Luckners Heer hat einige Fortschritte gemacht, aber sie sind kaum der Mühe wert. Die Einnahme von Menin und Courtrai will nicht viel sagen. Ich habe den absurden Brief Massarias gelesen[2]. Es ist für uns von höchstem Interesse, Aréna zu schonen: teile dies Fesch und Lucien mit.

Cataneo aus Calvi ist hier[3]. Ach, wie beklagenswert ist doch menschlicher Irrsinn! Er hat fast den Verstand verloren, spielt den ganzen Tag, verliert meist, hat alle seine Anzüge verkauft und besitzt nur noch einen alten blauen Frack. Er tut einem leid. Seit drei Jahren hat er seine Tochter nicht besucht. Die Kleine denkt, er ist in Korsika. Diese Mitteilungen sind für Dich bestimmt, denn wie die Dinge jetzt liegen, halte ich es für das einzig Richtige, diejenigen schonend zu behandeln, die einst unsere Freunde werden können, oder es waren.

Peraldi hat mir ohne Pardon den Krieg erklärt[4]. Er ist glücklich, daß man ihn nicht verletzen kann,

---

[1] Napoleons jüngste Schwester Pauline, die spätere Fürstin Borghese.

[2] Ein Korse, der sich der Festung Courtrai bemächtigen wollte.

[3] Stellvertretender Abgeordneter des korsischen Adels bei den Generalständen.

[4] Peraldi war das Oberhaupt des Adels von Ajaccio und ein persönlicher Feind Napoleons.

ich würde ihn sonst gelehrt haben, wie er zu handeln hat; aber dieser Mann ist toller denn je. Hier, wo man ihn genau kennt, ist er wenig geachtet.

Ihr Verwaltungsbeamte seid doch etwas barsch mit Aréna verfahren. Wenn er sich von Euch abwendet, wird er Euch nur hinderlich sein, und die andern werden Euch nur schwach unterstützen. Außerdem ist er sehr angesehen und klüger als die andern und gehört im wahren Sinne des Wortes der herrschenden Partei an.

Ich habe Dir tausend Briefe geschrieben. Ohne Zweifel hast Du sie erhalten. Von Dir erhielt ich genau fünf. Adressiere sie auch fernerhin an Pietri oder Leonetti.

Ich schrieb Dir von Ajaccio wegen der 26 Gewehre, die ich zu Hause hatte. Wenn Du sie Pietri, der sich in Cervione befindet, wieder zustellen könntest, wären wir in der Lage sie noch aufzubewahren, denn sie könnten uns augenblicklich von Nutzen sein.

Masson, Napoléon inconnu.

An den Wohlfahrtsausschuß.

4. Brumaire des Jahres II. (25. Oktober 1793.)

Die zweite Stellung[1] befindet sich zwischen Quatre-Moulins und Les Sablettes, zweihundert Toisen[2] vom englischen Lager entfernt auf einem Hügel, der etwas niedriger ist als die englische Schanze; dorthin könnte

---

[1] Der Bericht über die erste Stellung ist nicht aufgefunden worden.
[2] 1 Toise = 1,8 m.

man die drei Sechzehnpfünder stellen, die uns noch bleiben.

Sobald wir Herren von Eguillette und dem Kap Sepet sind, fahren wir Batterien auf, die den Feind nötigen werden, die beiden Häfen zu räumen, worauf wir unsern Angriff auf die Schanze und die dem Arsenal am nächsten befindliche Seite von Toulon richten, die auch gleichzeitig die schwächste ist.

Dazu aber bedarf es eines bedeutenden Belagerungstrains; die Artillerie steht an erster Stelle, während die Infanterie nur zur Unterstützung da ist. Mit unendlichem Bedauern sehe ich jedoch, daß man gerade dieser bedeutenden Waffe so wenig Aufmerksamkeit schenkt. Drei Viertel der Leute beschäftigen sich nur dann mit nützlichen Dingen, wenn sie das Bedürfnis danach fühlen, aber gerade dann ist es meist zu spät.

Niemand steht an der Spitze des Arsenals von Marseille; eine solche Stellung erfordert bedeutende Kenntnisse. Dasselbe gilt von der Artillerie, deren schwierigster Teil die Bildung eines Belagerungstrains ist.

Als ich in die Armee eintrat, war die Artillerie nicht im geringsten organisiert, erst jetzt, dank den Beschlüssen, die Sie zu verschiedenen Gelegenheiten erlassen haben, beginnt sie ein wenig in Gang zu kommen. Ich hatte gegen Unwissenheit und gemeine Leidenschaften, die bei dieser Waffe besonders herrschten, zu kämpfen. An Ihnen ist es, der Artillerie in der Armee jene Achtung und Unabhängigkeit zu verschaffen, die ihr von jeher und zu allen Zeiten zuerkannt worden sind und ohne die sie nichts Nützliches leisten kann.

Das erste, was ich Ihnen zu tun rate, ist, zu dieser Armee einen Artilleriegeneral zu schicken, der, auch durch seine hohe Stellung, zu der Achtung beitragen und jenem Haufen Unwissender des Generalstabs imponieren kann, mit denen man immer kapitulieren und dogmatisieren muß, um ihre Vorurteile zu überwinden und das zur Ausführung zu bringen, was jedem aufgeklärten Offizier in der Theorie und Praxis als feststehender Grundsatz gilt.

Der Befehlshaber der Artillerie der Südarmee
Buonaparte.

An den Kriegsminister[1].

Hauptquartier Ollioules, 24. Brumaire des Jahres II.
(14. November 1793.)

Bürger Minister, der Angriffsplan auf die Stadt Toulon, den ich den Generalen und Volksrepräsentanten unterbreitet habe, ist, wie ich glaube, der einzig ausführbare; wäre er von Anfang an mit ein wenig mehr Eifer befolgt worden, so würden wir wahrscheinlich jetzt in Toulon sein.

Ich habe Ihnen die allgemeinen Beobachtungen, welche die Basis des von mir entworfenen Planes bilden, gesandt.

Die Feinde aus dem Hafen vertreiben ist das erste bei einer regelrechten Belagerung; vielleicht verschafft uns diese Operation sogar Toulon; über beide Hypothesen werde ich sprechen.

---

[1] Der spätere Graf Lazare Nicolas Marguerite Carnot.

Um sich des Hafens zu bemächtigen, muß man sich vor allem zum Herrn des Forts Eguillette machen.

Sobald wir uns dieses Punktes versichert haben, muß Toulon mit acht oder zehn Mörsern bombardiert werden. Wir sind Herren der Höhe der Arenen, die 900 Toisen nicht übersteigt, und könnten uns leicht bis zu 800 Toisen nähern, ohne den Fluß Neuve zu passieren. Gleichzeitig würde man zwei Batterien vor das Fort Malbousquet und eine weitere gegen das Fort Artigues aufstellen. Dann wird vielleicht der Feind, erstaunt, bereits seine Position am Hafen verloren zu haben, von Minute zu Minute fürchten, daß er in unsere Hände falle, und sich zum Rückzug entschließen.

Wie Sie sehen, ist dies sehr hypothetisch; sicher wäre es vor einem Monat gewesen, wo der Feind noch keine Verstärkungen erhalten hatte. Heute indes ist es möglich, daß die Garnison, obwohl die Flotte gezwungen wurde, den Hafen zu räumen, die Belagerung noch hält und unterstützt.

Nun würden die beiden Batterien, die wir gegen Malbousquet gerichtet hätten, durch eine dritte verstärkt; die Mörser, die seit drei Tagen Toulon bombardieren sollten, müßten sich gegen Malbousquet wenden, um dessen Befestigungen zu zerstören. Das Fort wird keine 48 Stunden Widerstand leisten, und nichts hält uns dann mehr bis vor die Tore von Toulon auf.

Wir greifen Toulon auf der Seite, wo sich der Sumpfwall und der Arsenalwall befinden, brüsk an, wodurch wir sogleich, von den in Malbousquet und auf den Höhen der Arenen aufgestellten Batterien gedeckt, in die zweite Parallele gelangen.

In dieser Bewegung werden wir durch das Fort

Artigues etwas gehindert werden, aber die vier Mörser und sechs Kanonen, die bei Beginn des Angriffs dort aufgefahren wurden, bleiben da und eröffnen ein noch lebhafteres Feuer.

Allerdings darf man sich nicht verhehlen, daß wir allerhand Bedürfnisse haben und daß die verschiedenen in beiliegendem Verzeichnis verlangten Gegenstände in unserm Park vorhanden sein müssen.

Ich habe Ihnen über die von mir unternommenen Schritte und Anordnungen Bericht zu erstatten, die ich getroffen, um schnell einen Belagerungstrain zu bilden.

Vor mehr als einem Monat sagte ich den Generalen, daß die augenblicklich bestehende Artillerie imstande sei, das Feuer der englischen Redouten zum Schweigen zu bringen, die auf dem Gipfel des Vorgebirges von Eguillette aufgestellt sind.

Wir müssen also zwei verschiedene Perioden in der Belagerung von Toulon unterscheiden.

Erste Periode.

Die Einnahme von Eguillette, die Vertreibung der Engländer aus den Häfen und die Beschießung gleichzeitig mit dem Angriff auf das Fort Faron.

Wirkung, die dieser erste Angriff hervorbringen muß:

Uns mittels der allgemeinen Panik, die das erzeugen wird, und der Angst der Feinde, daß sie in unsere Hände fallen möchten und den Rückzug nicht bewerkstelligen können, Toulons zu bemächtigen.

Zweite Periode.

Da, wie das sehr leicht möglich ist, die Garnison wahrscheinlich geneigt ist, eine Belagerung auszuhalten, wird man, während man versucht, welche Wirkung eine mehrere Tage lange Beschießung hervorbringt, eine dritte Batterie auf der Verlängerung der Höhen von Gaux gegen Malbousquet errichten. Um die Brustwehren und Palisaden zu zerstören, die die Feinde errichtet haben, werden einige Haubitzen aufgestellt; während die drei Batterien Feuer geben, wendet man die Mörser und bombardiert das Fort. Ist das feindliche Batteriefeuer einmal zum Schweigen gebracht, sind die Palisaden zerstört, dann nimmt man es im Sturm.

Nun bleibt nur noch die Front des Arsenals anzugreifen, indem man das feindliche Feuer durch vorgerückte Batterien und Prallschüsse zum Schweigen bringt und endlich in die vermittelnde Front der Sumpfbastionen und der Arsenalbastionen Bresche schießt. Aber für alle diese Operationen sind die in dem Belagerungstrain angeführten Gegenstände notwendig.

Buonaparte.

An den Bürger Dupin, Adjunkten im Kriegsministerium.

Ollioules, 10. Frimaire des Jahres II.
(30. November 1793.)

Der Vormittag war zu schön, um Dich nicht von den stattgehabten Ereignissen zu unterrichten.

Die auf den Höhen der Arenen aufgestellte Konventsbatterie beschießt Malbousquet von rechts, während die des Pulvermagazins es von links angreift.

Am 9. begann die Konventsbatterie ihre Kanonade

gegen Malbousquet, wobei sie ihm drei Geschütze unbrauchbar machte und viele Kanoniere tötete.

Die Höhen der Arenen sind keine tausend Toisen von Toulon entfernt. In der Stadt verbreitete sich allgemeiner Schrecken, und am 10. morgens um fünf Uhr zeigte sich der sechstausend Mann starke Feind, vom englischen General O'Hara, dem Gouverneur von Toulon, befehligt. Die Feinde warfen unsere Vorposten über den Haufen und drangen bis zur Batterie vor. Sie vernagelten die dort aufgefahrenen sechs Vierundzwanzigpfünder. Plötzlich langten wir mit großer Stärke an. Der General Dugommier hat sich mit wahrhaft republikanischem Mut geschlagen. Wir nahmen ihnen die Batterie wieder weg und machten den englischen General gefangen, der am Arme verwundet wurde. Dann verfolgten wir den Feind mit aufgepflanztem Bajonett. Wir töteten ihm 4—5000 Mann. Außerdem machten wir viele Gefangene, unter denen ein spanischer Oberst, ein englischer Major und eine große Menge andere Offiziere. Die Konventsgeschütze wurden sofort wieder entnagelt, um noch rechtzeitig die Verwirrung auf dem Rückzuge des Feindes zu vermehren.

Unsere Soldaten, die außer sich vor Empörung waren, rückten sofort gegen Malbousquet vor. Wir verjagten die Feinde von den beiden aneinander grenzenden Höhen, zerstörten ihnen ein eben begonnenes Werk, nahmen ihnen eine große Menge Zelte weg und zertrümmerten alles, was wir nicht mit wegnehmen konnten. Seit sieben Stunden kämpften wir ununterbrochen; die Flotte machte eine Bewegung, um sich dem Pulvermagazin zu nähern, aber die Batterie des kleinen Hafens, die noch nicht im Feuer gewesen war, zwang sie, sich in gehöriger Entfernung zu halten.

Nichts kommt dem Mute gleich, den unsere Soldaten an diesem Tage bewiesen haben. Das ist ein gutes Omen für die Ausführung des festgesetzten Planes.

Buonaparte.

An Junot, Leutnant der Kavallerie, Adjutanten des Generals Bonaparte.

Antibes, den 25. Thermidor bis 2. Fructidor des Jahres II. (12.—19. August 1794.)

Mein lieber Junot, in dem Vorschlag, den Du mir machst, erkenne ich so recht Deine Freundschaft; auch Du kennst die meine seit langem, und ich hoffe, daß Du auf sie zählst.

Die Menschen können ungerecht gegen mich sein, mein lieber Junot, wenn ich nur unschuldig bin, das genügt; mein Gewissen ist das Tribunal, vor das ich mein Benehmen zitiere.

Und dieses Gewissen ist ganz ruhig, wenn ich es befrage; tue also nichts, Du würdest mich nur kompromittieren.

Leb wohl, mein lieber Junot, Gruß und Freundschaft

Buonaparte
(in Haft auf dem Fort Carré in Antibes[1]).

---

[1] Zu dieser Festungshaft wurde Bonaparte verurteilt, weil er infolge seiner Beziehungen zu dem jüngeren Robespierre in den Sturz des ältern verwickelt wurde, und Saliceti ihn beim Konvent denunziert hatte. Seine Haft dauerte indes nicht lange, denn auf Grund eines Schreibens an die Regierungskommissare und durch Vermittlung eben desselben Saliceti, der ihn erst ins Verderben gestürzt, wurde er wieder freigelassen und in seine frühere Stellung wieder eingesetzt.

An den Bürger Multedo.

Hauptquartier Cairo, 2. Vendémiaire des Jahres III.
(23. September 1794.)

Du hast mir die verschiedenen Briefe, die ich Dir vor einigen Dekaden[1] schrieb, noch nicht beantwortet.

Die Oesterreicher bedrohten Savona und wollten durch die Einnahme der Festung die Neutralität des genuesischen Volkes erzwingen, indem sie unsern Handel vollkommen hemmten. Sie hatten bereits große Strecken hinter sich, Lager gebildet und die Artillerie vorrücken lassen. Aber sie hatten, als sie ihre Berechnungen machten, nicht an die Republikaner gedacht, die alle ihre Bewegungen beobachteten und den Augenblick abwarteten, wo sie sie auf frischer Tat ertappen würden.

Es ist Dir bekannt, daß die Oligarchen von Genua, die diese Republik regieren, uns hassen und nur auf die Gelegenheit warten, uns ohne Gefahr verraten zu können.

Die Nachrichten von Genua und die Bewegungen des Feindes lassen keine Zweifel mehr über ihre Absichten aufkommen. Ueberzeugt, daß es nun endlich Zeit wäre, ihre Absichten zu verhindern und zu nichte zu machen, beschlossen die Repräsentanten, daß die italienische Armee sich auf die Suche nach dem Feinde mache, ihn schlage und seine Pläne vereitle.

Am zweiten Sanskülottenfesttage haben wir uns mit 12000 Mann, einer Abteilung Gebirgsartillerie und 600 Dragonern in Marsch gesetzt.

Wir haben den Feind durch klug berechnete und einheitlich ausgeführte Märsche gezwungen, die Stel-

---

[1] Im republikanischen Kalender ein Zeitraum von 10 Tagen.

lungen zu verlassen, hinter die er sich verschanzt hatte, und die für ihn außerordentlich günstig waren.

Am Morgen des vierten Sanskülottenfesttages standen wir der österreichischen Armee gegenüber; sie war in Schlachtordnung in der Ebene von Carcare, einer genuesischen Stadt, aufgestellt, hatte die Höhen verschanzt und war mit guten Batterien versehen.

Wir besetzten nun die Höhen von Biestro, Pallare und Millesimo. Sobald wir die Stellung des Feindes erkannt hatten, beschlossen wir den Angriff, indem wir uns zu Herren des alten Schlosses von Millesimo machten, uns von da nach der Kapelle zwischen Carcare und Cairo wandten und den Feind hinter seinen Verschanzungen angriffen. Durch diese Operation schnitten wir ihm den Rückzug ab, vereitelten seinen Schlachtplan und sicherten uns einen vollkommenen Sieg. Um drei Uhr nachmittags griffen wir das alte Schloß Millesimo an. Der Feind hatte hier ein gutes Bataillon Ungarn, das sich, um Zeit zu gewinnen, ziemlich lange verteidigte, das Feld indes räumte, als es sich auf dem Punkte sah, umzingelt zu werden. Als der Feldmarschall Colloredo sah, daß wir Herren von Millesimo und bereit waren, auf die Kapelle zu marschieren, gab er das Zeichen zum Rückzug, den er in ziemlicher Ordnung und guter Haltung von seiten seiner Truppen bewerkstelligte. Uebrigens ward er von der Nacht begünstigt, die er durchmarschierte; erst in Dego, zwei Meilen jenseits von Cairo, machte er Halt. Noch dieselbe Nacht drangen wir in Carcare ein und marschierten am nächsten Morgen nach Cairo, einer kleinen Stadt von Piemont, deren Schlüssel uns die Einwohner überreichten.

Gegen zwei Uhr nachmittags entdeckten wir die

Feinde in der Nähe des Dorfes La Rochetta. Sie hatten ihre Linke und Rechte gegen die Gebirge gestützt, die sie sehr stark wähnten; ihre Mitte war hinter der Bormida verschanzt und von ihrer Artillerie unterstützt.

Ihre Ulanen, die ihre ganze Kavallerie ausmachten, unternahmen in der Ebene Evolutionen, womit sie uns zu imponieren suchten.

Hätten wir annehmen können, daß sie uns den nächsten Tag erwarteten, wir würden gern die Partie aufgeschoben haben; so waren wir aber sicher, daß sie während der Nacht fliehen würden, und trafen daher sofort unsere Maßnahmen zum Angriff.

Sechs Bataillone mit einigen Gebirgsgeschützen bestiegen das Gebirge rechts und hatten Befehl, die Linke der Feinde zu umgehen, die Stellung auf dem Wege von Dego nach Spigno zu nehmen und durch diese Operation dem Feinde vollkommen den Rückzug abzuschneiden.

Zwei Bataillone wurden abgesandt, um den Feind aus der Stellung zu verdrängen, die seine Rechte schützte.

Der Rest der Armee stellte sich mit der Kavallerie und Artillerie hinter dem Dorfe La Rochetta in Schlachtordnung auf.

Alle diese Anordnungen konnten indes erst sehr spät beendet werden. Die Linke griff an, und nachdem sie viermal zum Angriff hinaufgestürmt war, bemächtigte sie sich der Höhen, die der Feind besetzt hatte.

Das Feuer war sehr lebhaft auf der Rechten, wo der Feind große Streitkräfte entwickelt hatte; wir vertrieben ihn teilweise aus seiner Stellung, aber die stockfinstere Nacht erlaubte uns nicht, noch weiter vorzurücken und bis Dego zu gelangen.

Das Zentrum griff mit großer Lebhaftigkeit an; überall gab der Feind nach, und seine bei den Evolutionen so glänzende Kavallerie hielt es für geratener, den Anprall der unseren nicht abzuwarten.

Die Nacht brachte uns auseinander; wir biwakierten auf dem Schlachtfelde. Wir hatten unsere Artillerie aufgestellt, um den Feind, sobald der Tag anbrach, niederzuschmettern, aber er hatte es für besser gehalten, uns nicht zu erwarten; eine Nacht und einen Tag ist er ununterbrochen marschiert.

Man schätzt seinen Verlust auf 1000—1200 Mann. Das Schlachtfeld, seine Magazine in Dego, ja selbst seine Verwundeten sind in unsere Hände gefallen.

So sind seine Pläne hinsichtlich Savonas für lange Zeit vereitelt.

Das Gefecht von Dego wäre für den Kaiser in seinen lombardischen Staaten entscheidend gewesen, wenn wir drei Tagesstunden mehr gehabt hätten.

Durch diese Expedition wird der Feind wahrscheinlich für lange Zeit keine Absichten auf Savona haben. Es bleibt uns nun bloß noch, Korsika von der Tyrannei der Engländer zu befreien. Die Jahreszeit ist günstig, und kein Augenblick zu verlieren. Die Spanier sind in ihren Hafen zurückgekehrt; von Ajaccio sind ganz frische Nachrichten eingetroffen, und, anstatt ihre Verteidigungsmittel auf diesem bedeutenden Punkte der Insel zu vermehren, haben sie im Gegenteil die Zitadelle eines Teils ihrer Kriegsmunition entblößt.

8 oder 10000 Mann, 12 Kriegsschiffe, und die Expedition nach Korsika wird in dieser Jahreszeit weiter nichts als eine militärische Spazierfahrt sein.

Die Engländer aus einer Position, die sie zu Herren

des Mittelmeers macht, vertreiben, sie aus dem einzigen Departement, das sie noch besetzt halten, verjagen, die Ehrlosen, die die Republik verraten haben, bestrafen, eine große Anzahl guter Patrioten, die es noch auf der Insel gibt, befreien und die guten Republikaner, die sich durch ihre edelmütige Art, mit der sie alles für ihre Prinzipien ausgestanden, dem Vaterland würdig erwiesen haben, ihren Familien wiederzugeben: das, mein Freund, ist die Expedition, mit der sich die ganze Regierung beschäftigen sollte, besonders aber die Abgeordneten dieses Departements und die Deputationen der benachbarten Provinzen.

Buonaparte.

An den Bürger Gassendi.

Hauptquartier von Marseille, 11. Floréal des
Jahres III. (30. April 1795.)

Der einzige Vorwurf, den ich mir bei meiner Abreise von Nizza machen würde, wäre der Gedanke, daß meine Freundschaft für Dich und die Achtung, die ich Deinen Kenntnissen und Arbeiten entgegenbringe, nicht tatkräftig genug gewesen seien; aber ich bin weit entfernt, so etwas zu denken. Die Umstände waren stets so, daß ich zu verschiedenen Malen um eine Beförderung für Dich nachgesucht, ohne indes Erfolg gehabt zu haben. Um so mehr bedaure ich jetzt, wo die Verhältnisse sich ändern, Deinen Abschied, der in einigen Monaten für Dich befriedigender und ehrenvoller sein könnte.

Ich begebe mich nach Paris und werde nichts unversucht lassen, um für Dich den Abschied, oder die Direktion von Toulon, oder auch die der Gießerei von Valence zu erhalten. Ich bitte Dich, ganz so zu tun, als sei ich Dein Beauftragter, und mir Deine Wünsche hinsichtlich dessen, was ich für Dich tun soll, zu spezifizieren.

Ich übergebe Perrier das gewünschte Buch, sowie eine schöne Ausgabe von dem Werke Monges über die Gießereien, das voriges Jahr gedruckt worden ist und das er mir selbst zum Geschenk machte[1].

Es wäre ungerecht von Dir, wolltest Du nicht auf meine Freundschaft zählen und mir nicht mehr dieselben Gefühle entgegenbringen wie ich.

Buonaparte.

Brotonne, Lettres inédites.

An Joseph Bonaparte.

Semur, 25. Mai 1795.

Ich war gestern auf dem Gute Ragny, das Herrn von Montigny gehört. Wenn Du ein tüchtiger Geschäftsmann wärst, kauftest Du diese Besitzung mit 8 000 000 Assignaten. Du könntest darauf 60 000 Frcs. von der Mitgift Deiner Frau anlegen, dies wünsche und rate ich Dir. Viele Grüße an Deine Frau, Désirée[2] und die Familie.

---

[1] Gaspard Monge, Description de l'art de fabriquer les canons, fait en exécution de l'arrêté du comité de salut public, du 18 pluviôse an II. Paris an II (1794).

[2] Désirée Clary war die Schwägerin Josephs und quasi dem General Bonaparte versprochen; sie heiratete später den General Bernadotte und ward Königin von Schweden.

Man findet Frankreich nicht in fremden Ländern. Von Stufe zu Stufe emporzuklimmen, ähnelt ein wenig dem Abenteurer und dem Manne, der sein Glück zu machen sucht[1]. Wenn Du klug bist, ziehst Du Nutzen daraus. Ich zweifle nicht, daß Du die Besitzung mit 80 000 Francs b a r e m Gelde erwerben kannst. Früher, vor der Revolution, war sie 250000 Francs wert. Ich glaube, die Gelegenheit ist einzig, auf diese Weise einen Teil der Mitgift Deiner Frau anzulegen. Die Assignaten fallen von Tag zu Tag[2].

Du Casse, Suppl. à la Corresp. de Napoléon.

An Frau Permon.

Paris, den 30. Prairial des Jahres III. (18. Juni 1795).

Ich habe niemals für einen Tropf gelten wollen, würde es jedoch in Ihren Augen sein, wenn ich Ihnen nicht sagte, daß ich seit mehr als zwanzig Tagen weiß, daß sich Saliceti bei Ihnen verborgen hält[3]. Erinnern

---

[1] Einige Wochen später suchte Bonaparte darum nach, sich nach der Türkei begeben zu können, um die Armee des Sultans zu organisieren.

[2] Die Assignaten, oder Anweisungen auf den Staatsschatz, die zu Anfang der Revolution ausgegeben wurden, sanken wegen der grossen Summen, die sie repräsentierten, so ungeheuer, dass sie z. B. im Jahre 1796 nur noch 1% des Nominalwertes hatten.

[3] Saliceti war Konventskommissar und schuld an der Verhaftung Bonapartes im Jahre 1794 gewesen. (Vergl. Anmerkung S. 37.) Bonaparte betrachtete ihn von dieser Zeit an als seinen grössten Feind. Dennoch vergalt er nicht Gleiches mit Gleichem; als er Saliceti, der sich beim Aufstand vom 1. Prairial stark kompromittiert hatte und von der Regierung steckbrieflich verfolgt wurde, im Hause der Permons fand, verriet er ihn nicht. Später wusste er seiner Regierung

Sie sich meiner Worte, Frau Permon. Am 1. Prairial hatte ich bereits die moralische Gewißheit, jetzt weiß ich es positiv. Siehst Du, Saliceti, ich hätte Dir alles Schlechte, was Du mir zugefügt, wiedervergelten und auf diese Weise mich rächen können, während Du schlecht an mir handeltest, ohne daß ich Dich beleidigt hatte. Wessen Rolle ist in diesem Augenblick wohl die schönere, die Deinige oder die meinige? Ja, ich hätte mich rächen können, habe es aber nicht getan. Vielleicht meinst Du, Du habest dies nur Deiner Wohltäterin zu verdanken? Allerdings ist diese Betrachtung von Wichtigkeit; aber auch allein, entwaffnet und verbannt, wäre mir Dein Kopf geheiligt gewesen. Geh, suche Dir in Frieden eine Zufluchtsstätte, wo Du zu bessern Gefühlen für Dein Vaterland zurückzukehren vermagst. Mein Mund wird für immer verschlossen bleiben und Deinen Namen niemals aussprechen. Sei reuevoll und achte vor allem meine Beweggründe, ich verdiene es, denn sie sind edel und großmütig.

Madame Permon, meine Wünsche begleiten Sie, ebenso wie Ihr Kind[1]. Sie sind zwei schwache, schutzlose Wesen. Mögen die Vorsehung und die Segenswünsche eines Freundes immer mit Ihnen sein! Seien Sie vor allem vorsichtig und halten Sie sich niemals in großen Städten auf. Leben Sie wohl; empfangen Sie meine herzlichsten Grüße.

---

die Fähigkeiten Salicetis zunutze zu machen, indem er ihn unter anderm zum Gesandten von Genua ernannte. Als Joseph König von Neapel wurde, war Saliceti sein Polizeiminister und gewann als solcher grossen Einfluss.

[1] Laure Permon, die spätere Frau des Generals Junot und Herzogin von Abrantes.

An Joseph Bonaparte.

Paris, 6. Messidor des Jahres III. (24. Juni 1795.)

Ich werde mich beeilen, das von Deiner Frau Gewünschte zu besorgen. Désirée bittet mich um mein
Bild, ich werde ihr eins machen lassen. Gib es ihr,
wenn sie es noch wünscht, sonst kannst Du es für Dich
behalten. Du weißt wohl, mein Freund, daß Du keinen
bessern Freund, dem Du teurer bist und der aufrich-
tiger Dein Glück wünscht, haben kannst als mich, in
welche Lage Dich auch das Schicksal bringen mag.
Das Leben ist ein leichter Traum, der bald zerfließt.
Wenn Du weggehst und glaubst, es sei für längere Zeit[1],
dann schicke mir Dein Bild. Wir haben so viele Jahre
in engster Gemeinschaft miteinander gelebt, daß unsere
Herzen eins geworden sind, und Du weißt besser als
irgend jemand, wie ganz das meinige Dir gehört. Während ich diese Zeilen schreibe, bin ich so bewegt, wie
ich es nie in meinem Leben gewesen. Ich fühle, daß
wir uns so bald nicht wiedersehen werden und kann
nicht weiter schreiben.

Leb wohl, mein Freund!

Buonaparte.

---

1 Joseph begab sich nach Genua, um von dort aus die Erhebung
Korsikas zugunsten Frankreichs zu fördern und die eigenen Familienangelegenheiten zu regeln.

An Joseph Bonaparte.

Paris, 24. Messidor des Jahres III. (12. Juli 1795.)

Die Engländer werden in wenigen Tagen genötigt sein, sich einzuschiffen. Pichegru[1] bereitet den Rheinübergang vor. Die Vendée ist im wahren Sinne des Wortes ruhig. Die Chouans fangen nur im Norden der Loire an, und wie man sagt, ist der Friede mit Spanien nahe bevorstehend.

Die Holländer scheinen Feuer und Flamme für ihre Revolution zu sein. Möglicherweise wird der Stathouder überhaupt nicht wieder kommen, da seine Partei ganz unbedeutend ist.

Der Norden verfeindet sich, und Polen schöpft Hoffnung.

Italien bereichert sich noch immer an dem Unglück Frankreichs.

Galeazzini[2] ist, glaube ich, in Genua. Schreibe mir recht bald.

Der Luxus, das Vergnügen und die Künste gewinnen jetzt hier wieder auf erstaunliche Weise die Oberhand. Gestern hat man in der Oper, als Benefiz für eine frühere Schauspielerin, Phädra gegeben; obwohl die

---

[1] Jean Charles Pichegru, 1761—1804, hatte den Oberbefehl über die Rheinarmee erhalten, wurde aber wegen royalistischer Umtriebe schon 1796 durch Moreau ersetzt.

[2] Baron Jean Baptiste Galeazzini, ein Landsmann Bonapartes, verteidigte 1794 die von den Engländern belagerte Festung Bastia, deren ehrenhafte Kapitulation er nach tapferem Widerstande unterzeichnete. Darauf zog er sich nach Frankreich zurück, wo er durch den General und spätern Konsul Bonaparte mehrere hohe Aemter erhielt.

Preise um das Dreifache erhöht waren, hatte sich eine ungeheure Menschenmenge bereits seit zwei Uhr nachmittags zusammengefunden. Equipagen und die vornehme Welt erscheinen wieder auf der Bildfläche, oder besser, sie erinnern sich nur noch wie eines langen Traumes, daß sie jemals aufgehört hatten zu glänzen. In den Bibliotheken, den historischen, chemischen, botanischen, astronomischen Vorlesungen herrscht reges Leben. Alles ist hier aufgestapelt, um die Menschen zu zerstreuen und das Leben angenehm zu machen. Man wird aus seinen trüben Gedanken herausgerissen; wie wäre es auch möglich, bei diesem Aufwand von Geist und dem wilden Taumel, sich trüben Ahnungen hinzugeben? Die Frauen sind überall: in den Theatern, auf den Promenaden, in den Bibliotheken. In den Arbeitszimmern der Gelehrten sieht man reizende Gestalten. Von allen Ländern der Erde verdienen die Frauen nur h i e r das Ruder zu führen. Deshalb sind auch die Männer ganz vernarrt in sie, denken an nichts anderes als an sie, leben nur durch und für sie. Eine Frau braucht nur sechs Monate in Paris zu sein, um zu wissen, was ihr gebührt und welches Reich ihr gehört!

Bonaparte.

An Joseph Bonaparte.

Paris, 30. Messidor des Jahres III. (18. Juli 1795.)

Noch immer keinen Brief von Dir, und doch bist Du schon seit einem Monat fort! Auch von Désirée habe ich noch keinen erhalten, seit sie in Genua ist. Hier ist man ziemlich ruhig. Im Theater gab es wegen der Lieder »Le Réveil du peuple« und »La Marseillaise« ein wenig Lärm; wie es scheint, will die Jugend von dieser Hymne nichts wissen. Die Verfassung wird täglich beraten. Statt der direkten Wahlen durch die Urversammlungen, wie es das Kommissorium der Elf vorschlug, wird es Wahlversammlungen wie im Jahre 1790 geben.

Ich denke, daß Du Deinen Aufenthalt in Genua benutzt, um unser Silberzeug und die wertvollsten Sachen kommen zu lassen.

Louis ist seit fünf oder sechs Tagen in Châlons an der Marne, um sich dort noch ganz zum Manne auszubilden. Er zeigt viel guten Willen, studiert Mathematik, Befestigungs- und Kriegskunst.

Ich erwarte Deine Antwort wegen des Ankaufs einer Besitzung; unter 8—900 000 Francs ist es nicht möglich, etwas Anständiges zu bekommen.

Junots Diener Richard, der mit meinen Pferden aufgebrochen war, ist fünf Stunden von Nantes von den Chouans gefangen genommen worden. Die Pferde sind hier unbezahlbar. Das, welches ich Dir gegeben, ist fünfmal mehr wert, als es mich früher gekostet, also behalte es.

Junot ist hier, lebt herrlich und in Freuden und vergeudet das Geld seines Vaters so viel als möglich. Marmont[1], der mich von Marseille aus begleitete, ist bei der Belagerung von Mainz. Wie es scheint, ist

---

[1] Marmont war damals Hauptmann in der Armee Desaix', erhielt aber trotz seines niedern Ranges nach der Belagerung von Mainz den Oberbefehl über die Artillerie der Vorhut.

die italienische Armee geschlagen worden, und wir haben Vado und Loano geräumt.

Ich erwarte Deine Briefe mit Ungeduld, sowie Nachrichten über alles, was Dich umgibt. Grüße mir Deine Frau, die ich gern in Paris umarmen möchte, wo man glücklicher als in Genua ist. Hier lebt ein redlicher, kluger Mensch, der sich nur um seine Freunde kümmert, in der denkbar größten Freiheit, ganz wie er will, und ist vollkommen sein eigener Herr.

Buonaparte.

An Joseph Bonaparte.

Paris, 12. Thermidor des Jahres III. (30. Juli 1795.)

Beiliegend erhältst Du den gewünschten Paß. Morgen wirst Du einen Brief der Kommission der Auswärtigen Angelegenheiten an den Gesandten in Genua erhalten, der darin gebeten wird, Dir die nötige Unterstützung bei Deinen Geschäften zu gewähren.

Von Fréron[1] wirst Du bereits einen Empfehlungsbrief an Villar[2] erhalten haben.

Lucien hat sich verhaften lassen. Ein Kurier, der morgen abgeht, bringt den Befehl des Sicherheitsausschusses, ihn in Freiheit zu setzen.

Ich werde alle Deine Wünsche erfüllen; nur Geduld und Zeit!

---

[1] Louis Marie Stanislas Fréron 1754—1802, war Mitglied des Konvents gewesen und sehr einflussreich.

[2] Noël Gabriel Luce de Villar, 1748—1826, ebenfalls Mitglied des Konvents und des Rates der Fünfhundert.

Der Friede mit Spanien macht den Offensivkrieg in Piemont unvermeidlich. Man bespricht den von mir vorgeschlagenen Plan, der sicherlich angenommen werden wird. Wenn ich nach Nizza gehe, werden wir uns wiedersehen, und Désirée ebenfalls. Ich erwarte nur Deine Antwort, um Dir eine Besitzung zu kaufen.

Ich will an Frau Isoard schreiben, daß sie Lucien Geld gibt, den ich noch vor meiner Abreise in Paris unterbringen werde.

Wenn Du Lust hast zurückzukehren, so hoffe ich, daß Du mich vorher davon in Kenntnis setzt. Vielleicht erhältst Du eine Stelle als Konsul in Italien.

Alles ist ruhig. Der mit Spanien und Neapel abgeschlossene Frieden, den wir gestern erfuhren, hat uns alle mit Freude erfüllt. Die Staatspapiere steigen, die Assignaten gewinnen.

Bis jetzt ist es hier noch nicht warm gewesen, aber die Ernte ist schöner als je. Alles geht gut. Das Volk überläßt sich ganz dem Vergnügen. Bälle, Theater, Frauen, die hier die schönsten der Welt sind, sind an der Tagesordnung. Wohlstand, Luxus, guter Ton, alles ist wieder wie vorher; man erinnert sich des Schreckens nur noch wie eines Traumes.

Die Nachricht von dem herrlichen Sieg bei Quiberon[1] und dem Frieden mit Spanien[2] verändert mit einem Schlage unsere Angelegenheiten.

Buonaparte.

---

[1] Am 26. Juni 1795 warfen die Engländer 3 Regimenter Emigranten bei Quiberon an die französische Küste. General Hoche schlug diesen Einfall kräftig zurück, und die Emigranten wurden entweder ins Meer geworfen oder gefangen genommen und erschossen.

[2] Der durch den zweiten Baseler Vertrag am 22. Juli 1795 geschlossen wurde.

An den Kriegskommissar Sucy.

Paris, 30. Thermidor des Jahres III.
(17. August 1795.)

Meinen herzlichsten Glückwunsch zu Ihrem Abgange zur Armee. Sie werden dort nützlich sein und die süße Genugtuung haben, mit Ihren Fähigkeiten zum Wohle des Vaterlandes beizutragen. Glück, Gunst und Achtung der Menschen wechseln und schwanken beständig hin und her. Der wohlangebrachte Stolz, nützlich gewesen zu sein und die Achtung Weniger verdient zu haben, die das Talent und das Schöne zu würdigen wissen, ist ebenso unveränderlich und beständig mit Ihnen, als das Gefühl der Ehre.

Man hat mich als General der Linie zur Armee der Vendée versetzt. Aber ich nehme nicht an. Viele werden eine Brigade besser anführen als ich, wenige aber die Artillerie mit mehr Erfolg befehligen. Ich trete zurück, zufrieden, daß die Ungerechtigkeit, die man gegen Verdienste begeht, von denen empfunden wird, die sie zu schätzen wissen.

Du bekleidest ein schwieriges Amt, mein Freund. Wenn das tatkräftige Genie und die vollendetste Erfahrenheit willkürlich aus der Armee ausgeschlossen wären, wo Du mit unfähigen Repräsentanten, Schurken, um nicht noch andere Worte zu gebrauchen, zusammenkommst, würde diese Stelle nicht besonders bemerkenswert sein und man sich keinen Ruhm erwerben können. Aber, mein Freund, in dieser bösen Welt sein möglichstes zu tun und im eigenen Bewußtsein seine Belohnung zu finden,

das ist das große Geheimnis, mit dessen Hilfe man
niemals ein Betrüger oder Schmeichler, niemals bissig,
aufdringlich, rachsüchtig oder verbrecherisch wird.

Nichts Neues von hier. Die Hoffnung allein ist
für den redlichen Mann noch nicht verloren, das heißt
mit andern Worten, das Land befindet sich in einem
äußerst krankhaften Zustande.

Gesundheit, Beständigkeit, Frohsinn und niemals Entmutigung. Findest Du schlechte und undankbare Menschen, dann erinnere Dich an Scapins großen, wenn
auch närrischen Grundsatz: Seien wir ihnen für alle
Verbrechen dankbar, die sie nicht begehen.

B. P.

Schreiben des Generals Bonaparte[1].

13. Fructidor des Jahres III.
(30. August 1795.)

In einer Zeit, wo die Kaiserin von Rußland die
Bande fester geknüpft hat, die sie mit Oesterreich ver-

---

[1] Am Rande dieses Briefes stehen folgende Bemerkungen:
Der Brigadegeneral Buonaparte hat mit Auszeichnung in der
Alpenarmee gedient, wo er die Artillerie befehligte. Zur Requisition
gestellt und beim Wohlfahrtsausschuss verwendet, hat er mit Fleiss
und Genauigkeit in der Kriegsabteilung gearbeitet, wo er mit den
Feldzugsplänen und der Ueberwachung der Operationen der Land-
armeen beauftragt war. Mit Freuden erkläre ich, dass ich seinen
Ratschlägen die meisten nützlichen Massnahmen verdanke, die ich
dem Ausschuss für die Alpenarmee und das italienische Heer vorgeschlagen habe. Ich empfehle ihn meinen Kameraden als einen
Bürger, der der Republik jederzeit von Nutzen sein kann, sei es bei
der Artillerie oder irgend einer andern Waffe, ja sogar in bezug auf
die äussern Angelegenheiten.   Doulcet.
Indem ich mich den von meinem Kollegen Doulcet ausgespro-

banden, liegt es im Interesse Frankreichs, alles zu tun, was in seinen Kräften steht, um die Heeresmacht der Türkei furchtbarer zu machen.

Diese Macht besitzt zahlreiche und tapfere Soldaten, die indes in den Grundsätzen der Kriegskunst sehr unwissend sind.

Die Bildung und Bedienung der Artillerie, die in unserer modernen Taktik so mächtigen Einfluß auf den Gewinn der Schlachten hat, und von der die Einnahme und Verteidigung der Festungen fast ausschließlich abhängen, stecken in der Türkei noch vollkommen in den Kinderschuhen.

Die Pforte, die das sehr wohl fühlt, hat zu wiederholten Malen Artillerie- und Genieoffiziere verlangt. Wir haben augenblicklich zwar einige dort, aber sie sind weder zahlreich, noch fähig genug, um einen Erfolg von irgend welcher Bedeutung hervorzubringen.

Der General Bonaparte, der sich als Kommandant der Artillerie unserer Armeen zu verschiedenen Gelegenheiten, besonders aber bei der Belagerung von Toulon einen gewissen Ruf erworben hat, erbietet sich, im Auftrage der Regierung, nach der Türkei zu gehen. Er wird sechs oder sieben Offiziere mitnehmen, von

---

chenen Gesinnungen über den Brigadegeneral Buonaparte anschliesse, den ich gesehen und gesprochen habe, glaube ich aus denselben Gründen, auf denen meine und seine Ansicht beruht, dass der Wohlfahrtsausschuss sich der Entfernung eines so ausgezeichneten Offiziers, besonders in diesem Augenblick, widersetzen muss. Meine Ansicht ist die, dass wenn man ihn in seiner Waffe befördert, der Wohlfahrtsausschuss damit einen Anfang macht, ihm seine Dienste zu vergelten, ohne später, wenn er darauf besteht, auf seinen Vorschlag einzugehen. 27. Fructidor des Jahres III.

Jean Debry.

denen jeder spezielle Kenntnisse der auf die Kriegskunst bezüglichen Wissenschaft hat.

Wenn er in dieser neuen Laufbahn die türkischen Heere verbessern und die Verteidigung der Festungen der Türkei vervollkommnen kann, so glaubt er dem Vaterlande einen ausgezeichneten Dienst erwiesen und sich bei seiner Rückkehr um dasselbe verdient gemacht zu haben.

Buonaparte.

An Joseph Bonaparte.

Paris, 20. Fructidor des Jahres III.
(6. September 1795.)

Das Konsulat von Chios ist unbesetzt; aber Du hast mir ja gesagt, daß Du nicht auf eine Insel wolltest. Ich hoffe etwas Besseres in Italien für Dich zu finden.

Gestern hat man beschlossen, daß jeder, der die Verteidigung Toulons unterstützt und Dienste unter dem Könige verrichtet hat, als Proskribierter betrachtet werde. Fréron und Tallien[1] haben mit großer Kraft gesprochen. Heute kommen die Urversammlungen von Paris zusammen; man redet viel für und gegen, hofft jedoch, daß alles gut ablaufen werde. Für die Verfassung, die einstimmig angenommen werden wird, besteht kein Zweifel, höchstens hinsichtlich des Dekrets, das befiehlt, daß zwei Drittel der Konventsmitglieder beibehalten bleiben.

---

[1] Jean Lambert Tallien, 1769—1820, ehemaliges Konventsmitglied, war einer der eifrigsten Jakobiner, der nach dem Tode des Königs vor allem den Sturz der Girondisten anstrebte.

Ich werde, besonders wegen Deiner Angelegenheit, noch länger in Paris bleiben.

Für mich brauchst Du, was auch kommen mag, nichts zu fürchten; ich habe alle angesehenen Leute zu Freunden, welcher Partei sie auch angehören und was für eine Meinung sie auch haben mögen. Mariette[1] ist außerordentlich beflissen gegen mich: seine Meinung kennst Du ja. Mit Doulcet[2] bin ich sehr befreundet; und meine andern Freunde, die einer entgegengesetzten Partei angehören, kennst Du auch.

Fahre fort, mir ausführlich zu schreiben; erzähle mir, was Du zu tun beabsichtigst. Sieh zu, meine Angelegenheit so zu ordnen, daß meine Abwesenheit keinem meiner Wünsche hinderlich ist.

Ich schreibe an Deine Frau. Mit Louis bin ich sehr zufrieden; er bestätigt alle meine Hoffnungen und entspricht vollkommen meiner Erwartung. Er ist ein guter Soldat; was mir aber auch sehr zusagt, ist, daß er alles in sich vereinigt: Feuer, Geist, Gesundheit, Talent, Zuverlässigkeit im Verkehr, Herzensgüte. Du weißt, mein Freund, ich lebe nur in der Freude, die ich den Meinen bereite. Wenn meine Hoffnungen von dem Glück unterstützt werden, das mich in meinen Unternehmungen nie verläßt, so kann ich Euch einst sehr glücklich machen und alle Eure Wünsche erfüllen. Was Du mir von Félicien[3] sagst, ist sehr schmeichelhaft: er mag nach Korsika gehen und mit seinem Gelde wieder zurück-

---

[1] Jacques Christophe Luc Mariette, gemässigter Republikaner und ehemaliges Konventsmitglied. 1760—1821.

[2] Louis Gustave, Graf Doulcet de Pontécoulant, ebenfalls gemässigter Republikaner. 1764—1853.

[3] Ein früherer Bedienter der Familie Bonaparte.

kommen. Ich werde ihm eine schöne Stellung in der Umgebung von Paris verschaffen, wo er sehr gut leben und seine Frau glücklich machen wird.

Ich empfinde die Abwesenheit Louis' schmerzlich. Er hat mir einen großen Dienst erwiesen; es gibt keinen tätigeren, geschickteren, einschmeichelnderen Menschen als ihn. In Paris hätte er alles erreicht, was er wollte; wenn er hier gewesen wäre, würde die Geschichte mit der Baumschule längst beendet sein, ebenso die mit Milleli. Seit ich Louis nicht mehr habe, kann ich mich nur um die nötigsten Angelegenheiten kümmern. Schreibe ihm, daß Du den ersten Plan erwartetest, den er zur Konstatierung seiner Fortschritte schicken müsse, und daß Du hofftest, er hielte sein Versprechen, ebenso wie Junot, noch vor Ende des Monats zu schreiben.

Morgen bekomme ich drei Pferde, wodurch ich in den Stand gesetzt werde, ein wenig im Kabriolett zu kutschieren und alle meine Geschäfte zu erledigen.

Lebe wohl, mein lieber Freund; unterhalte Dich gut, alles ist in Ordnung. Sei fröhlich; denke an meine Sache, denn ich brenne darauf, ein Haus zu haben. . . . Ich erwarte Deine Antwort mit Ungeduld. Du kannst so lange in Genua bleiben, als es Dir gefällt; Deine Gründe dafür sind sehr einfach: es gilt aus Korsika noch das Wenige, was uns geblieben, herauszuziehen. Grüße mir Felicino.

An den Bürger Fesch.

Paris, 21. Fructidor des Jahres III.
(7. September 1795.)

Man ist hier sehr ruhig, und es wäre unrecht, wollte man die Dinge tragisch nehmen. Die nach Außen hin mächtige Republik wird auch im Innern Ordnung zu schaffen wissen. Die Urversammlungen sind einberufen und verhalten sich ruhig; die Köpfe sind zwar ein wenig erhitzt, doch hat das nichts zu bedeuten. Die Familie und Louis befinden sich wohl. Mit letzterem bin ich sehr zufrieden; er verdient meine ganze Zuneigung und ist meiner Fürsorge würdig.

Bonaparte.

P. S. Nichts Neues aus der Vendée und aus dem Süden, außer, daß der Konvent sehr scharfe Dekrete gegen die Geistlichen und Emigranten erlassen hat.

Brotonne, Lettres inédites.

An Joseph Bonaparte.

Paris, 14. Vendémiaire des Jahres IV,
2 Uhr morgens. (6. Oktober 1795.)

Endlich, alles ist beendet; mein erster Gedanke gilt Dir[1]!

---

[1] Nach den Ereignissen des 13. Vendémiaire.

Die in Sektionen verteilten Royalisten wurden jeden Tag hochmütiger. Der Konvent hat befohlen, die Sektion Lepelletier zu entwaffnen, und hat die Truppen zurückgewiesen. Menou, der kommandierte, war, wie man behauptet, Verräter; er ist sofort abgesetzt worden [1]. Der Konvent hat Barras als ersten Befehlshaber der bewaffneten Macht ernannt, während ich von dem Wohlfahrtsausschuß als zweiter Befehlshaber eingesetzt worden bin. Wir haben unsere Truppen verteilt, und als die Feinde in die Tuilerien gezogen kamen, um uns anzugreifen, haben wir viele von ihnen getötet; wir selbst hatten dreißig Tote und sechzig Verwundete. Wir haben die Sektionen entwaffnet, und alles ist ruhig. Wie gewöhnlich, bin ich nicht im geringsten verwundet.

Der Brigadegeneral
Buonaparte.

P. S. Das Glück ist mir hold; meine Empfehlungen an Eugenie und Julie [2].

---

[1] Jacques François Menou, 1750—1810, Mitglied der Konstituierenden Versammlung, war wegen seiner Verdienste beim Aufstand der Vorstadt St. Antoine zum Oberbefehlshaber der Armee des Innern ernannt worden, welchen Posten er noch bekleidete, als die Ereignisse des Vendémiaire stattfanden. Am 4. erhielt er Befehl, gegen die Sektion Lepelletier zu marschieren, die sich besonders gegen die Verfassung auflehnte. Als jedoch die Truppen Menous auf Befehl des Kriegskommissars angreifen wollten, stellte sich Menou vor sie hin und drohte jeden mit dem Säbel zu durchbohren, der es wagte, anzugreifen. Anstatt die Sektionsmänner zurückzuwerfen, liess er sich mit ihnen in Unterhandlungen ein und zog bald alle seine Truppen zurück. Darauf gab er seine Stellung als Kommandant von Paris auf, wurde am nächsten Tag verhaftet und vor ein Kriegsgericht gestellt; seine Freisprechung verdankte er nur seinem Nachfolger, dem General Bonaparte, der ihn später auch im ägyptischen Feldzuge verwendete.

[2] Joseph Bonapartes Frau und die Schwester von Eugenie (id est: Désirée) Clary.

An den Bürger Letourneur, Präsidenten des Direktoriums.

Hauptquartier Paris, 21. Ventôse des Jahres IV.
(11. März 1796.)

Ich hatte den Bürger Barras beauftragt, das Direktorium von meiner Verheiratung mit der Bürgerin Tascher Beauharnais in Kenntnis zu setzen. Das Vertrauen, das mir das Direktorium bei jeder Gelegenheit bewiesen hat, macht es mir zur Pflicht, es von allen meinen Handlungen zu unterrichten. Dies ist ein neues Band, das mich mit dem Vaterland verknüpft, ein weiteres Pfand meines festen Entschlusses, mein Heil nur in der Republik zu suchen.

Gruß und Hochachtung!

Der Obergeneral der italienischen Armee

Bonaparte.

An das Direktorium.

Hauptquartier Nizza, 8. Germinal des Jahres IV.
(28. März 1796.)

Seit mehreren Tagen bin ich bei der Armee und habe seit gestern das Kommando übernommen.

Vor allem muß ich Ihnen von drei wesentlichen Dingen sprechen.

1. Von den Departements Vaucluse, Rhonemündung, Var und Niederalpen.

2. Von der Lage der Armee, von dem was ich getan habe und was ich zu tun hoffe.

3. Von unserer politischen Lage Genua gegenüber.

Die vier Departements des Armeebezirks haben weder die Zwangsanleihe, noch die Getreidekontribution bezahlt, noch die durch das Gesetz vom 7. Vendémiaire geforderte Futterlieferung geleistet, noch die Aushebung des dreißigsten Pferdes begonnen. Die Verwaltungen sind außerordentlich langsam. Ich habe ihnen geschrieben, bin selbst hingegangen, aber man hat mir nur einen schwachen Schimmer von Hoffnung gegeben, daß etwas mehr Lebhaftigkeit hinsichtlich so wichtiger Dinge für die Armee aufgeboten werde.

Die administrative Lage der Armee ist ärgerlich, aber nicht ganz hoffnungslos. Ich sehe mich gezwungen, den Agenten zu drohen, die sich viel in die Tasche gewirtschaftet, aber viel Einfluß haben. Schließlich ziehe ich noch Nutzen daraus, wenn ich ihnen schmeichle. Die Armee wird künftig gutes Brot essen und Fleisch erhalten. Sie hat bereits beträchtlichen Vorschuß auf ihren rückständigen Sold bekommen.

Die Marschquartiere von der Rhone bis nach dem Departement Var sind verproviantiert, und meine Kavallerie, meine Fuhrwerke und meine Artillerie befinden sich bereits seit fünf Tagen auf dem Marsche. Bürger Direktoren, Ihre Wünsche sollen erfüllt werden: ich werde in kurzer Zeit aufbrechen! Ich habe der Armee in Ihrem Namen Ihre Zufriedenheit über ihre gute Haltung und ihre Geduld ausgedrückt, was die Soldaten und besonders die Offiziere außerordentlich geschmeichelt hat. Ein Bataillon empörte sich und wollte Nizza nicht verlassen, unter dem Vorwande, daß es weder Schuhe noch Geld habe. Ich habe alle Grenadiere arretieren und das Bataillon abmarschieren lassen. Als

es eine Stunde von Nizza entfernt war, habe ich Gegen-
befehl erteilt und es zur Nachhut beordert. Es ist meine
Absicht, dieses Korps aufzulösen und die Soldaten in
andere Bataillone einzureihen, da die Offiziere nicht
genug Energie gezeigt haben. Das Bataillon ist 200 Mann
stark und durch seinen aufrührerischen Geist bekannt.

Ich bin von der Armee mit lautem Jubel und dem
Vertrauen empfangen worden, das man dem schuldete,
von dem man wußte, daß er fünf Monate lang sich das
Ihrige unter Ihren eigenen Augen verdient habe.

Besonders hat mich die Offenheit und Biederkeit des
Generals Schérer gefreut [1]. Durch sein biederes Benehmen
und sein eifriges Bemühen, mir alles mitzuteilen, was
mir nützlich sein konnte, hat er sich den größten Anspruch auf meine Dankbarkeit erworben. Seine Gesundheit scheint in der Tat etwas zerrüttet zu sein. Er
vereinigt mit einer großen Redegewandtheit viele inner-
liche und politische Kenntnisse, die ihn vielleicht für
einen wichtigen Posten, auf dem er Ihnen von Nutzen
sein könnte, geeignet machen.

Unsere Lage Genua gegenüber ist sehr kritisch. Man
benimmt sich schlecht, hat entweder zu viel oder noch
nicht genug getan. Glücklicherweise wird dies aber keine
weiteren Folgen haben.

Die Regierung von Genua hat mehr Halt und Kraft,
als man glaubt. Ihr gegenüber kann man nur zwei Wege
einschlagen: entweder Genua mittels eines raschen Hand-
streichs nehmen, was indes gegen Ihren Willen und
das Völkerrecht ist, oder mit den Genuesern in guter

---

[1] General Barthélemy Louis Joseph Schérer, 1747—1804, Oberbefehlshaber der italienischen Armee.

Freundschaft leben und nicht versuchen, von ihnen Geld zu ziehen, das einzige, was sie schätzen.

In vier Tagen werde ich mein Hauptquartier nach Albenga verlegen.

Bonaparte.

An den Bürger Lambert, Oberkriegskommissar.

Hauptquartier Albenga, 18. Germinal des Jahres IV.
(7. April 1796.)

Ich lasse Ihnen, Bürger Kommissar, eine Klage über das Gewicht der Rationen und die Schnellwage zukommen, deren man sich im Fouragemagazin bedient. Es ist erwiesen, daß man die Empfänger bestiehlt.

Der Obergeneral befiehlt Ihnen, ein Protokoll über das Gewicht der Heubündel aufnehmen zu lassen, die noch vorhanden und bei der Wache deponiert worden sind.

Lassen Sie den Bürger Michel verhaften, bis Sie denjenigen nennen können, der die Heubündel gemacht, sowie den Magazinverwalter, der sich der kleinen Wage bedient hat. Benachrichtigen Sie mich bitte im Laufe des Vormittags von der Ausführung des Befehls und schicken Sie mir die vom Bürger Bertrand eingereichte Klage wieder zurück. Es ist von großer Wichtigkeit, Bürger Kommissar, daß keiner von den Schurken entwische. Die Soldaten und Interessen des Vaterlands sind lange genug die Beute der Habsucht gewesen; ein Beispiel ist jederzeit notwendig, besonders aber bei der Eröffnung eines Feldzugs!

Auf Befehl des Obergenerals.

An das Direktorium.

> Hauptquartier Carcare, 26. Germinal des Jahres IV.
> (15. April 1796.)

Ich habe Ihnen über den Beginn des Feldzugs, der am 20. des Monats eröffnet wurde, Bericht erstattet und Sie von dem Siege, den die französische Armee auf den Feldern von Montenotte davongetragen hat, unterrichtet; heute habe ich Ihnen über die Schlacht bei Millesimo Bericht zu erstatten.

Nach der Schlacht von Montenotte verlegte ich mein Hauptquartier nach Carcare. Ich befahl dem Divisionsgeneral Laharpe, auf Sassello zu marschieren, um die acht Bataillone, die der Feind in dieser Stadt stehen hatte, zu bedrohen, und sich am nächsten Morgen durch einen verdeckten Eilmarsch nach Cairo zu begeben. Der General Masséna begab sich mit seiner Division auf die Höhen von Dego. Der Divisionsgeneral Augereau, der seit zwei Tagen mit der 69. und 39. Halbbrigade unterwegs war, biwakierte in der Ebene von Carcare. Der Brigadegeneral Menard hielt die Höhen von Biestro besetzt. Der Brigadegeneral Joubert nahm mit der ersten Halbbrigade der leichten Infanterie die wichtige Stellung von Santa Margherita ein.

Als der Tag des 24. anbrach, nahm der General Augereau mit seiner Division die Pässe von Millesimo, während die Generale Menard und Joubert den Feind aus allen benachbarten Stellungen vertrieben und durch ein geschicktes, kühnes Manöver ein Korps von 1500 österreichischen Grenadieren einschlossen, an deren

Spitze sich der Generalleutnant Provera, Ritter des Maria-Theresia-Ordens, befand. Dieser, weit entfernt, die Waffen niederzulegen und sich zu ergeben, zog sich auf den Gipfel des Gebirges von Cosseria zurück und verschanzte sich hinter die Ruinen eines alten Schlosses, das durch seine Lage eine außerordentlich starke Stellung darbot.

Der General Augereau ließ seine Artillerie vorrücken; man beschoß sich mehrere Stunden lang gegenseitig. Aergerlich, meinen Marsch durch eine Handvoll Leute aufgehalten zu sehen, ließ ich gegen 11 Uhr morgens den General Provera auffordern, sich zu ergeben. Er verlangte mich zu sprechen, aber eine lebhafte Kanonade, die sich auf meiner Rechten entwickelte, nötigte mich, mich dorthin zu begeben. Er verhandelte mit dem General Augereau mehrere Stunden lang; da indes seine Bedingungen nicht annehmbar waren, und die Nacht hereinbrach, ließ der General Augereau vier Kolonnen bilden und marschierte gegen das Schloß von Cosseria. Schon war der kühne General Joubert, ein durch seinen Mut ausgezeichneter Grenadier und durch seine militärischen Kenntnisse und Fähigkeiten guter General, mit sieben seiner Leute in die Verschanzungen des Feindes eingedrungen; am Kopfe verwundet, ward er jedoch zu Boden gerissen. Seine Soldaten hielten ihn für tot, und die Bewegung seiner Kolonne wurde schwächer; seine Wunde ist indes nicht gefährlich.

Die zweite vom General Banel befehligte Kolonne marschierte in finsterm Schweigen, die Gewehre über der Schulter, als der tapfere General am Fuße der feindlichen Verschanzungen getötet wurde.

Die dritte Kolonne, vom Generaladjutanten Quesnin kommandiert, kam ebenfalls auf ihrem Marsche in Unordnung, da eine Kugel ihren General tödlich getroffen hatte. Die ganze Armee bedauert lebhaft den Verlust dieser beiden tapfern Offiziere.

Die Nacht, die inzwischen eingebrochen war, ließ mich fürchten, der Feind möchte sich mit blankem Säbel Platz machen. Ich ließ daher alle Bataillone versammeln, Schulterwehren aufwerfen und Haubitzenbatterien in halber Flintenschußweite aufstellen.

Am 25., mit Tagesanbruch, standen sich die sardinisch-österreichische und die französische Armee gegenüber. Meine vom General Augereau befehligte Linke hatte den General Provera eingeschlossen. Mehrere feindliche Regimenter, unter denen auch das Regiment Belgiojoso, versuchten mein Zentrum zu sprengen. Der Brigadegeneral Menard warf sie kräftig zurück. Ich befahl ihm sofort, sich auf meinen rechten Flügel zusammenzuziehen, und noch vor ein Uhr nachmittags überflügelte der General Masséna die Linke des Feindes, die hinter starken Verschanzungen und wirksamen Batterien das Dorf Dego besetzt hielt. Wir schoben unsere leichten Truppen bis zu dem Wege vor, der von Dego nach Spigno führt. Der General Laharpe marschierte mit seiner Division in drei dichtgedrängten Kolonnen; die linke, vom General Causse kommandiert, ging unter dem Feuer des Feindes durch die Bormida, wobei den Leuten das Wasser bis an die Brust ging, und griff den linken Flügel des Feindes von rechts an. Auch der General Cervoni durchwatete an der Spitze der zweiten Kolonne die Bormida unter dem Schutze einer unserer Batterien und marschierte gerade auf den Feind zu.

Die vom Generaladjutanten Boyer befehligte dritte Kolonne umging einen Hohlweg und schnitt dem Feinde den Rückzug ab. Alle diese Bewegungen, von der Kühnheit der Truppen und den Fähigkeiten der verschiedenen Anführer unterstützt, erfüllten den Zweck, den man beabsichtigte. Die Kaltblütigkeit ist das Resultat des Mutes, und der Mut ist allen Franzosen eigen!

Der von allen Seiten eingeschlossene Feind hatte nicht Zeit zu kapitulieren; unsere Kolonnen säten Tod und Verderben, Schrecken und Flucht unter seine Reihen.

Während wir auf unserer Rechten Anordnungen zum Angriff auf den linken Flügel des Feindes trafen, gab sich der General Provera mit dem Truppenkorps, das er in Cosseria befehligte, gefangen.

Von allen Seiten machten sich unsere Truppen leidenschaftlich an die Verfolgung des Feindes. Der General Laharpe stellte sich an die Spitze von vier Schwadronen Kavallerie, und verfolgte ihn hartnäckig.

An jenem berühmten Tage machten wir 7—9000 Gefangene, worunter einen Generalleutnant, zwanzig oder dreißig Obersten oder Oberstleutnants und die folgenden Regimenter fast vollständig:

Freikorps: Drei Kompagnien Kroaten, ein Bataillon von Pellegrini, Stein, Wilhelm Schröder, Teutsch.

Vier Kompagnien Artillerie, verschiedene höhere Genieoffiziere im Dienste des Kaisers und die Regimenter Monferrat, Suze und vier Kompagnien Grenadiere im Dienste des Königs von Sardinien.

22 Geschütze mit den Munitionswagen und allen Gespannen, sowie 15 Fahnen.

Der Feind hatte 2000—2500 Tote, unter denen ein Adjutant des Königs von Sardinien.

Unser Verlust beläuft sich auf 400 Tote und Verwundete. Dem Bürger Reille, Adjutanten des Generals

Masséna, wurde das Pferd unter dem Leibe getötet, und das des Sohnes des Generals Laharpe wurde verwundet.

Sobald es mir möglich sein wird und ich die Rapporte erhalten habe, werde ich Ihnen nähere Einzelheiten über diese ruhmreiche Affäre und über die Männer mitteilen, die sich besonders ausgezeichnet haben. Da ich jedoch voraussichtlich in wenigen Tagen eine neue Schlacht liefern muß, bitte ich vorläufig für den Bürger Rampon, Chef der 21. Halbbrigade um den Grad eines Brigadegenerals. Da der Anführer der 39. Brigade getötet worden ist, habe ich an seine Stelle den Bürger Lannes, Brigadechef à la suite, ernannt.

Bonaparte.

Ich werde Ihnen die Fahnen unverzüglich durch einen Offizier übersenden.

An das Direktorium.

Hauptquartier Carru, 5. Floréal des Jahres IV.
(24. April 1796.)

Beifolgend lasse ich Ihnen den Bericht über die Schlacht von Mondovi zugehen[1], woraus Sie ersehen werden, daß sie der Armee zur größten Ehre gereicht . . .

Sie können sich keine Vorstellung von der militärischen und administrativen Lage der Armee machen. Als ich bei ihr ankam, war sie vollkommen mit schlechten Elementen durchsetzt, ohne Brot, ohne Manneszucht,

---

[1] Am 21. April.

ohne Gehorsam. Ich habe Strafen diktiert, habe alle Hebel in Bewegung gesetzt, den Dienst wieder hochzubringen, und der Sieg hat das Uebrige getan. Bei der geringen Zahl von Fuhrwerken, bei den schlechten Pferden und habgierigen Verwaltungen leiden wir an allem Mangel. Ich führe hier ein unbegreifliches Leben. Ermüdet komme ich an, muß dann die ganze Nacht aufbleiben, um die Verwaltung zu führen und mich überall hinbegeben, um die Ordnung wiederherzustellen.

Der Soldat ohne Brot überläßt sich Exzessen der Wut, bei denen man sich schämen muß, Mensch zu sein. Die Einnahme von Ceva und Mondovi werden mich in den Stand setzen, exemplarische Strafen vorzunehmen. Ich will die Ordnung schon wiederherstellen, oder lieber darauf verzichten, diesen Räubern zu befehlen.

Ich, der ich nur 34000 Mann Infanterie und 3500 Reiter besitze, habe 100000 Mann gegen mich. Der Feind hat starke Festungen und eine zahlreiche, vollständig ausgerüstete Artillerie; der Feldzug ist daher noch nicht entschieden. Der Feind ist darüber in Verzweiflung, denn er ist zahlreich und schlägt sich gut. Er weiß genau, daß es mir an allem fehlt und hofft alles von der Zeit. Ich hingegen setze meine ganze Hoffnung auf den Genius der Republik, auf die Tapferkeit der Soldaten, auf die Einigkeit der Befehlshaber, ja selbst auf das mir entgegengebrachte Vertrauen.

In wenig Tagen wird Piemonts Schicksal entschieden sein! Ich bitte Sie jedoch dringend, mir die Artillerieoffiziere zu schicken, um die ich gebeten habe, sowie die mir bereits bewilligten Genieoffiziere, von denen indes noch kein einziger eingetroffen ist. Ferner bitte ich um einen Oberkriegskommissar, da ich nur Lambert hier habe, der jedoch nicht hinreichend ist, ferner um 1000 Mann Kavallerie und 6000 Mann Infanterie. Geben Sie meine Beziehungen zur Alpenarmee genau und klar an; in wenigen Tagen werde ich ihr die Hand reichen und sie in die Ebene führen. Befehlen Sie ihr, daß sie, wie ich es von ihr verlange, 10 000 Mann in Château-Dauphin bereit halte, um den Weg einzuschlagen, den ich ihnen eröffnen werde.

Es ist kein Augenblick zu verlieren, der Alpenarmee Ihre Befehle zu erteilen, wenn Sie es nicht schon getan haben. Denn wenn ich in Saluzzo erschiene, das Melletal umginge, und die Alpenarmee zögerte mit ihrem Einmarsch, so wäre alles verfehlt. Ich kann bis Saluzzo nur ein Korps und drei Korps für die Truppen zu meiner Rechten aufbringen.

Bonaparte.

An das Direktorium.

Hauptquartier Lodi, 22. Floréal des Jahres IV.
(11. Mai 1796.)

Ich glaubte, der Uebergang über den Po[1] würde die kühnste Operation und die Schlacht bei Millesimo das heißeste Treffen des Feldzugs sein, aber noch habe ich Ihnen über die Schlacht bei Lodi Bericht zu erstatten[2].

Das Hauptquartier kam am 21. um drei Uhr morgens

---

[1] Uebergang über den Po am 7., 8. und 9. Mai.
[2] 10. Mai 1796.

in Casalle an. Um neun Uhr stieß unsere Vorhut auf die Feinde, die die Zugänge von Lodi verteidigten. Ich befahl sofort der ganzen Kavallerie aufzusitzen und vier leichte Geschütze mitzunehmen, die eben angekommen und mit den Wagenpferden der Lehnsherren von Piacenza bespannt waren. Die Division des Generals Augereau, die in Borghetto, und die des Generals Masséna, die in Casalle übernachtet hatte, setzten sich sogleich in Bewegung. Währenddessen warf die Vorhut alle feindlichen Vorposten über den Haufen und eroberte eine Kanone. Wir drangen in Lodi ein, immer die Feinde verfolgend, die bereits die Brücke der Adda überschritten hatten. Beaulieu stand mit seiner ganzen Armee in Schlachtordnung[1]. Dreißig Belagerungsgeschütze verteidigten die Brücke. Ich ließ meine ganze Artillerie auffahren. Die Kanonade war mehrere Stunden lang sehr lebhaft. Sobald die Armee angekommen war, formierte sie sich in gedrängter Kolonne mit dem 2. Karabinierbataillon an der Spitze, dem alle Grenadierbataillone folgten. Im Sturmschritt und unter dem Rufe »es lebe die Republik« stürzte man auf die Brücke zu, die hundert Toisen lang ist. Der Feind eröffnete ein mörderisches Feuer. Fast schien die Spitze der Kolonne zu zögern; ein Augenblick Unschlüssigkeit, und alles wäre verloren gewesen. Das gewahrten die Generale Berthier, Masséna, Cervoni, Dallemagne, der Brigadegeneral Lannes und der Bataillonskommandant Dupas, die sich sofort an die Spitze stellten und das noch schwankende Glück entschieden.

Diese furchtbare Kolonne riß alles, was sich ihr

---

[1] Jean Pierre Baron de Beaulieu, 1725—1819, Oberbefehlshaber der österreichischen Armee.

in den Weg stellte, nieder. Die ganze Artillerie wurde in einem Augenblick genommen, die Schlachtordnung Beaulieus durchbrochen, und nach allen Seiten verbreitete die Kolonne Schrecken, Flucht und Tod. Im Handumdrehen war die ganze feindliche Armee zersprengt. Die Generale Rusca, Augereau und Beyrand gingen, sobald ihre Divisionen angekommen waren, über die Brücke und entschieden noch vollends den Sieg. Die Artillerie ging durch eine Furt über die Adda, da aber diese Furt außerordentlich schlecht war, wurde sie sehr aufgehalten, was sie am Schießen hinderte.

Um den Rückzug der Infanterie zu decken, versuchte die feindliche Kavallerie unsere Truppen anzugreifen, aber sie waren nicht so leicht zu erschrecken. Die einbrechende Nacht und die außerordentliche Ermattung der Truppen, von denen viele an diesem Tage mehr als zehn Meilen weit marschiert waren, gestatteten uns nicht, sie zu verfolgen. Der Feind hat 20 Kanonen, 2—3000 Tote, Verwundete oder Gefangene verloren, während sich unser Verlust nur auf 150 Tote und Verwundete beläuft. Der Bürger Latour, Hauptmann und Adjutant des Generals Masséna hat mehrere Säbelwunden erhalten; ich bitte diesen tapfern Offizier zum Bataillonskommandeur zu ernennen. Meinem Adjutanten, dem Bürger und Bataillonschef Marmont ist ein Pferd unter dem Leibe getötet worden, und dem Hauptmann Lemarrois, meinem Adjutanten, haben die Kugeln die Kleider durchlöchert; der Mut dieses jungen Offiziers kommt seinem Streben gleich.

Wollte ich alle Soldaten nennen, die sich an diesem außerordentlichen Tage hervorgetan haben, so müßte ich alle Karabiniers, alle Grenadiere der Vorhut und fast alle Stabsoffiziere anführen. Ich darf indes den unerschrockenen Berthier nicht vergessen, der an diesem Tage alles, Kanonier, Reiter und Grenadier gewesen ist. Der Brigadekommandeur Sugny, der die Artillerie befehligte, hat sich ebenfalls sehr ausgezeichnet.

Beaulieu ist mit den Trümmern seiner Armee auf der Flucht. Schon kann die ganze Lombardei als zur Republik gehörig betrachtet werden. Er marschiert gegenwärtig durch die venezianischen Staaten, wo ihm mehrere Städte ihre Tore verschlossen haben. Ich hoffe, Ihnen demnächst die Schlüssel von Mailand und Pavia schicken zu können.

Obwohl wir vom Beginne des Feldzugs an sehr heiße Treffen gehabt haben und die republikanische Armee ihre ganze Kühnheit aufwenden mußte, so kommt keins dem schrecklichen Uebergang über die Brücke von Lodi gleich.

Daß wir nur wenige Leute verloren haben, verdanken wir der schnellen Ausführung aller Befehle und dem überraschenden Eindruck, den die Masse und das fürchterliche Feuer jener unerschrockenen Kolonne auf den Feind machte. . . .

Bonaparte.

An den Bürger Carnot.

Hauptquartier Lodi, 25. Floréal des Jahres IV.
(14. Mai 1796.)

Als ich den Brief des Direktoriums vom 18. erhielt, waren Ihre Wünsche bereits erfüllt, und das Mailänder Gebiet ist unser. Ich werde, um Ihre Pläne auszuführen, bald nach Livorno und Rom marschieren. Alles dies wird in kurzer Zeit geschehen.

Ich schreibe dem Direktorium hinsichtlich des Gedankens, die Armee zu teilen. Ich schwöre Ihnen, daß ich damit nur das Vaterland im Auge habe. Uebrigens werden Sie mich stets auf geradem Wege finden. Ich bin es der Republik schuldig, ihr alle meine Ideen zu opfern. Sollte man versuchen, mir bei Ihnen zu schaden, so liegt meine Antwort in meinem Herzen und meinem Gewissen.

Da dieser Brief an das Direktorium möglicherweise falsch ausgelegt werden könnte, und Sie mir stets Freundschaft bewiesen haben, erlaube ich mir, denselben Ihnen zu schicken, mit der Bitte, den Gebrauch davon zu machen, den Ihre Klugheit und Ihre Freundschaft für mich Ihnen eingeben werden.

Kellermann wird die Armee ebensogut befehligen als ich, denn niemand ist mehr überzeugt als ich, daß die Siege dem Mute und der Kühnheit der Armee zu verdanken sind. Aber ich glaube, daß Kellermann und mich in Italien zu vereinigen so viel wie unsern Untergang bedeute[1]. Ich bin nicht imstande, mit einem Manne zu dienen, der sich für den ersten Feldherrn in Europa hält. Und übrigens glaube ich, daß ein schlechter General besser ist als zwei gute. Mit dem Krieg verhält es sich wie mit dem Regieren: alles hängt vom richtigen Gefühl ab.

---

[1] Das Direktorium, dem das eigenmächtige Handeln Bonapartes, namentlich bei der Abschliessung des Waffenstillstandes mit Piemont, missfiel, hatte den Oberbefehlshaber der Alpenarmee, Kellermann, beordert, sich mit der italienischen Armee und ihrem General zu vereinigen, um sich mit ihm in das Kommando beider Heere zu teilen.

Ich kann Ihnen nur nützlich sein, wenn Sie mir dasselbe Vertrauen schenken, das Sie mir in Paris bewiesen. Ob ich hier oder anderswo Krieg führe, ist mir höchst gleichgültig: dem Vaterlande dienen, von der Nachwelt ein Blatt in der Geschichte verdienen, der Regierung meine Anhänglichkeit und Ergebenheit beweisen, das ist mein ganzer Ehrgeiz. Aber ich habe keine Lust, in acht Tagen alle Strapazen, Gefahren und Mühen, die ich zwei Monate hindurch gehabt habe, in ein Nichts zerfließen und mich gehemmt zu sehen. Ich habe mit einem gewissen Ruhm begonnen und hoffe auch fernerhin Ihrer würdig zu sein. Seien Sie übrigens überzeugt, daß nichts die Achtung beeinträchtigen kann, welche Sie denen einflößen, die Sie kennen.

Bonaparte.

An den Bürger Oriani, Astronom.

Mailand, 5. Prairial des Jahres IV.
(24. Mai 1796.)

Die Wissenschaften, die dem menschlichen Geist zur Ehre gereichen, die Künste, die das Leben verschönern und große Taten der Nachwelt überliefern, müssen besonders in freien Staaten hochgeschätzt werden. Alle genialen Männer, alle die, welche in der gelehrten Welt einen besondern Rang einnehmen, sind Franzosen, gleichviel welchem Lande sie angehören.

In Mailand genossen die Gelehrten nicht die ihnen gebührende Achtung. In ihr Laboratorium zurückgezogen, schätzten sie sich glücklich, wenn Könige und Priester geruhten, ihnen nichts Böses zuzufügen.

Heute ist dem nicht so; es herrscht Gedankenfreiheit in Italien. Es gibt keine Inquisition, keine Intoleranz, keine Despoten mehr. Ich fordere die Gelehrten auf, sich zu versammeln und mir ihre Ansichten über die zu ergreifenden Mittel oder die ihnen nötigen Bedürfnisse vorzulegen, um den Wissenschaften und schönen Künsten ein neues Leben zu verleihen. Alle, die nach Frankreich gehen wollen, werden von der Regierung mit Auszeichnung empfangen werden. Das französische Volk legt mehr Wert auf die Erwerbung eines gelehrten Mathematikers, eines berühmten Malers, eines ausgezeichneten Mannes, gleichviel welchen Berufs, als auf die Erwerbung der reichsten und bevölkertsten Stadt.

So seien Sie denn, Bürger, der Vermittler dieser Gefühle bei den sich in Mailand aufhaltenden berühmten Gelehrten!

Bonaparte.

An den General Alexander Berthier.

Mailand, 6. Prairial, 2 Uhr morgens.
(25. Mai 1796.)

Man führt eine ungeheure Verschwörung gegen uns im Schilde; in Mailand, Pavia und Como ist das Volk an einem und demselben Tage aufständig geworden.

Man hat in Mailand alle möglichen Maßnahmen getroffen, und es ist jetzt vollkommen ruhig. Ich kehrte auf halbem Wege von Pavia zurück. In Binasco stießen

wir auf ungefähr tausend Bauern, die wir geschlagen
haben. Nachdem wir ungefähr hundert getötet, steckten
wir das Dorf in Brand: ein furchtbares aber wirksames
Beispiel. In einer Stunde werden wir nach Pavia marschieren, wo, wie man sagt, die Unsern noch immer
Widerstand leisten. Ich wünsche, daß Sie sich morgen
so wenig wie möglich in den Kampf einlassen, damit Sie
übermorgen bedeutende Kräfte zur Verfügung haben,
um den Feind anzugreifen. Die Bewegung auf Brescia
auszuführen, halte ich jedoch nicht für ungeeignet.

Ich hoffe bald etwas von Ihnen zu hören und
umarme Sie. Vor morgen nacht werde ich nicht in
Brescia sein können, außer, daß mich Ihr Brief, den
ich bis jetzt noch nicht erhalten habe, zwingt, sofort
aufzubrechen.

Bonaparte.

P. S. Befördern Sie sofort den beiliegenden Brief. —
Crema, den 6. Prairial.

Brotonne, Lettres inédites.

An den Bürger Carnot.

. . . . 1

Ich bin in Verzweiflung; meine Frau kommt nicht.
Sie hat irgendeinen Geliebten, der sie in Paris zurückhält.
Ich verwünsche alle Frauen, umarme aber von Herzen
meine guten Freunde.

Brotonne, Lettres inédites.

---

1 Aller Wahrscheinlichkeit datieren diese Zeilen vom Mai 1796,
als Josephine ihrem Gatten nach Mailand folgen sollte. Bonaparte
hatte ganz richtig vermutet, denn die leichtlebige Josephine hielten
wirklich zarte Bande an Paris gefesselt.

An den Senat von Genua.

Hauptquartier Tortona, 27. Prairial des Jahres IV.
(15. Juni 1796.)

Meine Herren, die Stadt Genua ist der Herd, von dem alle Ruchlosen ausgehen, die die Heerstraßen unsicher machen, die Franzosen ermorden und, wo es ihnen möglich ist, unsere Zufuhren aufhalten.

In Genua ist es gewesen, wo man den Geist des Aufruhrs in den kaiserlichen Lehen angefacht hat und noch anfacht. Herr Girola[1], der in Genua wohnt, hat ihnen öffentlich Kriegsmunition zukommen lassen und empfängt täglich in seinem Hause die Anführer der Mörder, die noch von französischem Blute triefen.

Auf dem Gebiete der Republik Genua werden die meisten dieser Abscheulichkeiten begangen, ohne daß die Regierung irgendeine Maßregel dagegen ergreift. Im Gegenteil, sie scheint sie durch ihr Stillschweigen, durch das Asyl, das sie den Mördern gewährt und die Straflosigkeit, die sie genießen, noch zu begünstigen.

Wehe den Gemeinden, die mit Freuden, oder auch nur mit Gleichgültigkeit die Verbrechen, die auf ihrem Gebiete begangen werden und französisches Blut von Mördern vergießen sehen!

---

[1] Der Geschäftsträger des deutschen Kaisers, Girola, benutzte die Gelegenheit, während Napoleons Truppen sich an der Etsch befanden, einen Aufstand in den kaiserlichen Lehen hervorzurufen. Aus Deserteuren, Vagabunden und entflohenen österreichischen Gefangenen organisierte er Banden, die den ganzen Apennin überschwemmten und die Nachhut der italienischen Armee belästigten. Viele Franzosen wurden ermordet. Diesen Zuständen machte Bonaparte bald ein Ende, indem er sich selbst mit 1200 Mann nach Tortona begab.

Diesem entsetzlichen Zustande muß unbedingt ein Ende gemacht, und diejenigen, die durch ihr Benehmen die Schurken beschützen, müssen streng bestraft werden.

Der Gouverneur von Novi ist ihr Beschützer: ich verlange, daß die Regierung eine exemplarische Bestrafung vornimmt. Girola, der Genua zu einem Waffenplatz gegen Frankreich gemacht hat, muß verhaftet oder wenigstens ausgewiesen werden.

Diese vorläufige Genugtuung ist man den Manen unserer auf Ihrem Gebiete ermordeten Waffenbrüder schuldig.

Für später verlange ich von Ihnen eine kategorische Erklärung. Können Sie das Territorium der Republik von den Mördern säubern oder nicht? Wenn Sie keine Maßregeln ergreifen, dann werde ich es tun. Jede Stadt und jedes Dorf, wo auch nur ein einziger Franzose ermordet wurde, werde ich niederbrennen lassen. Jedes Haus, das den Mördern Zuflucht gewährt, wird eine Beute der Flammen. Ich werde den nachlässigen Beamten bestrafen, der zuerst die Prinzipien der Neutralität verletzte, indem er den Schurken ein Unterkommen bewilligte.

Der Leichnam eines ermordeten Franzosen wird der ganzen Gemeinde, die ihn nicht geschützt hat, Unglück bringen.

Die französische Republik wird sich unverbrüchlich an die Grundsätze der Neutralität halten, sobald die Republik Genua nicht mehr der Zufluchtsort aller Räuber ist.

Bonaparte.

An Joseph Bonaparte.

Hauptquartier Tortona, 27. Prairial.
(15. Juni 1796.)

Ich bin in Verzweiflung, meine Frau krank zu wissen; ich weiß nicht mehr, wo mir der Kopf steht, und schreckliche Ahnungen beunruhigen mein Herz. Ich beschwöre Dich, ihr alle Deine Fürsorge zu widmen. Nächst meiner Josephine bist Du ja der einzige, der mir noch einiges Interesse einflößt. Beruhige mich, sprich offen zu mir. Du kennst meine Liebe, weißt, wie glühend sie ist, weißt, daß ich nie so geliebt habe, daß Josephine die erste Frau ist, die ich anbete. Ihre Krankheit macht mich rasend. — Wenn sie wohl ist und die Reise machen kann, wünsche ich sehnlichst, daß sie käme; ich muß sie sehen, sie an mein Herz pressen, ich liebe sie bis zur Raserei und kann nicht ohne sie leben. Wenn sie mich nicht mehr liebte, hätte ich nichts mehr auf der Welt zu suchen. Oh! mein lieber Freund, laß meinen Kurier nicht länger als sechs Stunden in Paris verweilen und schicke ihn mit einer Antwort zurück, die mir wieder neues Leben verleiht. — Leb wohl, mein Freund, mögest Du glücklich sein; ich bin von der Natur dazu verdammt, nur äußern Glanz zu besitzen!

An Josephine in Mailand.

Marmirolo, den 29. Messidor,
9 Uhr abends. (17. Juli 1796.)

Jch habe Deinen Brief erhalten, meine anbetungswürdige Freundin; er hat mein Herz mit Freude erfüllt. Tausend Dank für die Mühe, die Du Dir genommen, mich über Dein Befinden zu benachrichtigen; heute wird es Dir gewiß besser gehen, ja ich bin sicher, daß Du gesund bist. Ich rate Dir dringend zu reiten; es wird nicht verfehlen, auf Deine Gesundheit wohltuend zu wirken.

Seit ich Dich verlassen, bin ich stets traurig gewesen; glücklich bin ich núr in Deiner Nähe. Fortwährend denke ich im Geiste an Deine Küsse, Deine Tränen, Deine reizende Eifersucht, und der Zauber der unvergleichlichen Josephine entfacht immer von neuem die wildglühende Flamme meines Herzens und meiner Sinne. Wann werde ich endlich, frei von Sorgen und Geschäften, all meine Zeit bei Dir verbringen können, nichts anderes zu tun haben, als Dich zu lieben, an nichts anderes zu denken brauchen, als an das Glück, es Dir zu sagen und zu beweisen? Ich werde Dir Dein Pferd schicken, hoffe aber, daß Du mir bald nachkommen kannst. Vor einiger Zeit glaubte ich Dich zu lieben, aber seitdem ich Dich gesehen, fühle ich, daß ich Dich noch tausendmal mehr liebe. Seitdem ich Dich kenne, bete ich Dich täglich mehr an, das beweist, wie falsch der Grundsatz La Bruyère's ist: die Liebe kommt mit einem Male. Alles in der Natur geht seinen

Gang und hat seine verschiedenen Grade der Steigerung. Ach! laß mich, ich bitte Dich, wenigstens einige Deiner Fehler sehen! Sei weniger schön, weniger anmutvoll, weniger zärtlich, weniger gut; besonders sei niemals eifersüchtig, weine niemals; Deine Tränen bringen mich um die Vernunft, erhitzen mein Blut. Glaube mir, es steht nicht mehr in meiner Macht, auch nur einen Gedanken zu haben, der nicht Dir gehörte, eine Idee, die ich nicht Dir unterbreitete.

Ruhe Dich nur gut aus. Erhole Dich recht schnell und komme mir nach, damit wir wenigstens, ehe wir sterben, sagen können: wir verlebten so viele glückliche Tage!

Millionen Küsse, selbst für Fortuné[1], trotz seiner Garstigkeit.

Bonaparte.

Lettres de Napoléon à Joséphine

An Josephine in Mailand.

Marmirolo, 1. Thermidor des Jahres IV. (19. Juli 1796.)

Schon seit zwei Tagen bin ich ohne Nachricht von Dir, und wohl dreißigmal habe ich mir das heute gesagt. Du begreifst, wie traurig das ist. Und doch kannst Du nicht ahnen, welch zarte und einzige Sorge Du mir einflößt.

Wir haben gestern Mantua angegriffen und es mit

---

[1] Josephines Schosshündchen.

glühenden Bomben und Mörsern beschossen. Die ganze Nacht stand diese elende Stadt in Flammen. Es war ein furchtbares, aber imposantes Schauspiel. Wir haben uns mehrerer Außenwerke bemächtigt und werden heute nacht die Laufgräben eröffnen. Morgen begebe ich mich mit dem Hauptquartier nach Castiglione, wo ich zu übernachten gedenke.

Aus Paris erhielt ich einen Kurier, der zwei Briefe für Dich hatte. Ich habe sie gelesen. Aber obwohl mir diese Handlung ganz natürlich schien und Du mir auch die Erlaubnis dazu gegeben hattest, fürchtete ich doch später, Du könntest mir deshalb böse sein, und das betrübt mich außerordentlich. Erst wollte ich sie wieder zusiegeln: pfui, welche Schande! Wenn ich schuldig bin, so bitte ich Dich um Verzeihung; ich schwöre Dir, es geschah nicht aus Eifersucht, nein, gewiß nicht! Ich habe in dieser Hinsicht eine zu hohe Meinung von meiner angebeteten Freundin. Ich wünschte, Du gäbest mir unumschränkte Vollmacht, alle Deine Briefe zu lesen, dann brauchte ich wenigstens keine Gewissensbisse und Befürchtungen mehr zu haben.

Achill kommt soeben als Kurier aus Mailand an: keinen Brief von meiner angebeteten Freundin! Adieu, mein einziger Schatz. Wann wird es Dir möglich sein, zu mir zu kommen? Ich werde Dich selbst von Mailand abholen.

Tausend Küsse, so glühend wie mein Herz, so rein wie Du.

Ich habe den Kurier rufen lassen. Er sagt mir, daß er bei Dir vorgesprochen habe, Du ihm aber nichts aufzutragen gehabt hättest. Pfui! Du Böse, Schlechte, Grausame, Du Tyrannin, Du kleines süßes Ungetüm!

Du lachst über meine Drohungen, über meine Torheiten. Ah! Du weißt wohl, daß, wenn ich könnte, ich Dich in mein Herz einschließen und darin gefangen halten würde.

Schreibe mir, daß Du Dich gut unterhältst, Dich wohl befindest und zärtlich bist.

Bonaparte.

Lettres de Napoléon à Joséphine

An Josephine in Mailand.

Brescia, den 13. Frúctidor des Jahres IV. (10. August 1796.)

Ich komme eben an, meine angebetete Freundin, mein erster Gedanke ist, Dir zu schreiben. Dein Wohlbefinden und Dein Bild sind nicht einen Augenblick während der ganzen Reise aus meinem Gedächtnis entschwunden, und ich werde nicht früher ruhig, als bis ich einen Brief von Dir habe. Ich harre mit Ungeduld darauf. Du kannst Dir meine Sorge um Dich nicht vorstellen. Ich verließ Dich traurig, kummervoll und halb krank. Wenn Dich die tiefste und zärtlichste Liebe glücklich machen könnte, müßtest Du es sein ... Die Geschäfte erdrücken mich fast.

Leb wohl, meine süße Josephine; liebe mich, laß Dirs gut gehen und denke oft, oft an mich.

Bonaparte.

Lettres de Napoléon à Joséphine

An das Direktorium.

Hauptquartier Brescia, 27. Thermidor des Jahres IV.
(14. August 1796.)

Bürger Direktoren, ich halte es für nötig, Ihnen meine Meinung über die bei der Armee angestellten Generale mitzuteilen. Wie Sie sehen werden, sind es nur wenige, die mir wirklich nützen können.

Berthier: Er hat alles für sich: Talent, Tatkraft, Mut, Charakter.

Augereau: Viel Charakter, Mut, Festigkeit, Tatkraft; er ist kriegserfahren, äußerst beliebt bei den Soldaten und glücklich in seinen Unternehmungen.

Masséna: Tätig, unermüdlich, besitzt Kühnheit, einen scharfen Blick und rasche Entschlossenheit.

Serurier: Schlägt sich als Soldat, nimmt nichts auf sich, ist fest, hat nicht das richtige Verständnis für seine Truppen, ist krank.

Despinoy: Schlaff, ohne Willenskraft und Kühnheit; ist nicht für den Krieg geschaffen, bei den Soldaten nicht beliebt, schlägt sich nicht an ihrer Spitze; ist übrigens sehr stolz, geistvoll und besitzt gesunde politische Grundsätze. Er würde sich gut zu einem Kommando im Innern eignen.

Sauret: Guter, ausgezeichneter Soldat, aber für einen General nicht aufgeklärt genug; wenig glücklich.

Abbatucci[1]: Kann nicht fünfzig Mann befehligen.

Garnier, Meunier, Casabianca: Unfähig, können in

[1] Vater des Generals Charles Abbatucci, der als Held bei der Verteidigung des Brückenkopfes von Hüningen fiel.

einem so ernsten und lebhaften Krieg wie dieser kein Bataillon kommandieren.

Macquart: Ein guter Kerl; talentlos; lebhaft.

Gaultier: Gut für ein Bureau; ist niemals im Kriege gewesen.

Vaubois und Sahuguet wurden bis jetzt in den Festungen verwendet. Ich habe sie zur Armee kommen lassen, um sie schätzen zu lernen. Bis jetzt haben sie alles, was ich ihnen anvertraut, zu meiner Zufriedenheit ausgeführt, aber das Beispiel des Generals Despinoy, der in Mailand sehr tüchtig war und an der Spitze seiner Kolonne nichts taugte, macht es mir zur Pflicht, die Leute nach ihren Taten zu beurteilen.

Bonaparte.

An den Kaiser von Deutschland.

Hauptquartier Mailand, 11. Vendémiaire des Jahres V.
(2. Oktober 1796.)

Majestät, Europa will Frieden. Dieser verderbliche Krieg währt schon zu lange.

Ich habe die Ehre, Eurer Majestät zu melden, daß, wenn Sie keine Bevollmächtigte nach Paris schicken, um Friedensunterhandlungen anzuknüpfen, das Direktorium mir befiehlt, den Hafen von Triest zu schließen und alle Häfen Eurer Majestät am Adriatischen Meer zu zerstören. Bis jetzt bin ich von der Ausführung dieses Planes nur durch den Wunsch abgehalten worden, die Zahl der unschuldigen Opfer dieses Krieges nicht noch zu vermehren.

Ich hoffe, Eure Majestät sind für das Unglück, das
Ihre Untertanen bedroht, nicht unempfindlich und geben
der Welt die Ruhe und den Frieden zurück.

Ich bin mit Ehrerbietung Eurer Majestät usw.

Bonaparte.

An das Direktorium.

Hauptquartier Mailand, 17. Vendémiaire des Jahres V.
(8. Oktober 1796.)

Wie ich Ihnen schon gemeldet haben muß, kann
Mantua vor Februar nicht genommen werden. Daraus
werden Sie sehen, wie ungewiß unsere Lage in Italien
und wie schlecht unser politisches System ist.

Wir haben mit Rom Unterhandlungen angeknüpft, als
der Waffenstillstand noch nicht geschlossen war, als man
im Begriff stand, zehn Millionen, eine große Menge
Gemälde und fünf Millionen an Lebensmitteln zu liefern.
Rom bewaffnet, fanatisiert die Völker; von allen Seiten
verbindet man sich gegen uns und erwartet nur den
günstigen Augenblick, um zu handeln. Der Erfolg ist
sicher, wenn die Armee des Kaisers nur ein wenig
verstärkt worden ist.

Triest liegt ebenso nahe bei Wien, als Lyon bei
Paris; in vierzehn Tagen sind die Truppen dort. Der
Kaiser besitzt auf dieser Seite bereits ein Heer.

Ich halte den Frieden mit Neapel für sehr wichtig
und die Allianz mit Genua oder dem Hof von Turin
für äußerst notwendig.

Schließen Sie mit Parma Frieden und erlassen Sie
eine Erklärung, die den Völkern der Lombardei, von
Modena, Reggio, Bologna und Ferrara den Schutz Frankreichs zusagt, und schicken Sie vor allem Truppen.
Am Ende eines Feldzuges, wie dieser, ist es unbedingt
notwendig, 15000 Rekruten zu haben. Der Kaiser hat
während des Feldzugs dreimal Rekruten geschickt.

Man verdirbt in Italien alles. Der Glaube an unsere
Macht verschwindet; man zählt uns. Ich halte es für
außerordentlich notwendig, daß Sie die Lage Ihrer Armee
in Italien in Betracht ziehen, daß Sie ein System verfolgen, welches Ihnen Freunde verschaffen kann, sowohl
von seiten der Fürsten als von seiten der Völker. Ver-
ringern Sie die Zahl Ihrer Feinde. Der Einfluß Roms
ist unberechenbar; man hat einen großen Fehler begangen, mit dieser Macht zu brechen; sie wird daraus
Nutzen ziehen. Hätte man mich über dies alles befragt,
so würde ich die Unterhandlungen mit Rom, gleich
denen mit Genua und Venedig, hinausgeschoben haben.
Jedesmal, wenn Ihr General in Italien nicht der Mittel-
punkt von allem ist, setzen Sie sich allerhand Gefahren aus. Man wird hoffentlich diese Sprache nicht
dem Ehrgeize zuschreiben. Ich bin leider schon mit
zu viel Ehren überhäuft und meine Gesundheit ist dermaßen erschüttert, daß ich vielleicht genötigt sein werde,
Sie um einen Nachfolger zu bitten. Ich kann kein Pferd
mehr besteigen; nur der Mut bleibt mir noch, was indes
für einen Posten wie diesen nicht hinreichend ist.

Alles war für die Angelegenheit von Genua bereit,
aber der Bürger Faipoult[1] glaubte noch damit warten

---

[1] Guillaume Charles Faipoult, 1752—1817, wurde 1796 als bevollmächtigter französischer Minister nach der Republik Genua geschickt.

zu müssen. Von gärenden Völkerschaften umgeben, ist
es nur ein Akt der Klugheit, sich bis auf weiteres
mit dem genuesischen Volke auszusöhnen. Ich habe
den Turiner Hof durch den Bürger Poussielgue aus-
forschen lassen: er ist zu einer Allianz bereit. Ich
setze die Unterhandlungen fort. Truppen! Truppen!
wenn Sie Italien behalten wollen!

Bonaparte.

An Josephine in Mailand.

Modena, den 26. Vendémiaire des Jahres V.
9 Uhr abends. (17. Oktober 1796.)

Vorgestern bin ich den ganzen Tag im Felde gewesen. Gestern hütete ich das Bett. Fieber und heftige
Kopfschmerzen haben mich verhindert, an meine anbetungswürdige Freundin zu schreiben. Aber ich habe
ihre Briefe erhalten, habe sie an mein Herz und meine
Lippen gedrückt, und der Kummer über Deine Abwesenheit
und die weite Entfernung ist verschwunden. In diesem
Augenblick sah ich Dich neben mir; nicht launenhaft
und gereizt, sondern sanft, zärtlich, mit jener weihe-
vollen Güte, die nur meiner Josephine eigen ist. Es
war ein Traum; daß er mich vom Fieber geheilt hat,
kannst Du Dir wohl denken. Deine Briefe sind so kalt
wie fünfzig Jahre, sie gleichen denen, die man sich
nach fünfzehnjähriger Ehe schreibt. Man liest daraus
die Freundschaft und die Gefühle jenes Winters des
Lebens. Pfui! Josephine! ... Das ist sehr schlecht,

sehr garstig, sehr heimtückisch von Ihnen! Was bleibt
Ihnen noch, um mich vollends beklagenswert zu machen?
Mich nicht mehr lieben? O! das ist längst geschehen.
Mich hassen? Gut! ich wünsche es; alles erniedrigt,
nur der Haß nicht; aber Gleichgültigkeit mit einem
Herzen von Marmor, das Auge starr, der Gang schlaff! ...

Tausend, tausend Küsse, so zärtlich wie mein Herz.

Mir geht es etwas besser, ich reise morgen. Die
Engländer räumen das Mittelmeer. Korsika ist unser.
Gute Nachricht für Frankreich und die Armee.

Bonaparte.

Lettres de Napoléon à Joséphine

An den Kardinal Mattei.

Hauptquartier Ferrara, 30. Vendémiaire des Jahres V.
(21. Oktober 1796.)

Der römische Hof hat sich geweigert, die vom Direktorium vorgeschlagenen Friedensbedingungen anzunehmen. Indem er die Vollziehung der Bedingungen ein-
stellte, hat er den Waffenstillstand gebrochen. Er rüstet,
er will den Krieg — er soll ihn haben. Ehe ich indes
kalten Bluts das Verderben und den Tod der Unsinnigen
besiegele, die den republikanischen Scharen Hindernisse entgegensetzen wollen, bin ich es meinem Volke,
der ganzen Menschheit und mir selbst schuldig, noch
ein letztes Mal zu versuchen, den Papst zu gemäßigteren
Gesinnungen zu bringen, die seinem wahren Interesse,
seinem geheiligten Charakter und der Vernunft mehr

entsprechen. Die Stärke und Macht der von mir befehligten Armee ist Ihnen, Herr Kardinal, bekannt; um die weltliche Macht des Papstes zu vernichten, brauchte ich nur zu wollen. Eilen Sie nach Rom, gehen Sie zum heiligen Vater, klären Sie ihn über seine wahren Interessen auf, entreißen Sie ihn den Intrigen derer, die nur sein und des römischen Hofes Verderben im Auge haben. Noch gestattet die französische Regierung, daß ich die Friedensunterhandlungen wieder eröffne; alles kann noch beigelegt werden.

Der für die Völker so grausame Krieg hat für die Besiegten schreckliche Folgen: wenden Sie vom Papste das entsetzliche Unglück ab. Sie wissen, wie sehr ich persönlich durch den Frieden einen Kampf zu beendigen wünsche, der für mich einen ruhmlosen aber auch gefahrlosen Ausgang haben würde.

Ich wünsche Ihnen, Herr Kardinal, bei Ihrer Sendung den Erfolg, den die Reinheit Ihrer Gesinnungen verdient.

Bonaparte.

An das Direktorium.

Hauptquartier Verona, 23. Brumaire des Jahres V.
(13. November 1796.)

Ich habe Ihnen über die seit dem 12. des Monats stattgefundenen Operationen Bericht zu erstatten; fällt er nicht befriedigend aus, so ist dies nicht der Armee zuzuschreiben; ihre geringe Zahl und die vollkommene Aufreibung der tapfersten Männer lassen mich alles befürchten. Vielleicht sind wir auf dem Punkte, Italien zu verlieren. Keine von den erwarteten Verstärkungen ist angekommen. Die 83. Halbbrigade bricht nicht auf. Alle aus den Departements heranziehenden Truppen werden in Lyon, besonders aber in Marseille zurückgehalten. Es hat ja nichts zu sagen, denkt man, ob sie 8 oder 10 Tage später eintreffen; daß aber in dieser Zeit das Schicksal Italiens und Europas sich entscheidet, das bedenkt man nicht. Das ganze Kaiserreich ist in Bewegung gewesen und ist es noch. Das Benehmen unserer Regierung im Anfange des Kriegs ist allein an dem Verhalten der Oesterreicher schuld. Es vergeht kein Tag, wo nicht 5000 Mann ankommen, während bei uns, obwohl wir seit zwei Monaten dringender Hilfe bedürfen, erst ein Bataillon der 40. Halbbrigade, eine schlechte, nicht ans Feuer gewöhnte Truppe, angelangt ist, und unsere alten Soldaten der italienischen Armee bei der 8. Division sich in der Untätigkeit langweilen.

Ich tue meine Pflicht, und die Armee tut die ihrige. Es zerreißt mir das Herz, aber mein Gewissen ist ruhig. Verstärkung! Verstärkung! Aber man muß es nicht als Spielerei betrachten. Man muß die Mannschaften nicht auf dem Papiere, sondern wirklich unter Waffen haben. Sind Sie im Begriff, uns 6000 Mann zu schicken, so kündigt uns der Kriegsminister 6000 Effektivtruppen und 3000 gegenwärtig unter den Waffen stehende an. Wenn sie dann in Mailand angekommen sind, ist ihre Zahl auf 1500 reduziert, und so erhält die Armee anstatt 6000 nur 1500 . . .

Heute gönnen sich die Truppen Ruhe. Morgen wollen wir je nach den Bewegungen des Feindes verfügen. Ich zweifle stark, die Entsetzung von Mantua hindern zu können, das in acht Tagen unser wäre. Tritt dieses Unglück wirklich ein, so werden wir bald hinter der Adda, ja vielleicht noch weiter sein, wenn keine Truppen anlangen.

Die Besten der Armee sind verwundet, alle unsere Stabsoffiziere, alle unsere vorzüglichen Generäle kampfunfähig. Alles, was ankommt, ist untauglich und besitzt keinen Funken soldatischen Selbstvertrauens! Die auf eine Handvoll Leute zusammengeschmolzene italienische Armee ist erschöpft. Die Helden von Lodi, Millesimo, Castiglione, Bassano sind für ihr Vaterland gestorben oder liegen im Spital. Den Korps ist nichts geblieben als ihr guter Ruf und ihr Stolz. Joubert, Lannes, Lanusse, Victor, Murat, Chabot, Dupuy, Rampon, Pijon, Chabran, Saint-Hilaire, sowie auch der General Menard sind verwundet.

Wir sind mitten in Italien verlassen. Die hohe Meinung von unserer Stärke war uns von Nutzen, und nun verkündet man in Paris in offiziellen Reden, daß wir nur 30000 Mann stark sind. Ich habe in diesem Kriege wenig Leute verloren, aber alles auserlesene Soldaten, die man unmöglich ersetzen kann. Was noch an Tapfern übrig bleibt, geht bei den fortwährenden Wechselfällen und bei so geringen Streitkräften einem unvermeidlichen Tod entgegen. Vielleicht schlägt bald die Stunde des tapferen Augereau, des unerschrockenen Masséna, Berthiers oder die meinige. Was wird dann aus den tapfern Leuten werden? Dieser Gedanke macht mich vorsichtig; ich wage nicht mehr dem Tod zu trotzen, der Entmutigung und Unglück bei denen hervorrufen würde, die der Gegenstand meiner Sorge sind.

In einigen Tagen wollen wir eine letzte Anstrengung

versuchen. Wenn das Glück uns lacht, wird Mantua genommen und mit ihm Italien. Durch meine Belagerungsarmee verstärkt, werde ich nichts unversucht lassen. Hätte ich die 3500 Mann starke 83. Halbbrigade erhalten, so würde ich für alles gebürgt haben. Vielleicht sind in wenig Tagen nicht einmal 40000 Mann mehr hinreichend.

Bonaparte.

An Josephine in Mailand.

Verona, den 3. Frimaire des Jahres V.
(13. November 1796.)

Ich liebe Dich gar nicht mehr; im Gegenteil ich verabscheue Dich. Du bist häßlich, ungeschickt, dumm, unansehnlich. Du schreibst mir nie, liebst Deinen Mann nicht; Du weißt genau, welches Vergnügen Deine Briefe ihm bereiten und schreibst ihm nicht einmal ein paar hingeworfene Zeilen!

Was tun Sie denn den ganzen Tag, Madame? Welches wichtige Geschäft raubt Ihnen die Zeit, an Ihren Herzallerliebsten zu schreiben? Welche Neigung erstickt und schiebt die Liebe beiseite, jene zärtliche, beständige Liebe, die Sie mir versprachen? Wer kann der ausgezeichnete Geliebte sein, der Ihre ganze Zeit in Anspruch nimmt, der über Ihre Tage verfügt und Sie verhindert, sich mit Ihrem Manne zu beschäftigen? Josephine, nehmen Sie sich in acht; in einer schönen Nacht werden die Türen eingedrückt werden, und ich stehe vor Ihnen.

Ich bin wirklich besorgt, meine liebe Freundin, so lange nichts von Dir zu hören; schreibe mir schnell vier Seiten voll der liebenswürdigen Dinge, die mein Herz mit Freude und Glück erfüllen.

In kurzem hoffe ich Dich in meine Arme zu schließen und Dich mit einer Million Küssen, so heiß wie unter dem Aequator, zu bedecken.

Bonaparte.

Lettres de Napoléon à Joséphine

An das Direktorium.

Hauptquartier Verona, 29. Brumaire des Jahres V.
(19. November 1796.)

Ich bin von der Anstrengung so erschöpft, Bürger Direktoren, daß es mir unmöglich ist, Sie von allen militärischen Bewegungen zu unterrichten, die der Schlacht von Arcole vorausgegangen sind, welche für das Schicksal Italiens entscheidend war[1].

Von den Bewegungen des Feldmarschalls Alvinzi, Kommandeurs der kaiserlichen Armee, unterrichtet, der sich Verona näherte, um seine Vereinigung mit den in Tirol stehenden Divisionen seiner Armee zu bewerkstelligen, zog ich mit den Divisionen Augereau und Masséna die Etsch entlang. In der Nacht vom 24. zum 25. ließ ich bei Ronco eine Schiffbrücke schlagen, und wir setzten über den Fluß. Ich hoffte im Laufe des

---

[1] Sie hatte vom 15.—17. November stattgefunden.

Vormittags nach Villanova zu gelangen und von dort
aus die feindlichen Artillerieparks und das Gepäck weg-
zunehmen, sowie den Feind in der Flanke und im Rücken
anzugreifen. Das Hauptquartier des Generals Alvinzi
befand sich in Caldiero. Der Feind hatte indes von
einigen unserer Bewegungen Kenntnis erhalten und
schickte ein Regiment Kroaten nebst ein paar ungarischen
Regimentern nach dem Dorfe Arcole, das durch seine
Lage zwischen Sümpfen und Kanälen außerordentlich
stark ist. Dieses Dorf hielt den Vortrab der Armee den
ganzen Tag auf. Umsonst eilten die Generäle, die die
Kostbarkeit der Zeit begriffen, an die Spitzen unserer
Kolonnen, um sie zu zwingen, die kleine Brücke von
Arcole zu überschreiten. Zu viel Mut schadet: sie wurden
fast alle verwundet. Die Generale Verdier, Lannes, Bon
und Verne wurden kampfunfähig gemacht. Da ergriff
Augereau eine Fahne, lief mit ihr bis ans Ende der
Brücke und rief: »Feiglinge, fürchtet Ihr denn den Tod
gar so sehr?« und stand so mehrere Minuten, ohne die
geringste Wirkung zu erzielen. Wir mußten indes über
die Brücke, oder einen Umweg von mehreren Stunden
machen, wodurch unsere ganze Operation fehlgeschlagen
wäre. Ich eilte daher selbst zur Brücke und fragte die
Soldaten, ob sie denn die Sieger von Lodi seien. Meine
Gegenwart rief bei den Truppen eine Bewegung hervor,
die mich entschied, nochmals den Uebergang zu versuchen.

Der General Lannes, der bereits von zwei Flinten-
schüssen verwundet war, kehrte zurück und erhielt noch
eine dritte gefährlichere Wunde. Auch der General
Vignolle ward verwundet. Nun mußten wir darauf verzichten, das Dorf von vorn zu erstürmen und abwarten,
bis eine vom General Guieu befehligte Kolonne, die ich

über Albaredo gesandt hatte, ankam. Sie traf erst nachts ein. Guieu bemächtigte sich des Dorfes, nahm vier Kanonen und machte einige Hundert Gefangene. Während dieser Zeit griff der General Masséna eine Division an, die der Feind von seinem Hauptquartier aus auf unsere Linke marschieren ließ. Er warf sie und schlug sie vollkommen in die Flucht.

Man hatte es für gut befunden, das Dorf Arcole während der Nacht zu räumen, und wir waren darauf gefaßt, bei Tagesanbruch von der ganzen feindlichen Armee angegriffen zu werden, welche Zeit gefunden hatte, ihr Gepäck und ihre Parks wegzubringen und sich weiter zurückzuziehen, um uns zu empfangen.

Mit dem Grauen des Tages entspann sich der Kampf auf allen Seiten mit der größten Lebhaftigkeit. Masséna, auf der Linken, schlug den Feind in die Flucht und verfolgte ihn bis an die Tore von Caldiero.

Der General Robert, der sich mit der 75. Halbbrigade im Zentrum befand, griff den Feind mit dem Bajonett an und bedeckte das Feld mit Toten. Ich befahl nun dem Adjutanten, General Vial, mit einer Halbbrigade die Etsch entlang zu marschieren, um die ganze Linke des Feindes zu umgehen. Aber das Land bietet unüberwindliche Hindernisse. Vergebens stürzte sich der tapfere General bis an den Hals in die Etsch: es konnten ihm nur 80 Grenadiere folgen, was keine genügende Diversion ergab. In der Nacht vom 26. zum 27. ließ ich über die Kanäle und Sümpfe Brücken schlagen, die der General Augereau mit seiner Division überschritt. Um zehn Uhr morgens standen wir uns gegenüber: der General Masséna auf der Linken, General Robert in der Mitte und General Augereau auf der Rechten.

Der Feind griff das Zentrum kräftig an und drängte es zurück. Da zog ich vom linken Flügel die 32. Halbbrigade heran, stellte sie in die Wälder in Hinterhalt, und als der Feind, der das Zentrum vor sich hertrieb, im Begriff war, unsere Rechte zu umgehen, stürzte der General Gardanne an der Spitze der 32. aus seinem Hinterhalt hervor, nahm den Feind in der Flanke und richtete ein fürchterliches Blutbad an. Der linke Flügel des Feindes lehnte sich an die Sümpfe und hielt unsere Rechte durch seine Ueberlegenheit an Zahl in Respekt. Jetzt befahl ich dem Bürger Hercule, einem Offizier meiner Guiden, aus seiner Kompagnie 25 Mann auszuwählen, mit ihnen eine halbe Meile längs der Etsch hinzuziehen, alle Sümpfe, die die Linke des Feindes stützten, zu umgehen und dann im schärfsten Galopp unter Trompetengeschmetter dem Feinde in den Rücken zu fallen. Dieses Manöver gelang vortrefflich: die feindliche Infanterie geriet ins Schwanken. Daraus wußte der General Augereau Nutzen zu ziehen. Obwohl sie sich kämpfend zurückzieht, widersteht sie doch seinen Angriffen, als eine kleine Kolonne von 8—900 Mann mit vier Kanonen, die ich über Porte-Legnago hatte marschieren lassen, um Stellung hinter dem Feinde zu nehmen und ihm während des Gefechts in den Rücken zu fallen, ihn noch völlig in die Flucht schlägt. Der General Masséna, der wieder seine Stellung auf der Linken eingenommen hatte, marschierte nun direkt nach Arcole, dessen er sich bemächtigte, und verfolgte den Feind bis zum Dorfe San-Bonifacio; die Nacht hinderte uns jedoch, weiter vorzudringen.

Die Frucht der Schlacht von Arcole sind 4—5000 Gefangene, 4 Fahnen, 18 Kanonen. Der Feind hatte wenigstens 4000 Tote und ebenso viele Verwundete, wir hingegen 900 Verwundete und ungefähr 200 Tote. Außer den bereits genannten Generalen wurden die Generale Robert und Gardanne verwundet. Zwei von meinen Adjutanten wurden tödlich getroffen: die Bürger Elliot und Muiron, zwei ausgezeichnete Offiziere. Beide noch jung, versprachen sie einst ruhmvoll zu den ersten militärischen Stellen zu gelangen.

Obwohl wenig beträchtlich, war unser Verlust doch sehr empfindlich, weil er beinahe alle Offiziere des Generalstabs und der Halbbrigaden traf. Ich bin daher genötigt, mehrere Beförderungen vorzunehmen, um deren Bestätigung ich Sie bitte.

Inzwischen ist der General Vaubois in Rivoli, einer sehr bedeutenden Stellung, welche die Blokade von Mantua entblößte, angegriffen und geworfen worden. Wir brachen daher mit Tagesanbruch von Arcole auf. Ich schickte dem Feinde die Kavallerie über Vicenza nach und begab mich nach Verona, wo ich den General Kilmaine mit 3000 Mann zurückgelassen hatte.

Soeben habe ich die Division Vaubois wieder gesammelt und sie verstärkt; sie befindet sich, 8000 Mann stark, in Castelnuovo. Augereau ist in Verona, Masséna bei Villanova. Morgen greife ich die Division an, welche Vaubois geschlagen hat, verfolge sie bis nach Tirol, und warte dann die Uebergabe von Mantua ab, die in spätestens vierzehn Tagen erfolgen muß. Wenn Sie mir in dieser Lage die schon lange versprochene Verstärkung schicken, verspreche ich Ihnen, den Kaiser, noch ehe sechs Wochen vergangen sind, zu zwingen, Frieden zu machen und in Rom zu sein.

Ich darf Ihnen nicht verschweigen, daß ich in den

Soldaten meine Scharen von Lodi, Millesimo und Castiglione nicht wieder gefunden habe; die allzugroße Anstrengung und die Abwesenheit der Tapfern haben ihnen jenes Ungestüm genommen, mit welchem ich mit Recht hoffen durfte, Alvinzi und den größten Teil seines Heeres gefangen zu nehmen.

Der General Vaubois besitzt nicht genügend Festigkeit und ist nicht gewöhnt, große Abteilungen zu kommandieren. . . .

Die Artillerie hat sich mit Ruhm bedeckt. Die Generale und Offiziere des Generalstabs haben eine beispiellose Tätigkeit und Tapferkeit an den Tag gelegt. Zwölf oder fünfzehn sind geblieben. Es war wirklich ein mörderischer Kampf. Jedem sind die Kleider von Kugeln durchlöchert.

Ich werde Ihnen die dem Feinde genommenen Fahnen schicken.

Bonaparte.

An Josephine in Genua.

Mailand, den 8. Frimaire des Jahres V,
acht Uhr abends. (28. November 1796.)

Ich erhalte soeben den Kurier, den Berthier von Genua hat abgehen lassen. Du hast natürlich nicht Zeit gehabt, mir zu schreiben; ich begreife. Umgeben von Vergnügungen und Zerstreuungen, tätest Du unrecht, mir auch nur das geringste Opfer zu bringen.

Berthier war so liebenswürdig und zeigte mir den Brief, den Du ihm geschrieben. Es ist nicht meine Absicht, Dich in Deinen Berechnungen, noch in den Vergnügungen, die man Dir bietet, zu stören; meinetwegen ist das nicht der Mühe wert, und das Glück oder Unglück eines Mannes, den Du nicht liebst, braucht Dich nicht zu interessieren.

Mein Verhängnis und Lebensziel hingegen ist, Dich zu lieben, Dich glücklich zu machen, nichts zu tun, was Dich kränken könnte.

Sei glücklich, wirf mir nichts vor, nimm keinen Anteil an der Glückseligkeit eines Mannes, der nur für Dich, nur in Dir lebt, der nur froh ist, wenn Du froh, nur glücklich, wenn Du glücklich bist. Wenn ich von Dir eine Liebe wie die meinige verlange, so ist das falsch: warum wünschen, daß die zarte Spitze ebenso schwer wiege als das Gold? Wenn ich Dir alle meine Wünsche, alle meine Gedanken, alle Augenblicke meines Lebens zum Opfer bringe, so gehorche ich dem Einfluß, den Deine Reize, Dein Wesen und Deine ganze Person über mein unglückliches Herz zu gewinnen gewußt haben. Es ist mein Fehler, wenn die Natur mir keine Reize verliehen hat, um Dich einzunehmen. Was ich indes von seiten Josephines verdiene, das ist ein wenig Rücksicht, ein wenig Achtung, denn ich liebe sie bis zum Wahnsinn und einzig und allein.

Leb wohl, anbetungswürdige Frau, leb wohl, meine Josephine! Mag das Schicksal allen Kummer und allen Schmerz in meinem Herzen anhäufen, wenn es nur meiner Josephine schöne und glückliche Tage bereitet. Wer verdiente es mehr als sie? Wenn es festgestellt ist, daß sie nicht mehr lieben kann, dann will ich meinen tiefen Schmerz in mein Inneres verschließen und mich begnügen, ihr, wo ich kann, nützlich zu sein.

Noch einmal öffne ich den Brief, um Dir einen Kuß
zu geben. . . . Ach! Josephine! . . . Josephine!

Bonaparte.

Lettres de Napoléon à Joséphine.

An den Bürger Präsidenten des zispadanischen Kongresses[1].

Mailand, 12. Nivôse des Jahres V.
(1. Januar 1797.)

Mit dem lebhaftesten Interesse habe ich aus Ihrem
Briefe vom 30. Dezember ersehen, daß die Republiken
diesseits des Po sich zu einer einzigen vereinigt haben
und, wie aus dem von ihnen zum Symbol erwählten
Köcher hervorgeht, überzeugt sind, daß ihre Kraft in
der Einheit und Unteilbarkeit liege. Seit langem ist
das unglückliche Italien aus der Liste der europäischen
Mächte gestrichen. Wenn aber die Italiener von heute
würdig sind, ihre Rechte wieder zu erlangen und sich
eine freie Regierung zu geben, dann wird man eines
Tages ihr Vaterland unter den Staaten der Erde ruhm-
reich erblühen sehen. Vergessen Sie aber nicht, daß
die Gesetze nichts ohne Macht sind. Ihr erster Blick
muß auf die militärische Organisation gerichtet sein.
Die Natur hat Ihnen alles gegeben; nach der Uebereinstimmung und Klugheit, die man in allen Ihren Beschlüssen bemerkt, fehlt Ihnen nichts mehr, um zum
Ziele zu gelangen, als kriegsgeübte, vom heiligen Feuer
der Vaterlandsliebe beseelte Soldaten.

---

[1] Graf Antonio Aldini, 1756—1826.

Sie sind in einer glücklicheren Lage als das französische Volk. Sie vermögen ohne die Revolution und ihre Verbrechen zur Freiheit zu gelangen. Das Unglück, das Frankreich vor der Einführung der Verfassung heimgesucht hat, wird niemals bei Ihnen einkehren. Die Einigkeit, die die verschiedenen Teile der zispadanischen Republik untereinander verbindet, wird allen ihren Bürgern zum Vorbild dienen, und die Frucht der Uebereinstimmung Ihrer vom Mut unterstützten Prinzipien wird die Freiheit, die Republik und der Wohlstand sein.

Bonaparte.

An das Direktorium.

Mailand, 17. Nivôse des Jahres V.
(6. Januar 1797.)

Je mehr ich mich in meinen freien Stunden in die unheilbaren Wunden der Verwaltung der italienischen Armee vertiefe, desto mehr bin ich von der Notwendigkeit überzeugt, ganz unfehlbare Mittel und Maßnahmen anzuwenden.

Die Buchführung der Armee ist bei dem Intendanten in einer unglaublichen Unordnung; man kann über nichts Rechenschaft erhalten, und zu den bereits festgestellten Betrügereien des Kontrolleurs kommt noch die Dummheit der übrigen Angestellten. Alles ist käuflich. Die Armee konsumiert fünfmal mehr, als sie braucht, weil die Magazinverwalter falsche Bons ausstellen und mit den Kriegskommissaren unter einer Decke stecken.

Die bedeutendsten Schauspielerinnen von Italien werden von den Angestellten der Armee ausgehalten; der Luxus, die Verdorbenheit der Sitten und der Unterschleif sind ungeheuer. Die Gesetze sind ungenügend; es gibt nur ein Mittel, das gleichzeitig der Erfahrung, der Geschichte und dem Charakter der republikanischen Regierung entspricht: das wäre ein Syndikat, eine Behörde, die aus einer oder drei Personen bestände, deren Macht sich nur auf drei bis fünf Tage erstreckte, und die während dieses kurzen Zeitraums das Recht hätte, einen untreuen Verwalter der Armee erschießen zu lassen. Diese alljährlich zu den Armeen gesandte Behörde würde bewirken, daß jeder sich hütete, die öffentliche Meinung herauszufordern und einen gewissen Anstand bewahrte, nicht allein in den Sitten und Ausgaben, sondern auch im täglichen Dienst.

Der Marschall von Berwick[1] ließ den Armeeintendanten hängen, weil es ihm an Lebensmitteln fehlte, und wir, die wir inmitten von Italien, inmitten des Ueberflusses leben und fünfmal so viel ausgeben, als wir bedürfen, wir haben manchmal nicht genug zu essen. Glauben Sie indes nicht, daß ich schwach sei und das Vaterland in diesem wesentlichen Teil meiner Funktionen verrate. Täglich lasse ich Angestellte verhaften, ihre Papiere prüfen, die Kassen nachsehen; aber niemand steht mir zur Seite, und die Gesetze bewilligen dem General nicht genügend Macht, um diesem Heer von Gaunern einen heilsamen Schrecken einzujagen. Dennoch ist das Uebel schon im Abnehmen begriffen, und durch mein Schelten, Bestrafen und den Aerger, den

---

[1] Er lebte von 1670—1734 und war wegen seiner Strenge sehr gefürchtet.

ich dabei habe, hoffe ich, daß alles mit ein wenig mehr Anstand gehandhabt werde. Aber ich wiederhole, überlegen Sie sich meine Idee eines Syndikats.

Beiliegend finden Sie ein Protokoll, das man mir über das Verhör eines Lieferanten überbringt, der auf meinen Befehl verhaftet worden ist. Daraus werden Sie ersehen, wie ungeheuer das Uebel ist und wie sehr es eines energischen Mittels bedarf. . . .

Indem ich Ihnen aber von den begangenen Betrügereien spreche, darf ich auch nicht vergessen, den Angestellten Gerechtigkeit widerfahren zu lassen, die sich ehrlich und anständig benehmen.

Mit dem Bürger Pesillico, Agenten der Gesellschaft Cerffberr, bin ich sehr zufrieden. Wenn diese Gesellschaft uns einen Mann wie ihn im Anfange des Feldzugs gesandt hätte, würde sie mehrere Millionen verdient haben, und die Armee noch mehr als das.

Auch mit dem Fleischlieferungsagenten Collet bin ich zufrieden; das ist ein Verwalter, der seinen Dienst erfüllt.

Unter den Kriegskommissaren zeichnet sich besonders der Bürger Boinod durch seine Ehrlichkeit, die der ganzen Armee bekannt ist, aus. Wenn nur fünfzehn solcher Kriegskommissare wie dieser bei der Armee wären, könnten Sie jedem 100 000 Taler schenken, und wir würden dabei immer noch 15 000 000 verdienen. Ich bitte Sie, diesen Administratoren Beweise Ihrer Zufriedenheit zu geben.

Bonaparte.

An den Kardinal Mattei.

Hauptquartier Ancona, 25. Pluviôse des Jahres V.
(13. Februar 1797.)

Ich habe aus dem Briefe, den Sie, Herr Kardinal, zu schreiben geruhten, die Einfachheit der Sitten erkannt, die Sie auszeichnet. Sie werden aus der beifolgenden Druckschrift die Gründe ersehen, die mich veranlaßt haben, den zwischen der französischen Republik und Seiner Heiligkeit geschlossenen Waffenstillstand zu brechen.

Niemand ist von dem Wunsche der französischen Republik, Frieden zu machen, mehr überzeugt als der Kardinal Busca, was er auch in seinem Briefe an Herrn Albani eingesteht, der gedruckt worden ist, und dessen Original ich besitze.

Als die ersten Mächte Europas sich beeilten, die Republik anzuerkennen und mit ihr Frieden zu schließen, hat man sich mit Frankreichs Feinden verbunden. Man hat sich lange unnützen Hirngespinsten hingegeben und nichts vergessen, um den Untergang dieses schönen Landes vollends herbeizuführen. Niemals werde ich einem Vorschlag zur Beendigung der Feindseligkeiten zwischen der französischen Republik und Seiner Heiligkeit Gehör schenken, ehe man nicht die Aufhebung der nach dem Waffenstillstand gebildeten Regimenter befohlen hat. Außerdem muß durch öffentliche Bekanntmachung den vom Kaiser geschickten Generalen das Kommando über die Armeen Seiner Heiligkeit entzogen werden. Sind diese Bedingungen erfüllt, so bleibt Seiner Heiligkeit noch eine Hoffnung, seine Staaten zu retten, wenn er mehr Vertrauen zu der Großmut der französischen Republik

hat und sich rasch und rückhaltslos in Friedensunterhandlungen einläßt.

Ich weiß, daß Seine Heiligkeit hintergangen worden
ist. Noch einmal will ich ganz Europa einen Beweis von
der Mäßigung des Direktoriums der französischen Republik geben, indem ich ihm fünf Tage bewillige, um
einen mit Vollmachten versehenen Unterhändler nach
Foligno zu senden, wo ich mich aufhalten werde. Ich
für meine Person wünsche von Herzen dazu beizutragen, einen glänzenden Beweis meiner Hochachtung
für den Heiligen Stuhl geben zu können.

Was auch geschehen möge, Herr Kardinal, so bitte
ich Sie, von meiner ausgezeichneten Hochachtung überzeugt zu sein, mit welcher ich bin, usw.

Bonaparte.

An Josephine in Bologna.

Den 28. Pluviôse des Jahres V.
(16. Februar 1797.)

Du bist traurig, Du bist krank, Du schreibst mir
nicht, willst nach Paris zurückkehren. Liebst Du denn
Deinen Freund nicht mehr? Dieser Gedanke macht mich
unglücklich. Meine süße Freundin, das Leben ist für
mich unerträglich, seitdem ich weiß, daß Du traurig bist.

Ich beeile mich, Dir Moscati zu schicken[1], damit

---

[1] Pierre, Graf Moscati, später Generaldirektor des öffentlichen
Unterrichts in Italien. Bonaparte lernte ihn in Italien kennen, wo Moscati den Beruf eines Arztes ausübte. Bald verband diesen engere Freundschaft mit der Familie des Generals, der Moscati auch als Kaiser nicht
vergass. Napoleon verlieh ihm den Grafentitel, ernannte ihn zum
Grosswürdenträger der eisernen Krone und später zum Senator.

er Dich pflegen kann. Meine Gesundheit ist etwas schwach; der Schnupfen ist noch immer nicht beseitigt. Ich bitte Dich, Dich zu schonen, mich ebenso zu lieben, wie ich Dich liebe und mir täglich zu schreiben. Meine Besorgnis ist beispiellos.

Moscati habe ich aufgetragen, Dich nach Ancona zu begleiten, wenn Du dahin kommen willst. Ich werde Dir dorthin schreiben, um Dich wissen zu lassen, wo ich mich befinde.

Vielleicht mache ich mit dem Papste Frieden und bin dann bald bei Dir; das ist der heißeste Wunsch meines Herzens.

Tausend Küsse. Glaube mir, nichts kommt meiner Liebe gleich, es sei denn meine Besorgnis. Schreibe mir alle Tage selbst. Leb wohl, liebe, liebe Freundin.

Bonaparte.

Lettres de Napoléon à Joséphine

An Josephine in Bologna.

Tolentino, 1. Ventôse des Jahres V.
(19. Februar 1797.)

Der Frieden mit Rom ist eben abgeschlossen worden. Bologna, Ferrara, die Romagna sind der Republik überlassen. In kurzem gibt uns der Papst 30 Millionen und viele Kunstgegenstände.

Morgen breche ich nach Ancona auf, um mich von da aus nach Rimini, Ravenna und Bologna zu begeben. Wenn es Deine Gesundheit erlaubt, komme nach Rimini oder Ravenna, aber schone Dich, ich bitte Dich dringend.

Kein Wort von Deiner Hand! Großer Gott, was habe ich denn getan? Nur an Dich denken, nur Josephine lieben, nur für mein Weib leben, nur dann glücklich sein, wenn meine Freundin glücklich ist — sollte ich dafür eine so strenge Behandlung von ihr verdient haben?

Meine Freundin, ich beschwöre Dich, denke oft an mich und schreibe mir täglich. Du bist krank oder liebst mich nicht mehr! Glaubst Du denn, mein Herz sei von Marmor? Und interessieren Dich meine Schmerzen so wenig? Da würdest Du mich recht schlecht kennen! Ich kann's nicht glauben. Du, der die Natur Geist, Sanftmut und Schönheit verliehen, Du, die Du allein mein Herz beherrschen konntest, Du, die wahrscheinlich nur zu gut weiß, welch unumschränkte Gewalt Du über mich hast!

Schreibe mir, denke an mich und liebe mich.

Fürs Leben ganz der Deine.

Bonaparte.

An den Erzherzog Karl, Oberbefehlshaber der österreichischen Armee.

Hauptquartier Klagenfurt, 11. Germinal des Jahres V.
(31. März 1797.)

Herr Oberbefehlshaber, die tapfern Soldaten führen Krieg und wünschen den Frieden. Dauert dieser Krieg nicht schon sechs Jahre? Haben wir nicht genug Menschen getötet und der traurigen Menschheit genug Leiden zugefügt? Sie erhebt allenthalben Einspruch. Europa, das gegen die französische Republik die Waffen ergriffen hatte, hat sie wieder niedergelegt. Ihre Nation allein bleibt übrig, und dennoch wird mehr als je Blut fließen. Diesem sechsten Feldzug gehen unheilvolle Anzeichen voran. Wie auch sein Ausgang sein möge, wir werden gegenseitig ein paar Tausend Menschen mehr töten, und doch muß man endlich zu einem Einverständnis kommen, denn alles hat ein Ende, selbst der leidenschaftlichste Haß.

Das Direktorium der französischen Republik hatte Seiner Majestät, dem Kaiser, den Wunsch unterbreitet, dem Kriege ein Ende zu machen, der die beiden Völker aufs tiefste betrübt: der englische Hof widersetzte sich dem[1]. Gibt es denn keine Hoffnung, uns zu einigen, und sollen wir, wegen des Interesses oder der Leidenschaft, die eine fremde Nation den Leiden des Kriegs entgegenbringt, fortfahren, einander umzubringen? Sind Sie, Herr Obergeneral, der Sie durch Ihre Geburt dem Throne so nahestehen und sich über alle kleinlichen Leidenschaften, von denen oft Staatsmänner und Regierungen beherrscht werden, erhaben fühlen, sind Sie entschlossen, sich den Titel des Wohltäters der ganzen Menschheit und des wahren Retters von Deutschland zu verdienen? Glauben Sie nicht, Herr Obergeneral, daß ich darunter verstehe, es wäre Ihnen unmöglich, das

---

[1] Pitt wünschte zwar den Frieden und mit ihm ein grosser Teil des englischen Volks. Wiederum aber zeigten sich andere Staatsmänner und Publizisten, wie Mallet Du Pan und noch kurz vor seinem Tode Edmund Burke, der grösste Gegner eines »peace regicidal«, als Anhänger der Kriegspartei; denn dieser Krieg war zwar den unteren Volksklassen sehr nachteilig, brachte aber den oberen Zehntausend bedeutende Vorteile.

Land durch die Macht der Waffen zu retten, aber auch in der Voraussetzung, daß das Kriegsglück Ihnen günstig sei, wird Deutschland nicht weniger verheert werden. Was mich betrifft, Herr General, so würde ich, wenn die Eröffnung, die ich die Ehre hatte Ihnen zu machen, das Leben eines einzigen Menschen retten kann, auf die Bürgerkrone, die ich mir damit verdient hätte, stolzer sein als auf den traurigen Ruhm, den man durch militärische Erfolge erwirbt. Ich bitte Sie, Herr Obergeneral, an die Gefühle der Ehrerbietung und ausgezeichneten Hochachtung zu glauben, mit denen ich bin, usw.

Bonaparte.

An den durchlauchtigsten Dogen der Republik Venedig.

Hauptquartier Judenburg, 20. Germinal des Jahres V.
(9. April 1797.)

Das ganze Festland der durchlauchtigsten Republik Venedig ist unter Waffen[1]. Das Feldgeschrei der Bauern,

---

[1] Während Bonaparte sich auf dem Marsche nach Wien befand, erhob sich die Republik Venedig. Adlige und Bürger taten sich zusammen, um sich der Festungen Bergamo (12. März) und Brescia (18. März 1797) zu bemächtigen. Später, am 17. April, schloss sich auch Verona dem Aufstande an, nachdem es anderthalb Jahre lang unter französischer Einquartierung zu leiden gehabt hatte. Der venezianische Senat unterstützte allerdings ziemlich ungeniert diese aufständigen Bewegungen, handelte indes viel zu spät, als dass er Bonaparte wirklich gefährlich hätte werden können. Dieser glaubte sich nun Venedig gegenüber aller Rücksicht enthoben, und bei dem in Campo-Formio geschlossenen Frieden (17. Oktober 1797) bewahrte die Republik Venedig wohl scheinbar ihre Unabhängigkeit, verlor jedoch die meisten festländischen Gebiete auf beiden Seiten der Etsch.

die Sie bewaffnet haben, heißt allenthalben: Tod den
Franzosen! Mehrere Hundert Soldaten der italienischen
Armee sind ihm bereits zum Opfer gefallen. Vergebens
leugnen Sie, diese Aufläufe organisiert zu haben.
Glauben Sie denn, daß ich in dem Augenblick, wo ich
mich im Herzen Deutschlands befinde, nicht imstande sei,
dem ersten Volk der Welt Respekt zu verschaffen?
Glauben Sie vielleicht, daß die italienischen Legionen
das durch Sie veranlaßte Gemetzel dulden werden? Das
Blut meiner Waffenbrüder wird gerächt werden, und
jedes der mit dieser edlen Aufgabe betrauten französischen Bataillone wird seinen Mut sich verdoppeln und
seine Hilfsmittel sich verdreifachen fühlen. Der Senat
von Venedig hat das großmütige Benehmen, das wir
stets gegen ihn gezeigt, durch die niedrigste Falschheit vergolten. Ich übersende Ihnen diesen Brief durch
meinen ersten Adjutanten[1]. Krieg oder Frieden! Wenn
Sie nicht auf der Stelle Maßnahmen treffen, die Aufläufe
auseinanderzutreiben, wenn Sie nicht sofort die Anstifter der begangenen Mordtaten verhaften und meinen
Händen überliefern lassen, wird der Krieg erklärt. Der
Türke steht nicht vor Ihren Toren, kein Feind bedroht
Sie; Sie haben mit Absicht Vorwände hervorgebracht,
damit ein gegen die Armee gerichteter Aufstand gerechtfertigt erscheint: binnen 24 Stunden wird er aufgelöst sein. Wir leben nicht mehr in der Zeit Karls VIII.
Wenn Sie mich gegen den offenbaren Willen der französischen Regierung in die Lage versetzen, Krieg zu
führen, so denken Sie indes nicht, daß die französischen
Soldaten das Land des unschuldigen und unglücklichen

---

[1] Junot.

Volkes verheeren, wie es die Soldaten getan haben, die
Sie bewaffneten; ich werde es beschützen, und es wird
eines Tages selbst die Verbrechen segnen, die das französische Heer gezwungen haben, es von Ihrer tyran-
nischen Regierung zu befreien.

Bonaparte.

An das Direktorium.

Hauptquartier Leoben, 30. Germinal des Jahres V.
(19. April 1797.)

Ich habe Ihnen durch den Generaladjutanten Leclerc
mehrere Entwürfe zur Uebereinkunft gesandt, die nach
Wien geschickt worden waren, worüber die Bevollmächtigten Instruktionen erwarteten. Inzwischen ist Herr
von Vincent, der Adjutant des Kaisers, angekommen, und
die Bevollmächtigten haben sich wieder an mich ge-
wendet, um die Unterhandlungen wieder aufzunehmen.
Nach zwei Tagen haben wir uns verständigt und die
Friedenspräliminarien unterzeichnet, deren Artikel Sie
beiliegend finden werden.

Alles, was durch das Gesetz des Konvents zum Departement erklärt worden ist, verbleibt der Republik.

Die lombardische Republik ist nicht allein befestigt,
sondern auch durch ganz Bergamasco und das Gebiet
von Crema vergrößert, die jetzt schon durch den Aufstand dieser beiden Länder mit ihr vereinigt sind. Der
auf dem rechten Ufer des Oglio und des Po liegende
Teil des Herzogtums Mantua ist ihr ebenfalls einver-

leibt. Auch das Herzogtum Modena und Reggio, das durch das Fürstentum Massa und Carrara an das Mittelmeer, durch das abgetretene Mantua aber an den Po und das Mailänder Gebiet grenzt, ist mit inbegriffen. Wir werden also im Herzen Italiens eine Republik haben, mit der wir durch die Staaten von Genua und das Meer in Verbindung stehen, was uns in allen künftigen Kriegen in Italien sichere Verkehrsmittel bietet. Der König von Sardinien ist in Zukunft ganz in unserer Hand.

Die Festung Pizzighettone, die in Wirklichkeit heute stärker ist als Mantua, die Festungen Bergamo und Crema werden die neue Republik gegen die Ueberfälle des Kaisers schützen und uns genügend Zeit lassen, hinzueilen. Auf der Seite Modenas gibt es ebenfalls mehrere leicht zu befestigende Stellungen, für die man einen Teil der zahllosen Geschütze verwenden kann, die wir augenblicklich in Italien haben. Was die Verzichtleistung auf unsere Rechte über die Provinzen Bologna, Ferrara und Romagna gegen die Herausgabe der venezianischen Staaten anlangt, so bleiben sie immer in unserer Gewalt. Wenn es dem Kaiser und uns gemeinschaftlich gelungen sein wird, den Senat zu diesem Austausch zu bewegen, so ist es augenscheinlich, daß die Republik Venedig von der Lombardischen Republik beeinflußt und zu unserer Verfügung stehen wird. Läßt sich dieser Tausch nicht bewerkstelligen, und nimmt der Kaiser von einem Teile der venezianischen Staaten Besitz, ohne daß der Senat eine Entschädigung dafür annimmt, die unpassend und ungenügend ist, so bleiben die drei Legationen immer in unserer Gewalt, und wir werden Bologna und Ferrara der Lombardischen Republik einverleiben. Die venezianische Regierung ist

die albernste und tyrannischste von allen Regierungen.
Uebrigens steht es außer Zweifel, daß sie den Augenblick benutzen wollte, als wir uns im Herzen Deutschlands befanden, um uns zu vernichten. Unsere Republik hat keine größeren Feinde, als die Emigrierten
und Ludwig XVIII. Freunde haben, die ihnen in Wahrheit mehr ergeben sind. Ihr Einfluß hat sich beträchtlich
vermindert, und das alles gereicht uns zum Vorteil.
Außerdem verbindet es den Kaiser enger mit Frankreich,
und er wird gezwungen sein, während der ersten Zeit
unseres Friedens alles zu tun, was uns angenehm ist.
Dieses gemeinsame Interesse, das uns mit dem Kaiser
verbindet, gibt uns die Wagschale in die Hand. Es
stellt uns zwischen Preußen und das Haus Oesterreich,
denn wir haben mit beiden höhere Interessen zu regeln.
Uebrigens dürfen wir uns nicht verhehlen, daß wir
trotz unserer glänzenden militärischen Stellung die Bedingungen nicht diktiert haben. Der Hof hatte Wien geräumt, Erzherzog Karl zog sich mit seinem Heere zur
Rheinarmee zurück, die Völker in Ungarn und allen Erb-
staaten erhoben sich in Massen, und schon befindet sich
ihr Vortrab in unsern Flanken. Man hatte den Rhein
noch nicht überschritten, und der Kaiser wartete nur
auf diesen Augenblick, um Wien zu verlassen und sich
an die Spitze seiner Armee zu begeben. Hätte Oesterreich
die Dummheit begangen, mich zu erwarten, so würde ich
es geschlagen haben. Sie hätten sich aber immer vor
uns zurückgezogen, sich mit einem Teil ihrer Heere
am Rhein vereinigt und hätten mich erdrückt. Dann
wäre allerdings der Rückzug schwierig geworden, und
der Untergang der italienischen Armee hätte den der
Republik nach sich ziehen können. Daher war ich fest

entschlossen, es mit einer Kontribution in den Wiener Vorstädten zu versuchen und keinen Schritt weiterzugehen. Augenblicklich besitze ich im Ganzen keine 4000 Mann Kavallerie, und statt der 40000 Mann, um die ich Sie gebeten habe, sind kaum 20000 angekommen.

Hätte ich am Anfang des Feldzugs hartnäckig darauf bestanden, nach Turin zu marschieren, so würde ich niemals den Po überschritten haben. Hätte ich darauf bestanden, nach Rom zu gehen, Mailand wäre verloren gewesen, und vielleicht würde ich auch die Republik verloren haben, wenn ich es mir in den Kopf gesetzt hätte, bis Wien vorzudringen. Der einzig mögliche Feldzugsplan, den Kaiser zu vernichten, war der von mir gefaßte, nur hätte ich 6000 Mann Kavallerie und 20000 Mann Infanterie mehr gebraucht, oder es wäre auch gelungen, wenn man mit den vorhandenen Streitkräften über den Rhein gegangen wäre, während ich den Tagliamento überschritt. Das hatte ich auch angenommen, denn es wurden mir hintereinander zwei Kuriere mit dem Befehle geschickt, den Feldzug zu eröffnen. Sobald ich sah, daß die Unterhandlungen ernstlich begännen, schickte ich einen Kurier zum General Clarke, der, da er mit Ihren Instruktionen für eine so wichtige Sache spezieller beauftragt war, sich dessen besser entledigt hätte als ich. Aber als er nach Verlauf von zehn Tagen immer noch nicht angekommen war und der günstige Augenblick vorüberzugehen drohte, ließ ich alle Bedenken beiseite und unterzeichnete. Sie haben mir in allen diplomatischen Verhandlungen Vollmacht gegeben, aber wie die Dinge liegen, sind die Friedenspräliminarien, selbst mit dem Kaiser, zur militärischen Operation geworden. Das wird für die französische Republik ein Ruhmesdenkmal und eine so günstige Vorbedeutung sein, daß sie, wenn sie ihre Armeen und besonders die Kavallerie kräftig organisiert, den ganzen Kontinent Europas in zwei Feldzügen unterwerfen kann.

Ich habe in Deutschland nicht eine einzige Kontribution erhoben. Nicht eine einzige Klage ist gegen uns vorgebracht worden. Bei der Räumung werde ich genau so verfahren und, ohne Prophet zu sein, weiß ich, daß die Zeit kommen wird, wo wir aus diesem weisen Benehmen Nutzen ziehen. Es wird in ganz Ungarn keimen und dem Wiener Thron verderblicher werden als alle Siege, die den Freiheitskrieg berühmt gemacht haben.

In drei Tagen werde ich Ihnen durch den General Masséna die Ratifikation des Kaisers schicken. Meine Armee werde ich dann in den venezianischen Staaten unterbringen und sie dort so lange ernähren und unterhalten, bis Sie mir Ihre Befehle senden. Ich selbst bitte um Ruhe. Ich habe das Vertrauen, das Sie mir entgegenbrachten, gerechtfertigt, in allen meinen Unternehmungen mein Leben aufs Spiel gesetzt, habe mich heute, nachdem ich mehr Ruhm erworben, als ein Glücklicher nötig hat, auf Wien gestürzt, hinter mir die herrlichen Ebenen Italiens lassend, wie ich es schon einmal beim Beginne des letzten Feldzugs getan, um Brot für die Armee zu suchen, die die Republik nicht mehr ernähren konnte.

Die Verleumdung wird sich vergebens bemühen, mir gemeine Absichten unterzuschieben; meine bürgerliche Laufbahn wird wie meine militärische einzig und einfach sein. Sie werden indes begreifen, daß ich Italien verlassen muß, und ich bitte Sie dringend, mir mit der

Ratifikation der Friedenspräliminarien Ihre Befehle bezüglich der Richtung, die den italienischen Angelegenheiten gegeben werden soll, zugehen zu lassen, sowie
einen Urlaub, damit ich mich nach Frankreich begeben
kann.

Bonaparte.

An die Abgeordneten des Senats von Venedig.

Hauptquartier Triest, 11. Floréal des Jahres V.
(30. April 1797.)

Meine Herren, ich habe den Brief, den Sie mir
bezüglich der Ermordung Laugiers schrieben, nur mit
Entrüstung gelesen. Sie haben die Abscheulichkeit dieses
in den Annalen der modernen Völker beispiellosen Er-
eignisses durch das Lügengewebe, das Ihre Regierung zu
ihrer Rechtfertigung ersonnen hat, noch vergrößert.

Ich kann Sie nicht empfangen, meine Herren; Sie
und Ihr Senat triefen noch von französischem Blut. Wenn
Sie den Admiral, der den Befehl gab, zu feuern, den
Kommandanten des Turms und die Inquisitoren, die die
Polizei in Venedig leiten, meinen Händen ausgeliefert
haben, will ich Ihre Rechtfertigung anhören. Verlassen
Sie gefälligst in kürzester Frist den italienischen Boden.

Sollte sich indes der neue Kurier, den Sie, meine
Herren, soeben von der Regierung empfangen haben,
auf die Ermordung Laugiers beziehen, so könnten Sie
vor mir erscheinen.

Bonaparte.

An den Bischof von Como.

Mailand, 17. Floréal des Jahres V.
(6. Mai 1797.)

Ich habe, Herr Bischof, den Brief, den Sie sich die Mühe genommen haben mir zu schreiben, mit den beiden Druckschriften erhalten. Mit Bedauern habe ich die Devise gelesen, die ein mißverstandener Eifer von Patriotismus an die Spitze der einen Schrift gesetzt hat. Die Diener der Religion dürfen, wie Sie sehr richtig bemerken, sich niemals in bürgerliche Angelegenheiten mischen; sie müssen die Farbe ihres Charakters tragen, der nach dem Geiste des Evangeliums friedlich, duldsam und versöhnend sein soll. Wenn Sie fortfahren, diese Prinzipien zu bekennen, dürfen Sie überzeugt sein, daß die französische Republik nicht dulden wird, daß der religiöse Kultus und der Friede seiner Diener gestört werde.

Gießen Sie Wasser, aber niemals Oel auf die Leidenschaften der Menschen, schaffen Sie die Vorurteile aus der Welt, und bekämpfen Sie eifrig die falschen Priester, welche die Religion herabgewürdigt und aus ihr ein Werkzeug des Ehrgeizes der Mächtigen und Könige gemacht haben. Die Lehre des Evangeliums beruht auf Gleichheit, und somit ist sie für die republikanische Regierung, welche Ihr Land künftig haben wird, die allergünstigste.

Ich bitte Sie, Herr Bischof, an die Gefühle zu glauben, usw.

Bonaparte.

An den Präsidenten des Direktoriums[1].

............[2]

Bürger Direktor, ich erhalte soeben den »Ordnungsantrag« Dumolards[3], worin ich folgende Phrase finde:

»Da seither mehrere Schriftsteller gegen die Ursachen
und die Schwere dieser strafbaren Verletzung des Völkerrechts Zweifel erhoben haben, kann der unparteiische
Mann dem Gesetzgebenden Körper keinerlei Vorwurf
machen, daß er so bestimmten, feierlichen und so öffentlich von der ausübenden Macht garantierten Erklärungen
Glauben geschenkt hat.«

Dieser Antrag ist auf Befehl der Gesetzgebenden Versammlung gedruckt worden; es ist also klar, daß diese
ganze Bemerkung gegen mich gerichtet ist.

Nachdem ich fünfmal Frieden geschlossen und der
Koalition den letzten Keulenschlag versetzt, habe ich
das Recht, wenn auch nicht bürgerliche Triumphe zu
ernten, so doch wenigstens ruhig zu leben und von den
ersten Beamten der Republik beschützt zu werden. Hingegen sehe ich mich heute auf jede Weise denunziert,
verfolgt, verschrien, obwohl mein Ruf dem Vaterland
gehört.

Ich würde gegen alles gleichgültig gewesen sein,
aber gegen eine derartige Schande, womit mich die

---

[1] Paul François Jean Nicolas Vicomte de Barras, 1755—1829.

[2] Vermutlich stammt der Brief aus Montebello vom 12. Messidor
des Jahres V. (30. Juni 1797.)

[3] Joseph Vincent Dumolard, Deputierter im Rate der Fünfhundert,
war eifriger Monarchist und bekämpfte energisch die Machinationen des
Direktoriums. In seinem »Ordnungsantrag« widersetzte er sich besonders den staatlichen Veränderungen in Venedig und Genua.

ersten Beamten der Republik bedecken wollen, kann ich es nicht sein.

Nachdem mich das Vaterland mit einem wohlverdienten Befehle betraut hat, ist es mir nicht gestattet, eine ebenso alberne als gemeine Anklage ruhig anzuhören; es ist mir nicht gestattet, ruhig zuzusehen, wie ein von einem Emigranten, der von England bezahlt wird, inspiriertes Manifest im Rate der Fünfhundert mehr Glauben gewinnt als das Zeugnis, das mir von 80000 Menschen ausgestellt wird.

Was! wir sind von Verrätern ermordet worden, mehr als 400 Mann sind zugrunde gegangen, und die oberste Macht der Republik entschuldigt sich, es einen Augenblick geglaubt zu haben?

Man hat mehr als 400 Franzosen um eine große Stadt herum im Schmutze geschleift, hat sie angesichts der Wachen des Forts ermordet, sie mit Tausenden von Dolchstichen durchbohrt, und die Vertreter des französischen Volkes veröffentlichen, »daß, wenn sie dies einen Augenblick geglaubt hätten, sie entschuldbar seien!«

Hätten das feige Männer, die gegen jedes Gefühl von Vaterlandsliebe und Ruhm unempfänglich sind, gesagt, so würde ich mich nicht beklagen, ja ich hätte es ganz außer acht gelassen, denn ich weiß sehr wohl, daß es Gesellschaftsklassen gibt, in denen es heißt: Ist denn dieses Blut so edel? Aber ich habe ein Recht, mich über die Verachtung zu beschweren, zu der die obersten Staatsbeamten der Republik diejenigen herabwürdigen, die den Ruhm des französischen Namens vor allen groß gemacht haben.

Bürger Direktor, ich wiederhole nochmals die Bitte, mir meinen Abschied zu bewilligen. Mir ist ein ruhiges

Leben nötig, wenn die Dolche von Clichy mich leben lassen sollten[1].

Sie haben mich mit Unterhandlungen beauftragt; dazu bin ich wenig geeignet.

An das Direktorium.

Hauptquartier Mailand, 27. Messidor des Jahres V.
(15. Juli 1797.)

Beiliegend werden Sie die Abschrift des Briefes finden, den ich vom General Clarke erhielt. Daraus können Sie ersehen, daß man alles in die Länge zieht. Ohne Zweifel will der Kaiser sehen, welche Wendung die Angelegenheiten in Frankreich nehmen, und das Ausland ist sicher mehr, als man glaubt, in alle die Machinationen verwickelt.

Die Armee bekommt einen großen Teil der in Paris gedruckten Zeitungen, und zwar die allerschlechtesten, in die Hände. Das bringt aber gerade eine ganz entgegengesetzte Wirkung hervor, als die, die man sich davon verspricht. Man ist in der Armee bis zum höchsten Grade entrüstet. Mit lauter Stimme fragt der Soldat, ob er denn zum Lohne für seine Anstrengungen und einen sechsjährigen Krieg bei seiner Rückkehr in die Heimat ermordet werden solle, wie man allen Patrioten

---

[1] Der Klub von Clichy war ein gegnerisches Pendant zum Jakobinerklub und zählte zu seinen Mitgliedern viele Deputierte des Rates der Fünfhundert. Der 18. Fructidor führte seine vollständige Auflösung herbei; die bekanntesten Mitglieder wurden nach Cayenne geschickt.

droht? Die Verhältnisse werden von Tag zu Tag trauriger, und ich glaube, Bürger Direktoren, es ist nötig, bald einen Entschluß zu fassen.

Beifolgend meine Proklamation an die Armee: sie hat den besten Eindruck gemacht.

Es ist hier nicht ein Mann, der nicht lieber mit der Waffe in der Hand sterben möchte, als sich in einer Pariser Sackgasse ermorden zu lassen.

Was mich betrifft, so bin ich an ein völliges Aufgeben meiner eigenen Interessen gewöhnt. Gegen die Schmähungen und Verleumdungen aber, die achtzig Zeitungen bei jeder Gelegenheit täglich verbreiten, ohne daß eine einzige sie dementiert, kann ich nicht unempfindlich sein. Ich kann gegen die Falschheit und die Menge Abscheulichkeiten, die in jenem auf Befehl des Rates der Fünfhundert gedruckten Ordnungsantrag enthalten sind, nicht gleichgültig sein. Ich sehe, der Klub von Clichy will über meinen Leichnam hinweg zum Sturze der Republik gelangen. Gibt es denn in Frankreich keine Republikaner mehr? Und sind wir denn soweit gekommen, daß wir, nachdem wir Europa besiegt haben, irgendeinen Winkel der Erde aufsuchen müssen, um dort unsere traurigen Tage zu beenden?

Mit einem einzigen Schlage können Sie die Republik und vielleicht 200000 Köpfe retten, die von ihrem Schicksale abhängen, indem Sie den Frieden binnen 24 Stunden abschließen. Lassen Sie die Emigranten verhaften, vernichten Sie den Einfluß der Fremden! Bedürfen Sie kräftiger Hilfe, so rufen Sie die Armeen herbei. Lassen Sie die Pressen der den Engländern verkauften Zeitungen zerstören, sie sind grausamer als es Marat jemals war.

Mir persönlich, Bürger Direktoren, ist es unmöglich, noch länger inmitten so entgegengesetzter Meinungen zu leben. Wenn es kein Mittel gibt, dem Unglück des Vaterlandes, den Verbrechen und dem Einflusse Ludwigs XVIII. ein Ende zu machen, verlange ich meine Entlassung.

Beiliegend finden Sie einen den Mördern von Verona abgenommenen Dolch.

Immer aber werde ich des unbegrenzten Vertrauens, das Sie mir stets bewiesen haben, eingedenk sein.

Bonaparte.

An seine Majestät den Kaiser und König.

Hauptquartier Mailand, 5. Thermidor des Jahres V.
(23. Juli 1797.)

Majestät, indem ich für alles Ehrenvolle, das Eure Majestät mir bei verschiedenen Gelegenheiten haben sagen lassen, danke, glaube ich durch diesen Brief dasselbe am besten zu erwidern und Ihnen einen neuen Beweis meiner besonderen Gesinnungen für Eure Majestät zu geben.

Die Friedenspräliminarien, die ich im Namen des Direktoriums der französischen Republik mit den Bevollmächtigten Eurer Majestät unterzeichnet habe, sichern Ihnen und Ihren Untertanen einen so ruhmvollen und vorteilhaften Frieden, daß es unmöglich ist, aus dem Vertrage zu erkennen, welche von den beiden Mächten die zufällig vom Kriegsglück begünstigte war.

Die Mäßigung Frankreichs, die Räumung der vier

oder fünf Provinzen in den Staaten Eurer Majestät, das Benehmen des Direktoriums hinsichtlich Venedigs, sind eine sichere Bürgschaft für die Geradheit seiner Gesinnungen.

Zu derselben Zeit, als es die Präliminarien ratifizierte, beeilte es sich, seine Bevollmächtigten abzuschicken, um mit Eurer Majestät den definitiven Frieden abzuschließen und zu unterzeichnen. Der Herr Marchese de Gallo, der das Glück hat, das ganz besondere Vertrauen Eurer Majestät zu genießen, eröffnete die Unterhandlungen in Mombello. Alles schien uns bald dem ersehnten Ziele näher zu bringen, als die Ankunft des Herrn Grafen von Merveldt eine merkliche Veränderung in den Gang der Unterhandlungen brachte. Da man hoffte, daß die Rückkehr des Sekretärs des Herrn von Gallo die Hindernisse beseitigen würde, hatte man sich nach Udine begeben. Aber leider stellten sich nur noch größere Verzögerungen ein, und so ist fast jede Hoffnung auf Abschluß des Friedens zerstört.

Es sind bereits vier Monate nach der Unterzeichnung der Präliminarien vergangen, und die Staatskanzlei Eurer Majestät hat ihren Unterhändlern noch keine Vollmachten geschickt.

Und doch sollte nach einem Artikel der Präliminarien die Unterhandlung in drei Monaten beendet sein.

Wäre es denn möglich, daß diese schreckliche Geißel des Kriegs noch einmal begönne? Und will denn Eure Majestät das Zeichen zur Verwüstung Deutschlands geben?

Sollte ganz Europa zu der Annahme berechtigt sein, daß Eure Majestät, um die feindlichen Armeen von den Toren Ihrer Hauptstadt zu entfernen, auf die

Friedensvorschläge eingingen, die Sie nicht gesonnen waren zu halten? Ich persönlich habe diesen Gedanken niemals gehegt: die Biederkeit und guten Eigenschaften Eurer Majestät sind mir zu bekannt, aber ich würde das Los der Fürsten bedauern, die trotz ihrer guten Eigenschaften von der Schlechtigkeit der Menschen beherrscht werden.

Die französische Republik muß unbedingt in einem Monat Frieden haben, oder einen Krieg, der um so schrecklicher sein wird, als man, da künftig auf Verträge kein Verlaß mehr sein kann, sein Ende nicht vorauszusehen vermag.

Ich zweifle nicht, daß man Eure Majestät täuscht, denn ich habe öfters bemerkt, daß man Sie in der Tat betrogen hat, und nach den Gerüchten, die, wie ich weiß, in der Armee Eurer Majestät kursieren, würde es mich nicht wundern, wenn übelgesinnte, schlechtunterrichtete Leute auf eine ihnen günstige Veränderung im Innern Frankreichs hofften.

Ich beschwöre Eure Majestät, die gegenseitige Lage der beiden Mächte in Betracht zu ziehen. Sie halten die Wagschale von Europa, das berechtigt ist, von der Rechtlichkeit Eurer Majestät zu erwarten, dieselbe auf die Seite der Menschlichkeit neigen zu lassen.

Wie groß auch die Erfolge der Heere Eurer Majestät in den nächsten Feldzügen sein mögen, so zweifle ich doch, daß es, selbst wenn ihnen alles Glück des Krieges zuteil würde, möglich wäre, einen vorteilhafteren Frieden zu erlangen, als die Präliminarien von Leoben versprechen, die die Vergrößerung und Befestigung Ihres Reiches und den persönlichen Ruhm Eurer Majestät sichern.

Ich bitte Eure Majestät, in gegenwärtigem Brief nur den Wunsch zu sehen, etwas Vorteilhaftes zum Glücke der Menschen beizutragen und Sie von neuem von den Gefühlen der Hochachtung und Ehrerbietung zu überzeugen, die ich für Eure Majestät hege.

Eurer Majestät ergebenster usw.

Bonaparte.

An die Inspektoren des Musikkonservatoriums zu Paris.

Hauptquartier Mailand, 8. Thermidor des Jahres V.
(26. Juli 1797.)

Bürger, ich habe Ihren Brief nebst der Denkschrift erhalten. Augenblicklich ist man in den verschiedenen Städten Italiens damit beschäftigt, alle von Ihnen verlangten Musikwerke zu kopieren und in Ordnung zu bringen.

Seien Sie bitte überzeugt, daß ich mir die größte Mühe geben werde, alle Ihre Wünsche zu erfüllen und das Konservatorium mit allem, was ihm fehlen könnte, zu bereichern.

Von allen schönen Künsten hat die Musik den meisten Einfluß auf die Leidenschaften, und sie sollte ein Gesetzgeber am eifrigsten unterstützen. Ein moralisches Musikstück, von Meisterhand geschaffen, berührt unfehlbar das Gemüt und hat viel mehr Einfluß als ein moralisches Buch, das die Vernunft überzeugt, ohne unsere Gewohnheiten zu beeinflussen.

Bonaparte.

An den Minister der Auswärtigen Angelegenheiten[1].

Hauptquartier Passariano, 20. Fructidor des Jahres V.
(6. September 1797.)

Bürger Minister, Sie werden beim Durchlesen des Protokolls der Sitzungen vom 3. und 4. September über die Erklärungen der Bevollmächtigten des Kaisers erstaunt sein, daß sie keine Instruktionen für den Reichskongreß haben. Wenn man ihnen von den Angelegenheiten Deutschlands spricht, so antworten diese Herren meist, das ginge sie nichts an. Sie verbergen äußerst ungeschickt ihr Begehren, uns die italienischen Festungen zu nehmen, um dann in den deutschen Angelegenheiten machen zu können, was ihnen beliebt.

Es ist unmöglich, eine so wichtige Unterhandlung mit zaghafteren, weniger scharf denkenden Menschen zu führen, die noch obendrein gar keinen Einfluß auf ihren Hof haben.

Gallo: er ist ein Fremder. Obwohl von der Kaiserin unterstützt, wagt er als Ausländer niemals den Absichten Thuguts entgegenzutreten.

Merveldt: Oberst eines Chevauleger-Regiments, persönlich ein tapferer Soldat, ist wie die andern. Sie schämen sich nicht im geringsten der Dummheiten, die man sie sagen läßt, und der offenbaren Widersprüche in allem ihrem Tun. Wenn sie gesagt haben: »Das sind unsere Instruktionen«, so meinen sie damit alles gesagt zu haben. Schließlich ist das in solchem Grade unsinnig geworden, daß ich ihnen sagte: »Wenn in Ihren Instruktionen stünde, es sei gegenwärtig Nacht, so würden Sie das also auch behaupten?«

[1] Talleyrand.

Degelmann: ohne das geringste Ansehen, unentschlossen und hypochondrisch.

Alle sprechen sehr wenig, besitzen im allgemeinen weder Talent noch Dialektik. Wir überführen sie fast bei jedem Artikel, daß alles, was sie sagen und tun, der reine Unsinn ist, aber immer führen sie Thugut und ihre Instruktionen im Munde. Im vertraulichen Umgange sagen sie Ihnen ganz leise, nachdem sie sich rechts und links umgesehen haben, ob sie auch niemand höre, daß Thugut ein Schurke sei, den man aufhängen sollte; aber Thugut ist der wahre Herrscher in Wien.

Ich verspreche mir nichts Gutes von der Unterhandlung. In einer halben Stunde gehen wir nach Udine. Wir werden heute den Artikel 6 besprechen. Da es sich darin um Deutschland handelt und nicht um die Zurückgabe Palmanovas, so werden wir wieder, wie beim Artikel 5, tüchtige Dummheiten zu hören bekommen.

Ich werde übrigens morgen früh einen andern Kurier an Sie abgehen lassen.

Gestern schlugen sie uns vor, ihnen Romagna, Ferrara, Mantua, Peschiera, Venedig und den ganzen venezianischen Staat zu geben. Als ich sie auf diesen Vorschlag hin fragte, wieviel Stunden ihre Armee von Paris entfernt sei, und ich über die Unverschämtheit, uns derartige Vorschläge zu machen, in heftigen Zorn geraten bin, haben sie es gemerkt. Trotzdem erklärten sie, ihre Instruktionen gestatteten ihnen nicht, um weniger abzuschließen.

In den Privatzusammenkünften fragten mich diese Herren, ob ich glaube, daß ihre Armee jetzt furchtbar sei. Jch antwortete, daß ich ihnen ganz im Vertrauen

meine Ansicht sagen wolle, und zwar, weil sie besser
als irgend jemand wüßten, daß ich kein Gascogner sei.
Sie sollten dies als Antwort auf die uns am Morgen
gemachte vertrauliche Eröffnung nehmen, deren Zweck
dahin zu gehen scheine, daß der Kaiser sich zum König
von Rom wolle krönen lassen. Ich sagte ihnen also,
daß ich sie versichere, vierzehn Tage nach dem Beginne
des Feldzugs Wien sehr nahe zu sein. Bei meiner Ankunft
würde diesmal das Volk, das schon einmal, als ich erschien, die Fenster des Herrn Thugut zertrümmerte, ihn
aufhängen.

Mit einem Worte, wenn sie also den Frieden haben
wollen, so muß erst in Frankreich alles nach Krieg
aussehen, andernfalls sie ihn noch lange nicht erhalten!

Zweifellos begreifen Sie noch besser als ich, daß
man nicht den ganzen Winter in dieser Lage bleiben kann.

Es schien mir, als ob diese Herren nur die Artikel
annehmen wollten, die vorteilhaft für sie sind. Sobald
alle Artikel besprochen sind, wollen wir ihnen schon
eine kräftige Note überreichen.

Ich grüße Sie!

Bonaparte.

An die Regierung von Genua.

Hauptquartier Passariano, 24. Fructidor des Jahres V.
(10. September 1797.)

Der Bürger Ruggieri hat mir die verschiedenen Pro-
klamationen mitgeteilt, die das Gute, was Sie in den
schweren Tagen getan haben, bestätigen. Handeln Sie

tatkräftig. Lassen Sie die aufständischen Dörfer entwaffnen, die Hauptschuldigen verhaften, die schlechten Geistlichen absetzen, jene Feiglinge, die anstatt des Evangeliums die Tyrannei predigen. Jagen Sie die Pfarrer, diese Ehrlosen, weg, die das Volk aufgewiegelt und den braven Bauer gegen seine eigene Sache bewaffnet haben. Der Erzbischof soll uns Geistliche verschaffen, die, wie er, uns alle Tugenden der Kirchenväter vor Augen führen.

Führen Sie die Organisation Ihrer Nationalgarde, Ihrer Linientruppe rasch zu Ende und lassen Sie, wenn es nötig ist, die Feinde der Freiheit wissen, daß ich 100 000 Mann habe, die sich mit Ihrer zahlreichen Nationalgarde vereinen werden, um jede Spur von den Feinden Ihrer Freiheit zu vernichten.

Die Freiheit kann in Genua künftig nicht mehr untergehen. Wehe denen, die sich nicht mit dem einfachen Titel »Bürger« zufrieden geben, die aufs neue sich eine Macht anzueignen suchen, welche ihre Tyrannei sie verlieren ließ! Der Moment ihrer Erhebung bedeutet ihren Untergang.

Bonaparte.

An den Bürger Erzbischof von Genua.

Hauptquartier Passariano, 24. Fructidor des Jahres V.
(10. September 1797.)

Soeben erhalte ich, Bürger, Ihren Hirtenbrief vom 5. September. Ich glaubte, einen der zwölf Apostel zu hören. So sprach Sankt Paulus. Wie verehrungswürdig ist doch die Religion, wenn sie solche Diener besitzt wie Sie! Als wahrer Apostel des Evangeliums flößen Sie Verehrung ein und zwingen Ihre Feinde, Sie zu achten und zu bewundern; selbst den Ungläubigen bekehren Sie.

Warum muß eine Kirche, die ein solches Oberhaupt wie Sie besitzt, so erbärmliche Unterbeamte haben, die von dem Geiste der Nächstenliebe und des Friedens nicht beseelt sind?

Ihre Reden atmen nicht jene ergreifende Würde des Evangeliums. Jesus Christus starb lieber, als daß er seine Feinde anders als durch den Glauben beschämt hätte.

Der verworfene Priester hingegen schaut wild um sich; er predigt Aufruhr, Mord und Blut. Vom Golde des Reichen bezahlt, verkauft er wie Judas das arme Volk. Säubern Sie Ihre Kirchen von solchen Geistlichen und lassen Sie über ihre Häupter den Kirchenbann und den Fluch des Himmels kommen. Volksherrschaft, Freiheit, das ist das politische Gesetzbuch des Evangeliums!

Ich hoffe in kurzem nach Genua zu kommen, und da wird es eine meiner größten Freuden sein, Sie zu sehen. Ein Prälat wie Fénelon, der Erzbischof von Mailand, der Erzbischof von Ravenna, machen die Religion liebenswert, indem sie alle Tugenden ausüben, die sie lehrt, und das ist das schönste Geschenk, das der Himmel einer großen Stadt und einer Regierung machen kann.

Ich bitte Sie, an die ehrerbietigen Gefühle und die ausgezeichnete Hochachtung, die ich für Sie empfinde, zu glauben.

Bonaparte.

An den Minister der Auswärtigen Angelegenheiten.

Hauptquartier Passariano, 3. Ergänzungstag des Jahres V.
(19. September 1797.)

Bürger Minister, ich habe Ihren vertraulichen Brief
vom 22. Fructidor bezüglich der Mission erhalten, die
Sie Sieyès in Italien anzuvertrauen wünschen. Ich bin
ganz Ihrer Meinung, daß seine Anwesenheit in Mailand ebenso notwendig wäre, als sie es in Holland
hätte sein können und es in Paris ist.

Trotz unseres Stolzes, unserer tausend und einer
Flugschriften, unserer unzähligen und sehr geschwätzigen
Reden, sind wir doch noch sehr unwissend in der politischen Moral. Wir haben noch nicht erklärt, was
man unter ausübender, gesetzgebender und richterlicher
Gewalt versteht. Montesquieu hat uns falsche Defini-
tionen gegeben. Nicht, daß dieser berühmte Mann nicht
wirklich imstande gewesen wäre, es zu tun, aber sein
Werk ist, wie er selbst sagt, nur eine Art Analyse dessen,
was früher oder damals bestand, eine Zusammenfassung
von Notizen, die er auf seinen Reisen oder während
seiner Lektüre machte.

Er hat besonders die englische Regierung im Auge
gehabt und die ausübende, gesetzgebende und richterliche Gewalt im allgemeinen erklärt.

Weshalb soll man in der Tat das Recht, Krieg und
Frieden zu machen, die Höhe und Art der Steuern zu
bestimmen, als eine Befugnis der gesetzgebenden Gewalt betrachten?

Die Verfassung hat mit Recht eins dieser Befugnisse dem Unterhause anvertraut, und hat sehr wohl daran getan, denn die englische Verfassung ist nur eine Urkunde von Privilegien, ein ganz schwarzer aber goldumrandeter Plafond.

Da das Unterhaus allein die Nation schlecht und recht vertritt, so mußte ihm auch allein das Recht zuerkannt werden, sie zu besteuern. Das ist das einzige Mittel, das man hat ausfindig machen können, um dem Despotismus und der Unverschämtheit der Höflinge eine Schranke zu setzen.

Warum aber bei einer Regierung, wo alle Gewalt vom Volke ausgeht, wo das Volk der Herrscher ist, Dinge zu den Befugnissen der gesetzgebenden Macht rechnen, die ihr fremd sind?

Seit fünfzig Jahren scheint mir nur eins wirklich gut definiert zu sein; das ist die Volksouveränität. Wir sind indes in der Bestimmung dessen, was verfassungsmäßig ist, ebensowenig glücklich gewesen als in den Befugnissen der verschiedenen Behörden.

Die Organisation des französischen Volkes ist demnach in Wirklichkeit nur angedeutet.

Die Regierungsgewalt sollte in der ganzen Ausdehnung, die ich ihr gebe, als wahrer Vertreter des Volks angesehen werden, der auf Grund der Verfassungsurkunde und der Grundgesetze regieren müßte. Sie zerfällt, wie es mir scheint, naturgemäß in zwei streng unterschiedene Behörden, wovon die eine nur überwacht und der die sogenannte jetzige Vollziehungsgewalt verpflichtet wäre, die großen Maßnahmen, die Gesetze der Ausführung, wenn ich mich so ausdrücken darf, vorzulegen. Diese große Behörde wäre in Wahrheit der große

Rat des Volkes. Er würde die ganze Verwaltung oder Vollziehung unter seiner Leitung haben, die durch unsere Verfassung der gesetzgebenden Macht anvertraut ist.

So würde die Regierungsgewalt aus zwei vom Volke ernannten obrigkeitlichen Aemtern bestehen, wovon zu dem einen, dem zahlreicheren, nur Männer zugelassen werden könnten, die schon in Regierungsgeschäften Erfahrung hätten.

Die gesetzgebende Gewalt würde zunächst alle Grundgesetze erlassen und sie abändern, jedoch nicht in zwei oder drei Tagen, wie man es jetzt tut, denn meiner Meinung nach darf ein bereits in Anwendung gebrachtes Grundgesetz nicht verändert werden, ehe man nicht mindestens vier Monate lang darüber beraten hat.

Diese gesetzgebende Gewalt, die keinen Rang in der Republik besäße, gegen alles unempfindlich wäre, weder Augen noch Ohren für das, was um sie vorgeht, hätte, würde nicht vom Ehrgeiz getrieben werden und uns nicht mehr mit tausend Gelegenheitsgesetzen überschwemmen, die allein schon durch ihre Albernheit ungültig sind und uns zu einer gesetzlosen Nation machen, obwohl wir 300 Foliobände voll Gesetze besitzen.

Das ist, glaube ich, ein vollständiges Gesetzbuch der Politik, das durch die Umstände, in denen wir uns befanden, wohl verzeihlich ist. Es ist ein ungeheures Unglück für eine Nation von dreißig Millionen Einwohnern, noch im 18. Jahrhundert genötigt zu sein, seine Zuflucht zu den Waffen zu nehmen, um das Vaterland zu retten! Die gewalttätigen Mittel fallen alle dem Gesetzgeber zur Last, denn eine den Menschen gegebene Verfassung muß auch für Menschen berechnet sein.

Wenn Sie Sieyès sehen, so setzen Sie ihn bitte von

diesem Briefe in Kenntnis. Er soll mir ruhig schreiben, daß ich unrecht habe. Und seien Sie überzeugt, daß Sie mir ein großes Vergnügen bereiten, wenn Sie dazu beitragen können, nach Italien einen Mann kommen zu lassen, dessen Fähigkeiten ich schätze, und für den ich ganz besondere Freundschaft empfinde. Ich will ihn nach Kräften unterstützen und wünsche, daß wir vereint Italien eine Verfassung geben können, die den Sitten seiner Bewohner, den örtlichen Verhältnissen und vielleicht auch den wahren Grundsätzen mehr entspräche als die, welche wir ihm gegeben. . . .

Da dieser Brief weder die Taktik, noch einen Feldzugsplan betrifft, bitte ich Sie, ihn für sich und Sieyès zu behalten und nur, wenn Sie es für nötig finden, von dem, was ich Ihnen über die Unzweckmäßigkeit der italienischen Verfassung gesagt habe, Gebrauch zu machen.

Sie werden, Bürger Minister, in diesem Brief das vollste Vertrauen finden, das ich Ihnen entgegenbringe, und zugleich die Antwort auf Ihr letztes Schreiben.

Ich grüße Sie

Bonaparte.

An den Bürger François von Neufchâteau[1]. Direktor.

Hauptquartier Passariano, 2. Vendémiaire des Jahres V. (23. September 1797.)

Obwohl ich nicht das Vergnügen habe, Sie persön-

---

[1] François war Minister des Innern gewesen und am 24. Fructidor zum Mitglied des Direktoriums ernannt worden; aber schon am 4. Messidor des Jahres VII übernahm er wieder das Ministerium des Innern.

lich zu kennen, bitte ich Sie, meine Glückwünsche zu
der bedeutenden Stellung, zu der Sie ernannt worden
sind, entgegenzunehmen. Ich erinnere mich noch mit
Anerkennung dessen, was Sie seinerzeit gegen die Ver-
teidiger der Inquisitoren von Venedig geschrieben haben.

Das Geschick Europas liegt fortan in der Einigkeit, der Klugheit und der Stärke der Regierung.

Es ist nur noch ein kleiner Teil der Nation, der
durch eine gute Regierung besiegt werden muß.

Wir haben Europa besiegt, haben den Ruhm des
französischen Namens weiter getragen als jemals geschehen ist; jetzt ist es an Ihnen, oberste Beamte der
Republik, alle Parteien zu ersticken und im Innern des
Landes ebenso geachtet zu sein, wie Sie es nach außen
sind. Ein Beschluß des Direktoriums stürzt Throne.
Verhindern Sie, daß die durch Stipendien unterstützten
Schriftsteller oder ehrgeizigen Fanatiker, die sich unter
allen möglichen Masken verbergen, uns nicht von neuem
in den revolutionären Strudel stürzen.

Seien Sie versichert, daß meine Anhänglichkeit für
das Vaterland dem Wunsche gleichkommt, Ihre Achtung zu verdienen.

Bonaparte.

An den Direktor Barras.

Passariano, 4. Vendémiaire des Jahres V.
(26. September 1797.)

Ich bin krank, Bürger, und der Ruhe bedürftig;
ich bitte um meine Entlassung, unterstütze sie, wenn

Du mein Freund bist. Zwei Jahre Landaufenthalt in der Nähe von Paris werden meine Gesundheit wieder herstellen[1].

Brotonne, Lettres inédites.

An den Minister der Auswärtigen Angelegenheiten.

Rastadt, 10. Frimaire des Jahres VI.
(30. November 1797.)

Wir sind heute, Bürger Minister, zur Auswechslung der Ratifikationen des Friedensvertrags von Campo Formio geschritten. Beiliegend finden Sie eine Abschrift des Protokolls.

Alle Mitglieder des Kongresses sind angekommen, und alle haben sie mir ihren Besuch gemacht.

Der König von Schweden hat den Baron von Fersen als Gesandten zum Kongreß geschickt. Der König hofft, beim Kongreß als Bürge des westfälischen Friedens zu intervenieren; wie Sie sehen, geht er etwas weit zurück. Ermächtigte man ihn dazu, so müßte man auch dem Kaiser von Rußland gestatten, als Bürge des Teschener Friedens zu intervenieren.

Baron von Fersen hat mich mit aller Geckenhaftigkeit eines Höflings des Oeil-de-boeuf besucht. Nach den gewöhnlichen Komplimenten, die man sich gegenseitig macht, ohne darauf zu hören, fragte ich ihn, wer Gesandter Seiner Majestät des Königs von Schweden in

---

[1] In Wahrheit war es der Kummer, daß seine Josephine nicht kam, der ihn krank machte und entmutigte.

Paris sei. Er antwortete mir, daß es augenblicklich keinen
dort gäbe, daß das aber nur die Folge eines jener kleinen
Zwiste sei, die leicht geschlichtet werden; übrigens sei
die kleine Meinungsverschiedenheit zwischen den beiden
Mächten bereits gehoben. Ich gab ihm darauf folgendes
zur Antwort:

»Die französische Nation und das Haus Schweden
sind seit mehreren Jahrhunderten verbündet. Sie haben
sich gegenseitig unterstützt, um den Ehrgeiz eines
übermütigen Herrscherhauses zunichte zu machen,
das in den vergangenen Jahrhunderten mit einiger
Aussicht nach der Universalmonarchie strebte. Eine
Macht, die für Schweden gefährlicher ist, weil sie ihm
näher liegt, macht es ihm zu einer nicht weniger ge-
bieterischen Pflicht, gegen die französische Republik
rücksichtsvoll zu verfahren, und sie verbindet in geogra-
phischer Hinsicht das politische System der beiden
Mächte. Wie soll man sich nun das Benehmen des
schwedischen Hofes erklären, der es sich, wie es scheint,
angelegen sein läßt, bei jeder Gelegenheit, sei es nach
Paris, oder zu den verschiedenen französischen Bevollmächtigten, Agenten, Minister oder Gesandte zu schicken,
die persönlich jedem französischen Bürger im Grunde zu-
wider sind? Der König von Schweden würde sicherlich
nicht einen Gesandten mit Gleichgültigkeit betrachten,
der versucht hätte, das Volk in Stockholm aufzuwiegeln.
Nein, mein Herr, die französische Republik wird es
nicht dulden, daß Männer, die durch ihre Beziehungen
zum ehemaligen französischen Hof nur zu bekannt sind,
die vielleicht auf der Emigrantenliste stehen, die Gesandten des ersten Volkes der Erde höhnen. Ehe das
französische Volk auf Politik und Vorteil Rücksicht

nimmt, wird es vor allem tun, was es seiner Würde schuldig ist.«

Während dieser Rede wurde der Herr Baron von Fersen bald blaß, bald rot. Schließlich zog er sich als echter Hofmann aus der Verlegenheit. Er antwortete, daß Seine Majestät alles, was ich ihm gesagt hätte, in Betracht ziehen würde, und zog sich zurück. Ich begleitete ihn natürlich mit dem gebräuchlichen Zeremoniell.

Baron von Fersen war in Begleitung des schwedischen Gesandten in Regensburg, der vollkommen zu verstehen schien, wie sehr sich der Stockholmer Hof meine Worte zur Richtschnur nehmen sollte.

Bonaparte.

Ansprache an das Direktorium[1].

Paris, 20. Frimaire des Jahres VI.
(10. Dezember 1797.)

Um frei zu sein, mußte das französische Volk die Fürsten bekämpfen.

Um eine auf vernünftigen Grundsätzen basierte Verfassung zu erhalten, hatte es Vorurteile zu besiegen, die seit achtzehn Jahrhunderten eingewurzelt waren.

Die Verfassung des Jahres III und Sie haben alle diese Hindernisse überwunden.

Seit zwanzig Jahrhunderten ist Europa nacheinander

---

[1] Ansprache Bonapartes, als er sich nach seiner Rückkehr aus Italien dem Direktorium vorstellte.

von der Kirche, dem Lehnswesen und dem Königtum regiert worden; mit dem Frieden aber, den Sie geschlossen haben, beginnt die Aera der repräsentativen Regierungen.

Es ist Ihnen gelungen, die große Nation zu organisieren, deren weites Gebiet nur deshalb beschränkt ist, weil die Natur selbst die Grenze bestimmt hat.

Sie haben mehr getan!

Die beiden schönsten Teile Europas, ehemals so berühmt durch Künste, Wissenschaften und die großen Männer, deren Wiege sie waren, sehen unter den schönsten Hoffnungen den Genius der Freiheit aus den Gräbern ihrer Ahnen erstehen.

Zwei Sockel, auf welche das Schicksal zwei mächtige Nationen stellen wird!

Ich habe die Ehre, Ihnen den in Campo Formio unterzeichneten und von Seiner Majestät dem Kaiser ratifizierten Vertrag zu überreichen.

Der Frieden sichert die Freiheit, das Gedeihen und den Ruhm der Republik.

Wenn das Glück des französischen Volks auf den besten Grundgesetzen aufgebaut ist, wird ganz Europa frei sein.

An den Präsidenten des Nationalinstituts[1].

Paris, 6. Nivôse des Jahres VI. (26. Dezember 1797.)

Die Wahl der ausgezeichneten Männer, die das In-

---

[1] Armand Gaston Camus, 1740—1804. Bonaparte schrieb ihm aus Anlaß seiner Ernennung zum Mitglied des Instituts.

stitut bilden, ehrt mich. Ich weiß, daß ich lange Zeit
ihr Schüler sein muß, ehe ich ihresgleichen bin. Gäbe
es eine ausdrucksvollere Art, ihnen meine Hochachtung
darzubringen, so würde ich mich derselben bedienen.

Die wahren, einzigen Eroberungen, die kein Bedauern in uns zurücklassen, sind die, welche man auf
dem Gebiete der Unwissenheit macht. Die ehrenvollste
und zugleich nützlichste Beschäftigung für die Nationen
ist, zur Erweiterung der menschlichen Ideen beizutragen.
Die wahre Macht der französischen Republik muß künftig
darin bestehen, keine einzige neue Idee aufkommen zu
lassen, die ihr nicht gehört.

Bonaparte.

An den Brigadegeneral Lannes.

Paris, 18. Pluviôse des Jahres VI.
(6. Februar 1798.)

Bürger General, die Gesetzgebende Körperschaft
übergibt mir eine Fahne zum Andenken an die Schlacht
von Arcole.

Sie wollte die Armee von Italien in ihrem General
ehren. Es gab auf dem Schlachtfelde von Arcole einen
Augenblick, wo der ungewisse Sieg aller Kühnheit der
Anführer bedurfte. Mit Blut und drei schrecklichen Wunden bedeckt, verließen Sie die Ambulanz, entschlossen
zu sterben oder zu siegen. An diesem Tage sah ich Sie
fortwährend in den vordersten Reihen der Tapfern. Sie
waren es, der als erster an der Spitze der Höllenkolonne

in Dego anlangte, den Po und die Adda überschritt.
Ihnen gebührt die Ehre, der Verwahrer dieser ehrenvollen
Fahne zu sein, welche die von Ihnen befehligten Grena-
diere mit Ruhm bedeckt. Sie sollen sie künftig nur ent-
falten, wenn jede Rückwärtsbewegung unnütz ist und der
Sieg unumschränkter Herr des Schlachtfeldes bleibt.

Bonaparte.

An das Direktorium.

Paris, 24. Germinal des Jahres VI.
(13. April 1798.)

In unserer Lage müssen und können wir einen
sichern Krieg mit England führen.

Gleichviel, ob wir uns im Frieden oder im Kriege
befinden, wir bräuchen 40—50 Millionen zur Reorgani-
sation unserer Marine. Unsere Landarmee wird dadurch
weder stärker noch schwächer werden, während der
Krieg England nötigt, ungeheure Vorbereitungen zu
treffen, die seine Finanzen zerrütten, den Handel stören
und alle Einrichtungen und Sitten des Volkes vollkommen
verändern.

Wir müssen den ganzen Sommer dazu verwenden,
unser Geschwader von Brest auszurüsten, unsere Matrosen im Hafen einzuüben, die in Rochefort, Lorient und
Brest im Bau befindlichen Schiffe zu vollenden. Wenn
man sich mit den Arbeiten etwas beeilte, könnten wir
hoffen, im September 35 Kriegsschiffe in Brest bereit

zu haben, einschließlich die vier oder fünf neuen in Lorient und Rochefort gebauten.

Gegen Ende des Monats werden wir in den verschiedenen Häfen des Aermelkanals ungefähr 200 Kanonenboote besitzen. Sie müssen in Cherbourg, Havre, Boulogne, Dünkirchen und Ostende verankert werden, und der ganze Sommer muß darauf verwendet werden, unsere Soldaten seetüchtig zu machen.

Fährt man fort, der Küstenkommission des Aermelkanals aller zehn Tage 300000 Frcs. zu geben, so können wir 200 andere, etwas stärkere, zum Pferdetransport geeignete Schaluppen bauen lassen.

Wir werden also im September 400 Kanonenboote in Boulogne und 35 Kriegsschiffe in Brest haben.

Inzwischen können die Holländer gleichfalls 12 Kriegsschiffe bei der Insel Texel haben.

Wir besitzen im Mittelmeer zwei Arten von Schiffen: 12 Schiffe französischer Bauart, die bis zum Vendémiaire um zwei neue vermehrt werden können, und 9 Schiffe venezianischer Bauart. Es wäre leicht möglich die 14 Schiffe, nach der von der Regierung geplanten Expedition im Mittelmeer, nach Brest zu bringen und einfach nur die 9 venezianischen zurück zu lassen. So hätten wir im Vendémiaire und Brumaire 50 Schlachtschiffe und fast ebensoviel Fregatten in Brest.

Wir könnten dann 40000 Mann an irgendeine Küste von England werfen, ohne indes, wenn der Feind stärker ist, auf ein Seegefecht einzugehen, während weitere 40000 Mann von Boulogne aus auf den 400 Schaluppen und auf ebensoviel Fischerbooten abzusegeln drohen, und das holländische Geschwader mit 10000 Transportsoldaten ebenfalls droht, in Schottland zu landen.

Auf diese Weise, und zwar in den Monaten Brumaire und Frimaire ausgeführt, wird der Einfall in England ziemlich sicher sein.

England wird sich durch ungeheuren Aufwand an Kräften erschöpfen, was es jedoch nicht vor unserer Invasion schützen kann.

In der Tat ist England durch den Orientfeldzug genötigt, 6 Kriegsschiffe mehr nach Indien und vielleicht das Doppelte an Fregatten nach dem Golf von Aden zu schicken; ferner wird es 22 bis 25 Schiffe am Eingange des Mittelmeeres, 60 Schiffe vor Brest und 12 vor Texel haben müssen. Das machte im ganzen 103 Kriegsschiffe, ungerechnet die, welche es heute in Amerika und Indien liegen hat, ungerechnet die 10 oder 12 Linienschiffe von 50 Kanonen, nebst einigen zwanzig Fregatten, die es nötig haben wird, um sich gegen die Invasion von Boulogne aus zu verteidigen.

Wir werden uns immer die Herrschaft im Mittelmeer bewahren, weil wir dort neun Linienschiffe venezianischer Bauart besitzen. Es gibt übrigens noch ein anderes Mittel, unsere Kräfte im Mittelmeer zu vermehren, nämlich daß Spanien drei Kriegsschiffe und drei Fregatten an die Ligurische Republik abtrete. Letztgenannte kann heute nur ein Teil von Frankreich sein; sie besitzt mehr als 20 000 ausgezeichnete Matrosen. Es wäre sogar von seiten Frankreichs eine sehr gute Politik, wenn es den Wunsch der Ligurischen Republik, einige Kriegsschiffe zu haben, begünstigte, ja direkt verlangte, daß sie solche besitze.

Merkt man, daß Spanien Schwierigkeiten macht, uns oder der Ligurischen Republik drei Kriegsschiffe abzutreten, so hielte ich es für geeignet, daß wir selbst der Ligurischen Republik 3 Linienschiffe von den neun, den Venezianern genommenen Schiffen verkauften und von ihr verlangten, drei weitere bauen zu lassen. Auf diese Weise gelangen wir in Besitz eines guten, von tüchtigen Matrosen besetzten Geschwaders. Mit dem Gelde, das wir von den Liguriern erhalten, lassen wir in Toulon drei gute Schiffe unserer Konstruktion bauen; denn die venezianischen Schiffe erfordern ebensoviel Matrosen als ein gutes Schiff von 74 Kanonen; und die Matrosen, das ist unsere schwache Seite.

Für die zukünftigen Ereignisse ist es für uns von außerordentlichem Vorteil, daß die drei italienischen Republiken, die den Kräften des Königs von Neapel und des Großherzogs von Toscana die Wage halten müssen, eine stärkere Marine haben als der König von Neapel.

An den Grafen von Cobenzl.

Paris, 6. Floréal des Jahres VI. (25. April 1798.)

Mein Herr, als die Regierung von dem am 24. Germinal in Wien vorgefallenen Ereignis Kenntnis erhielt[1], zweifelte sie nicht, daß das Wiener Kabinett die Absicht habe, wieder Krieg zu beginnen.

Die in Wien im Namen Seiner Majestät des Kaisers angeschlagene Proklamation und das seltsame Benehmen Herrn von Thuguts, sowie die Ankündigung des Barons von Degelmann haben durchblicken lassen, daß es noch Mittel gab, den Bruch zu verhindern.

---

[1] Es hatte sich ein Volkstumult vor dem Hause des französischen Gesandten erhoben, weil er die dreifarbige Fahne aufgehißt hatte.

Um alle Wolken zu zerstreuen und eine schnelle, wirksame Erklärung zu erhalten, die den Frieden befestige oder den Krieg entscheide, hielt man es für nützlich, daß ich eine Zusammenkunft mit Ihnen oder einem andern von Seiner Majestät dem König von Ungarn und Böhmen betrauten Gesandten hätte.

Trotz meines Widerwillens, mein Herr, gegen die diplomatische Laufbahn und diplomatischen Verhandlungen, habe ich diese Gelegenheit sofort ergriffen, um Europa und Seine Kaiserliche Majestät von dem Wunsche Frankreichs zu überzeugen, daß es die Schrecken eines Kriegs vermeiden möchte, der für unsern armen Kontinent von unberechenbaren Folgen wäre. Soweit es von mir abhängt, suche ich das Friedenswerk zu befestigen, das ich für dauernd gehalten, weil wir es, abgesehen von den militärischen Ereignissen, auf die gegenseitigen Interessen der beiden Staaten begründet hatten.

Dieser Friede muß, wie mir scheint, noch fortdauern, denn ich sehe in den beiderseitigen Interessen nichts, was zu einem Bruche Veranlassung geben könnte.

Ihre friedlichen Gesinnungen, mein Herr, sind mir bekannt, ebenfalls Ihre Anhänglichkeit an Ihren Fürsten. Auch kenne ich die berechtigte Hochachtung, die er Ihnen entgegenbringt.

Ich möchte, daß Sie ihm direkt zur Kenntnis brächten, wie ruhig sich die französische Regierung bei einer so wichtigen Gelegenheit benimmt, und daß Sie ihn von unserm Wunsch überzeugten, alles zu tun, was Sie selbst an unserer Stelle tun würden, um das durch den Vertrag von Campo Formio begründete gute Einvernehmen aufrecht zu erhalten.

Wenn wir alle Leidenschaften beiseite lassen, wird

es uns nicht schwer werden, allen Argwohn zu beheben, alle Interessen auszugleichen, die Intrigen der Mächte zu vereiteln, denen die Leiden des Kontinents gleichgültig sind, und die nur eine Gelegenheit suchen, bei sich Frieden zu haben, indem sie hier Unruhe stiften.

Wenn aber das Wiener Kabinett von dem Einfluß oder den besonderen Interessen geleitet würde, die, wie es scheint, die Maßnahmen der Polizei am 24. Germinal geleitet haben, dann bleibt dem französischen Volk nichts weiter übrig, als sich aus der Zahl der europäischen Mächte streichen zu lassen oder selbst das Haus Oesterreich daraus zu streichen; ein furchtbarer Kampf, der eine weite militärische Laufbahn darbietet, an den indes der Mann, der die Leiden eines solchen Krieges kennt, nur denken kann mit dem Fluche auf den Lippen gegen die Völker und deren Nachkommen, die diesen Krieg provoziert haben.

Ich bitte Sie, mein Herr, an die hohe Wertschätzung und ausgezeichnete Hochachtung zu glauben, die ich Ihnen entgegenbringe.

Bonaparte.

An den Pascha von Aegypten[1].

An Bord des »Orient«, 12. Messidor des Jahres VI.
(30. Juni 1798.)

Das Direktorium der französischen Republik hat sich bereits mehrmals an die Hohe Pforte mit der Bitte gewandt, die Beys von Aegypten, die die französischen

---

[1] Seid Abu-Bekr.

Kaufleute durch ihre Erpressungen fast erdrücken, zu züchtigen.

Aber die Hohe Pforte hat erklärt, daß die Beys, launenhafte und gierige Leute, die Grundsätze der Gerechtigkeit nicht beachteten, und daß sie (die Pforte) nicht allein die ihren guten Freunden, den Franzosen zugefügten Beleidigungen nicht gutheiße, sondern sie auch ihres Schutzes beraube.

Die französische Republik hat sich daher entschlossen, eine mächtige Armee nach Aegypten zu schicken, um den Räubereien der Beys ein Ende zu machen, wie sie es in diesem Jahrhundert zu verschiedenen Malen gegen die Beys von Tunis und Algier zu tun gezwungen war.

Du, der Du der oberste aller Beys sein solltest, den sie indes in Kairo ohne Macht und Ansehn lassen, Du mußt meiner Ankunft mit Freuden entgegensehen.

Ohne Zweifel bist Du schon davon unterrichtet, daß ich nicht komme, um etwas gegen den Koran oder den Sultan zu unternehmen. Wie Du weißt, ist die französische Nation der einzige Verbündete, den der Sultan in Europa hat.

Komme mir daher zu Hilfe und verfluche mit mir die gottlose Rasse der Beys!

Bonaparte.

An die Divisionsgenerale.

Hauptquartier Alexandrien, 15. Messidor des Jahres VI.
(3. Juli 1798.)

Der Obergeneral wünscht, daß die Türken ihre religiösen Handlungen in den Moscheen nach wie vor ausüben; er verbietet ausdrücklich jedem Franzosen, sei er Soldat oder Zivilist, die Moscheen zu betreten oder vor deren Türen zusammenzulaufen.

Geben Sie jedem Halbbrigadechef Befehl, seine Truppe zu versammeln, um ihr diese Order vorzulesen. Lassen Sie gleichfalls noch einmal den Befehl des Obergenerals hinsichtlich der Plünderer und Vergewaltiger vorlesen. Alle, die ihn übertreten, lassen Sie erschießen. Es ist von größter Wichtigkeit, daß der Soldat alles, was er sich in der Stadt aneignet, bezahlt, und daß die Türken weder bestohlen noch beleidigt werden. Wir müssen uns Freunde schaffen und nur gegen die Mamelucken Krieg führen.

Empfehlen Sie den Soldaten besonders, daß auf den Märschen die Rekruten nicht zurückbleiben und unter keinen Umständen allein marschieren, da sie sonst von den Arabern ermordet werden.

Auf Befehl des Obergenerals.

An das Direktorium.

Hauptquartier Alexandrien, 18. Messidor des Jahres VI.
(6. Juli 1798.)

Die Armee hat Malta am 1. Messidor verlassen und ist am 13. im Morgengrauen vor Alexandrien eingetroffen. Ein, wie man sagt, sehr starkes, englisches Geschwader hatte drei Tage vorher dort angelegt und Depeschen für Indien abgegeben. . . . .

Der Wind war frisch, und das Meer ging hohl, doch glaubte ich, sofort landen zu müssen. Der Tag ging in Vorbereitungen zur Landung hin. Als erster landete der General Menou an der Spitze seiner Division in der Nähe des Marabuts, anderthalb Stunden von Alexandrien.

Ich landete mit dem General Kléber und einem andern Truppenteil um 11 Uhr abends. Wir marschierten sogleich nach Alexandrien. Im Morgendämmern erblickten wir die Pompejussäule. Eine Abteilung Mamelucken und Araber begann mit unsern Vorposten zu scharmützeln, aber wir zogen schnell, die Division des Generals Bon zur Rechten, in der Mitte der General Kléber, links der General Menou, nach den verschiedenen Punkten von Alexandrien. Der Wall der arabischen Stadt war voller Menschen.

Der General Kléber brach von der Pompejussäule aus auf, um die Mauern zu ersteigen, während der General Bon das Tor von Rosette erstürmte und General Menou, der mit einem Teile seiner Division das dreieckige Schloß blockierte, mit dem Rest gegen einen andern Teil des Walls vordrang und ihn bezwang. Er drang zuerst in die Festung ein. Dabei erhielt er sieben Wunden, von denen glücklicherweise keine gefährlich ist.

Der General Kléber bezeichnete am Fuße der Mauer die Stelle, die seine Grenadiere ersteigen sollten, erhielt indes eine Kugel vor die Stirn, die ihn zu Boden schleuderte. Obwohl außerordentlich schwer, ist seine Wunde nicht tödlich. Die Grenadiere seiner Division wurden dadurch zu größerem Mute angespornt und drangen in die Festung ein. Die vom General Marmont befehligte 4. Halbbrigade schlug das Tor von Rosette mit der Axt ein, und die ganze Division des Generals Bon stürmte in die Festungswerke der Araber.

Der Bürger Mas, zweiter Kommandeur der 32. Brigade, ist getötet und der General Adjutant Escale schwer verwundet worden.

Als wir Herren des arabischen Walls waren, flüchteten sich die Feinde in das dreieckige Schloß, den Leuchtturm und die Neustadt. Jedes Haus war für sie eine kleine Festung. Als aber der Tag zu Ende ging, war die Stadt ruhig; die beiden Schlösser kapitulierten, und wir waren nun vollständig Herren der Stadt, der Forts und der beiden Häfen.

Inzwischen waren die Araber der Wüste in Reiterabteilungen von 30—50 Mann herbeigeeilt. Sie belästigten unsere Nachhut und fielen über unsere Nachzügler her. Zwei Tage lang haben sie uns ununterbrochen beunruhigt. Gestern indes ist es mir gelungen, nicht allein einen Freundschafts-, sondern auch einen Allianzvertrag abzuschließen. Dreizehn der bedeutendsten Häuptlinge waren gestern bei mir. Ich setzte mich in ihre Mitte, und wir hatten eine lange Unterredung. Nachdem wir über unsere Artikel übereingekommen waren, versammelten wir uns um einen Tisch und weihten den dem Feuer der Hölle, der unsere Uebereinkünfte verletzen würde, das heißt also sie oder mich. Die Uebereinkünfte bestanden in Folgendem:

Ihrerseits sollten sie nicht mehr meine Nachhut beunruhigen, sollten mir nach Kräften beistehen und mir soviel Mannschaften liefern, als ich verlangen würde, um gegen die Mamelucken zu marschieren.

Ich hingegen sollte ihnen, wenn ich Herr von Aegypten sein würde, die Ländereien zurückgeben, die ihnen ehemals gehört hatten. —

Die Gebete werden wie gewöhnlich in den Moscheen

abgehalten, und mein Haus ist fortwährend mit Imams oder Kadis, Scherifs, den Vornehmen des Landes, Muftis oder Häuptern der Religion angefüllt. . . .

Dieses Volk ist nichts weniger als das, was man über dasselbe von Reisenden und Reisebeschreibern hört: es ist ruhig, stolz und tapfer. . . .

Bonaparte.

An das Direktorium.

Hauptquartier Kairo, 6. Thermidor des Jahres VI.
(24. Juli 1798.)

Bürger Direktoren, am 19. Messidor brach die Armee von Alexandrien auf und kam am 20. in Damanhur an, nachdem sie auf dem Marsche durch die Wüste unter der außerordentlichen Hitze und dem Mangel an Wasser ungeheuer zu leiden hatte.

Gefecht bei Er-Rahmanije.

Am 22. kamen wir bei Er-Rahmanije an den Nil und vereinigten uns mit der Division des Generals Dugua, der in Eilmärschen von Rosette heranzog. Die Division des Generals Desaix wurde von einem 7—800 Mann starken Mameluckenkorps angegriffen, das sich nach einer ziemlich lebhaften Kanonade und dem Verluste einiger Leute wieder zurückzog.

Schlacht bei Chobrakhyt.

Inzwischen erfuhr ich, daß uns Murad Bey an der Spitze seiner aus einer großen Menge Kavallerie bestehenden Armee, die acht bis zehn große Kanonenboote und mehrere Batterien am Nil hatte, beim Dorfe Chobrakhyt erwarte.

Um uns ihm zu nähern, setzten wir uns am 24. abends in Bewegung, und am 25. mit Tagesanbruch standen wir uns gegenüber.

Wir besaßen nur 200 von dem Marsch durch die Wüste ermattete und halbkranke Reiter. Die Mamelucken hingegen hatten ein prächtiges, von Gold und Silber strotzendes Reiterkorps, das mit den besten Londoner Karabinern und Pistolen und den besten Säbeln des Orients bewaffnet war und vielleicht auch die besten Pferde des Kontinents ritt.

Die Armee stand in Schlachtordnung. Jede Division bildete ein Karree. Das Gepäck befand sich im Zentrum und die Artillerie in den Zwischenräumen der Bataillone. Die 2. und 4. Division standen hinter der 1. und 3. Alle fünf Divisionen der Armee waren staffelförmig aufgestellt, sich gegenseitig deckend und von zwei Dörfern, die wir besetzt hielten, beschützt.

Der Bürger Perrée, Divisionskommandeur zur See, rückte mit drei Kanonenbooten, einer Schebecke und einer Halbgaleere vor, um die feindliche Flotille anzugreifen. Der Kampf war äußerst hartnäckig. Auf beiden Seiten wurden mehr als 1500 Kanonenschüsse abgegeben. Perrée wurde von einer Kanonenkugel am Arme verwundet. Seinen geschickten Anordnungen und seiner Kühnheit ist es gelungen, die drei Kanonenboote und die Halbgaleere wieder zu nehmen, welche die Mamelucken erobert hatten, und ihr Admiralsschiff anzuzünden. Die Bürger Monge und Berthollet, die sich auf der Schebecke befanden, haben in den kritischen Augenblicken viel

Mut bewiesen. General Andréossy, der die Landungstruppen befehligte, hat sich ausgezeichnet gehalten.

Bald überschwemmte die Kavallerie der Mamelucken
die ganze Ebene, überflügelte unsere Rechte und Linke
und suchte überall in unsern Flanken und in unserm
Rücken einen schwachen Punkt, um einzudringen.
Ueberall aber fand sie die Linie gleich furchtbar, und
ein doppeltes Feuer, von vorn und von der Seite, begrüßte sie. Sie versuchte mehrere Male anzugreifen,
immer jedoch ohne Erfolg. Einige Tapfere begannen zu
scharmützeln, wurden indes von dem Pelotonfeuer der
Karabiniers empfangen, die vor den Zwischenräumen
der Bataillone aufgestellt waren. Endlich, nachdem sie
einen Teil des Tages in halber Kanonenschußweite geblieben waren, schickten sie sich zum Rückzug an und
verschwanden. Man kann ihren Verlust auf 300 Tote
und Verwundete schätzen.

Acht Tage lang sind wir, von allem entblößt, in
einem der heißesten Länder der Erde ununterbrochen
marschiert.

Am Morgen des 2. Thermidor erblickten wir die
Pyramiden.

Am 2. abends befanden wir uns nur noch sechs
Stunden von Kairo, und ich erfuhr, daß die 23 Beys
sich mit allen ihren Streitkräften in Embabeh verschanzt
und ihre Schanzen mit mehr als sechzig Kanonen besetzt hätten.

Schlacht bei den Pyramiden.

Am 3. im Morgengrauen stießen wir auf ihre
Vorhut und drängten sie von Dorf zu Dorf zurück.

Um zwei Uhr nachmittags fanden wir uns den Verschanzungen und der Armee des Feindes gegenüber.

Ich befahl den Divisionen der Generale Desaix und Reynier, auf der Rechten zwischen Gise und Embabeh Stellung zu nehmen, und zwar so, daß sie dem Feinde die Verbindung mit Oberägypten, seiner natürlichen Rückzugslinie, abschnitten. Die Armee war auf die gleiche Weise aufgestellt wie bei der Schlacht von Chobrakhyt.

Als Murad Bey die Bewegung des Generals Desaix bemerkte, beschloß er, ihn anzugreifen. Er schickte einen seiner tapfersten Beys mit einem Elitekorps, der sich mit Blitzesschnelle auf die beiden Divisionen warf. Man ließ ihn bis auf fünfzig Schritte nahe kommen und empfing ihn mit einem Hagel von Kugeln und Kartätschen, der viele von seinen Leuten zu Boden streckte. Die Uebrigen warfen sich in den Zwischenraum, der die beiden Divisionen trennte, wo sie ein doppeltes Feuer begrüßte, das ihre Niederlage vollendete.

Ich benutzte den Augenblick und befahl der Division des Generals Bon, der am Nil stand, die Verschanzungen anzugreifen. General Vial, der die Division des Generals Menou kommandierte, sollte sich zwischen das Korps, das ihn eben angegriffen hatte, und die Verschanzungen werfen, um den dreifachen Zweck zu erfüllen, dieses Korps zu verhindern, einzudringen, jenem Korps, das sie besetzt hielt, den Rückzug abzuschneiden und endlich, wenn nötig, die Verschanzungen von links anzugreifen.

Sobald sich die Generale Bon und Vial in Schußweite befanden, befahlen sie der 1. und 3. Abteilung eines jeden Bataillons, sich in Sturmkolonnen aufzustellen, während die 2. und 4. Abteilungen ihre Stellung beibehielten und ein Karree bildeten, das nur noch drei Mann tief war und zur Unterstützung der Sturmkolonnen vorrückte.

Die Sturmkolonnen des Generals Bon, vom tapfern General Rampon befehligt, warfen sich trotz des Feuers einer zahlreichen Artillerie mit ihrem gewöhnlichen Ungestüm auf die Verschanzungen, als die Mamelucken einen Angriff machten. Im gestreckten Galopp stürzten sie aus den Verschanzungen, aber unsere Truppen hatten noch Zeit, Halt und auf allen Seiten Front zu machen und sie mit aufgepflanztem Bajonett und einem Kugelhagel zu empfangen. Im Handumdrehen war das Schlachtfeld mit ihren Leichen bedeckt. Bald hatten auch unsere Truppen die Verschanzungen genommen. Die fliehenden Mamelucken stürzten sich in Menge auf ihre Linke; dort aber stand der General Vial. Ein Bataillon Karabiniers, unter dessen Feuer sie auf fünf Schritte Entfernung vorüber mußten, richtete ein fürchterliches Gemetzel unter ihnen an; viele stürzten sich in den Nil und ertranken.

Mehr als 400 mit Gepäck beladene Kamele, 50 Geschütze sind in unsere Hände gefallen. Ich schätze den Verlust der Mamelucken auf 2000 Mann Elitekavallerie. Viele der Beys sind verwundet oder getötet worden. Murad Bey wurde an der Wange verwundet. Unser Verlust beläuft sich auf 20—30 Tote und 120 Verwundete. Noch in derselben Nacht ward Kairo geräumt; alle ihre Kanonenboote, Korvetten, Briggs und sogar eine Fregatte sind verbrannt worden, und am 4. zogen unsere Truppen in Kairo ein. In der Nacht hat der Pöbel die Häuser der Beys angezündet und verschiedene Exzesse begangen. Kairo, das mehr als 300 000 Einwohner zählt, hat den abscheulichsten Pöbel von der Welt.

Nach all diesen Gefechten und Schlachten, welche die von mir befehligten Truppen gegen überlegene Streitkräfte geliefert haben, würde es mir nicht einfallen, ihre Fassung und Kaltblütigkeit bei dieser Gelegenheit zu loben, wenn in der Tat diese ganz neue Art Krieg zu führen von ihrer Seite nicht eine Geduld erfordert hätte, die einen starken Gegensatz zu dem französischen Ungestüm bildet. Hätten sie sich ganz ihrem heißen Temperament hingegeben, so würden sie niemals gesiegt haben, was nur mit außerordentlicher Kaltblütigkeit und großer Geduld erreicht werden konnte.

Die Reiterei der Mamelucken hat große Tapferkeit an den Tag gelegt. Sie verteidigten ihr Vermögen, denn es war keiner unter ihnen, bei dem unsere Soldaten nicht 3, 4, ja 500 Louisd'or gefunden hätten.

Der ganze Luxus dieser Leute besteht in ihren Pferden und ihren Waffen; ihre Häuser sind erbärmlich. Schwerlich findet man ein fruchtbareres Land und ein elenderes, unwissenderes und vertierteres Volk. Sie ziehen einen Uniformknopf unserer Soldaten einem Sechsfrankentaler vor. In den Dörfern wissen sie nicht einmal, was eine Schere ist. Ihre Häuser sind ein Haufen Kot. Als ganzes Hausgerät haben sie eine Strohmatte und zwei oder drei irdene Töpfe. Sie essen und verbrauchen im allgemeinen sehr wenig. Den Gebrauch der Mühlen kennen sie nicht, so daß wir fortwährend auf ungeheuren Kornhaufen biwakierten, ohne uns Mehl verschaffen zu können. Wir nähren uns meist von Gemüse und Fleisch. Das wenige Getreide, das sie in Mehl verwandeln, bearbeiten sie mit Steinen, und in

einigen größeren Dörfern gibt es Mühlen, die von Ochsen
gedreht werden.

Wir sind fortwährend von Araberschwärmen beunruhigt worden, die die größten Diebe und Gauner der
Welt sind, da sie Türken und Franzosen ohne Unterschied ermorden, überhaupt alles, was ihnen in die
Hände fällt.

Der Brigadegeneral Mireur und mehrere andere Adjutanten und Offiziere des Generalstabs sind von diesen
Schurken ermordet worden. Auf ihren vortrefflichen
kleinen Pferden hinter Dämmen und Gräben verborgen
. . . wehe dem, der sich nur auf hundert Schritt von den
Kolonnen entfernt! Trotz der Vorstellungen der Feld-
wache wollte der General Mireur zu seinem Verhängnis,
das ich oft bei Menschen bemerkt habe, die ihrer letzten
Stunde nahe waren, einen 300 Schritt vom Lager ent-
fernten kleinen Hügel besteigen: hinter demselben befanden sich drei Beduinen, die ihn ermordeten. Für die
Republik ist dies ein großer Verlust, denn er war einer
der tapfersten Generale, die ich kenne.

Es gibt in diesem Lande wenig bares Geld, nicht
einmal genug, um die Armee zu besolden, dagegen viel
Korn, Reis, Gemüse und Vieh. Die Republik kann keine
für sie besser geeignete Kolonie, deren Boden frucht-
barer wäre, finden. Das Klima ist sehr gesund, weil
die Nächte frisch sind.

Trotz eines vierzehntägigen Marsches, Beschwerden
aller Art, des gänzlichen Mangels an Wein und allem,
was zur Erfrischung beitragen kann, haben wir keine
Kranken. Die Soldaten haben in den Pasteken, einer Art
Wassermelonen, die in großer Anzahl vorhanden sind,
genügenden Ersatz gefunden.

Die Artillerie hat sich besonders hervorgetan. Ich bitte Sie, den Brigadegeneral Dommartin zum Divisionsgeneral zu ernennen. Ich habe den Brigadekommandeur Destaing zum Brigadegeneral befördert. General Zajonchek hat sich bei mehreren wichtigen Missionen, die ich ihm anvertraute, ausgezeichnet benommen. . . .

Bonaparte.

An Ibrahim-Bey[1].

Hauptquartier Salihije, 25. Thermidor des Jahres VI.
(12. August 1798.)

Die Ueberlegenheit der unter meinen Befehlen stehenden Armee kann nicht mehr bestritten werden; Sie sind jetzt außerhalb Aegyptens und gezwungen, durch die Wüste zu marschieren.

In meiner Großmut können Sie den Reichtum und das Glück wiederfinden, die Ihnen das Schicksal entrissen hat.

Teilen Sie mir sofort Ihre Absichten mit.

Der Pascha des Sultans befindet sich bei Ihnen: schicken Sie ihn mir als Ueberbringer Ihrer Antwort. Ich nehme ihn gern als Vermittler an.

Bonaparte.

---

[1] Einer der beiden Paschas, welche die Herrschaft Aegyptens an sich gerissen, und der in Gemeinschaft mit Murad Bey den Franzosen die Schlacht bei den Pyramiden geliefert hatte. Nach dem unglücklichen Ausgang derselben flüchtete er nach Belbes, in der Richtung nach Syrien, und es gelang ihm und seinen zahlreichen Anhängern, sich stets den Verfolgungen der Franzosen geschickt zu entziehen.

An das Direktorium.

Hauptquartier Kairo, 2. Fructidor des Jahres VI.
(19. August 1798.)

Bürger Direktoren, am 18. Thermidor befahl ich der Division des Generals Reynier, nach El-Khangah zu marschieren, um den Reitergeneral Leclerc zu unterstützen, der sich mit einem Schwarm Araber und Bauern des Landes, das Ibrahim Bey gelungen war, aufzuwiegeln, herumschlug. Leclerc tötete an fünfzig Bauern, einige Araber und nahm im Dorfe El-Khangah Stellung.

Gleichzeitig ließ ich die vom General Lannes befehligte Division und die des Generals Dugua abgehen.

In großen Tagesmärschen zogen wir nach Syrien, Ibrahim Bey und seine Armee immer vor uns hertreibend.

Ehe wir Belbes erreichten, befreiten wir einen Teil der Karawane von Mekka, die von den Arabern angegriffen und bereits 2 Meilen weit in die Wüste entführt worden war. Ich ließ diese Pilger unter sicherm Schutz nach Kairo bringen. Bei Koraim stießen wir auf einen andern Teil der Karawane, lauter Kaufleute, die erst von Ibrahim Bey gefangen, dann freigelassen und schließlich von den Arabern beraubt worden waren. Ich ließ den Rest sammeln und ebenfalls nach Kairo führen.

Die Araber müssen eine außerordentliche Beute gemacht haben. Ein einziger Kaufmann versicherte mich, daß er für 200000 Taler Schals und andere indische Waren verloren habe. Der Landessitte gemäß hatte dieser Kaufmann alle seine Frauen bei sich. Ich ließ ihnen zu essen geben und verschaffte ihnen die für ihre Reise nach Kairo nötigen Kamele. Manche von den Frauen waren recht gut gebaut, aber das Gesicht war, wie üblich, verhüllt, eine Sitte, an die sich unsere Soldaten nur schwer gewöhnen können.

Wir gelangten nach Salihije, dem letzten bewohnten Ort Aegyptens, wo es gutes Wasser gibt. Dort beginnt die Wüste, die Syrien von Aegypten trennt.

Ibrahim Bey war eben mit seiner Armee, seinen Schätzen und Weibern von Salihije aufgebrochen. Ich verfolgte ihn mit der wenigen Kavallerie, die ich besaß, und wir sahen sein zahlreiches Gepäck an uns vorüberziehen.

Eine aus 150 Mann bestehende arabische Horde, die in der Nähe war, schlug uns vor, gemeinsam anzugreifen, um die Beute zu teilen. Die Nacht brach herein, unsere Pferde waren todmüde, die Infanterie noch weit hinter uns. General Leclerc griff die Nachhut an, wobei wir ihnen zwei Kanonen und ungefähr fünfzig mit Zelten und andern Gegenständen beladene Kamele nahmen. Die Mamelucken hielten den Angriff mit der größten Tapferkeit aus. Der Schwadronschef Détrès vom 7. Husarenregiment ward tödlich verwundet. Mein Adjutant Sulkowsky erhielt sieben bis acht Säbel- und verschiedene Schußwunden. Die berittene Schwadron des 7. Husarenregiments und des 22. Jägerregiments, sowie die des 3. und 15. Dragonerregiments haben sich ausgezeichnet benommen.

Die Mamelucken sind außerordentlich tapfer und würden ein treffliches leichtes Kavalleriekorps bilden. Sie sind äußerst reich gekleidet, sehr sorgfältig bewaffnet und reiten die besten Pferde. Jeder Offizier, jeder Soldat hat einen besondern Kampf bestanden.

Lasalle, Kommandeur der 22. Halbbrigade, läßt mitten im Angriff seinen Säbel fallen; glücklicherweise ist er so gewandt, vom Pferde zu springen und im nächsten Augenblick wieder aufzusitzen, um sich zu verteidigen und einen der verwegensten Mamelucken anzugreifen...

Ibrahim Bey befindet sich augenblicklich auf dem Marsche durch die syrische Wüste. Er ist im Kampfe verwundet worden.

Ich ließ in Salihije die Division des Generals Reynier und einige Genieoffiziere zurück, die dort eine Festung errichten sollten, und marschierte am 26. Thermidor wieder nach Kairo ab. Kaum war ich zwei Stunden von Salihije entfernt, als ein Adjutant des Generals Kléber mir die Nachricht von der Schlacht brachte, die unser Geschwader am 14. Thermidor geliefert hatte[1]. Elf Tage lang war er unterwegs, so schwierig sind die Verbindungen.

Inliegend finden Sie den mir vom Kontreadmiral Ganteaume erstatteten Bericht; ich schreibe ihm durch denselben Kurier nach Alexandrien, daß er Ihnen noch ausführlicher berichten soll.

Am 18. Messidor brach ich von Alexandrien auf. Ich schrieb dem Admiral, er sollte binnen vierundzwanzig Stunden in den Hafen einlaufen und, im Fall dies seiner Flotte unmöglich wäre, so schnell wie möglich alles Geschütz und die den Landtruppen gehörigen Effekten ausschiffen und sich nach Korfu begeben.

Da der Admiral vor dem Hafen von Alexandrien auf Felsen geankert und mehrere Schiffe bereits ihre Anker verloren hatten, glaubte er, in dieser Lage nicht die Ausschiffung bewerkstelligen zu können und legte vor

---

[1] Seeschlacht bei Abukir am 1. u. 2. August 1798.

Abukir an, das guten Ankergrund besaß. Ich sandte Genie- und Artillerieoffiziere hin, die bald mit dem Admiral einsahen, daß das Land ihnen keinerlei Schutz bieten konnte. Wenn daher während der zwei oder drei Tage, die er in Abukir bleiben mußte, um die Artillerie auszuschiffen oder das Fahrwasser nach Alexandrien zu untersuchen, die Engländer erschienen, bliebe ihm nichts weiter übrig, als die Ankertaue zu kappen. Es wäre deshalb dringend nötig, so kurze Zeit als möglich in Abukir zu bleiben. So habe ich denn Alexandrien in dem festen Glauben verlassen, daß das Geschwader binnen drei Tagen im dortigen Hafen eingelaufen oder nach Korfu abgesegelt sein würde. Vom 18. Messidor bis zum 6. Thermidor habe ich keinerlei Nachricht, weder aus Rosette noch Alexandrien erhalten. Aus allen Teilen der Wüste eilten die Araber herbei und umschwärmten beständig das Lager auf 500 Toisen. Endlich bewirkten das Gerücht unserer Siege und verschiedene Anordnungen am 9. Thermidor, daß unsere Verbindungen wieder frei wurden. Der Admiral schrieb mir mehrere Briefe, aus denen ich mit Erstaunen sah, daß er sich noch in Abukir befand. Sofort schrieb ich ihm wieder, daß er nicht einen Augenblick verlieren dürfe, in Alexandrien einzulaufen oder nach Korfu zu segeln.

Darauf meldete mir der Admiral in einem Brief vom 2. Thermidor, daß ihn mehrere englische Schiffe rekognosziert hätten, und er sich befestige, um den Feind zu erwarten, der sich quer vor Abukir vor Anker gelegt habe. Dieser seltsame Entschluß erfüllte mich mit der größten Sorge. Aber schon war es zu spät, denn der vom Admiral am 2. Thermidor geschriebene Brief erreichte mich erst am 12. Ich schickte ihm meinen Adjutanten, den Bürger Jullien, mit dem Befehl, Abukir nicht früher zu verlassen, als bis er die Flotte unter Segel gesehen habe. Unmöglich hätte dieser am 12. abgehende Kurier zur Zeit hinkommen können. Er wurde auf dem Wege von einem Arabertrupp überfallen, seine Barke auf dem Nil aufgehalten und er und seine Eskorte getötet.

Am 8. Thermidor schrieb mir der Admiral, daß die Engländer sich entfernt hätten, was er dem Mangel an Lebensmitteln zuschrieb. Diesen Brief erhielt ich am 12. mit demselben Kurier.

Am 11. teilte er mir mit, daß er endlich soeben den Sieg bei den Pyramiden und die Einnahme von Kairo erfahren und daß man eine Stelle gefunden habe, an der man in den Hafen von Alexandrien einlaufen könne. Ich erhielt diesen Brief am 18.

Am 14. abends griffen die Engländer an. Sobald er das englische Geschwader gewahr wurde, sandte er mir einen Offizier, um mich von seinen Anordnungen und Plänen in Kenntnis zu setzen: doch der Offizier kam auf dem Wege um.

Wie es scheint, wollte sich der Admiral Brueys nicht nach Korfu begeben, ehe er nicht gewiß war, nicht in den Hafen von Alexandrien einlaufen zu können, und ehe er nicht wußte, ob die Armee, von der er lange Zeit keine Nachricht hatte, die Flotte bei einem eventuellen Rückzug nötig habe.

Wenn er aber bei diesem unseligen Ereignis Fehler begangen hat, so hat er sie durch einen glorreichen Tod gebüßt.

Das Schicksal wollte bei dieser wie bei so vielen andern Gelegenheiten beweisen, daß, wenn es uns auch große Ueberlegenheit auf dem Festlande gewähre, es die Herrschaft über das Meer unsern Nebenbuhlern verleihe. Wie groß aber auch die Niederlage ist, so kann sie doch nicht der Unbeständigkeit des Glücks zugeschrieben werden. Das verläßt uns noch nicht, im Gegenteil, es ist uns während dieses ganzen Unternehmens holder denn je gewesen. Als ich vor Alexandrien anlangte und vernahm, daß die Engländer einige Tage vorher mit überlegenen Streitkräften dort gewesen seien, landete ich trotz des furchtbaren Sturmes, der mich der Gefahr aussetzte, Schiffbruch zu leiden. Ich erinnere mich, daß während der Vorbereitungen zur Landung in der Ferne vor dem Winde ein Kriegssegler signalisiert wurde: es war die »Justice«, die aus Malta kam. Da rief ich: »Glück, solltest du mich verlassen? Gib mir nur fünf Tage!« Ich marschierte die ganze Nacht, griff Alexandrien bei Tagesanbruch mit 3000 erschöpften Soldaten, ohne Kanonen und beinahe ohne Patronen an, und nach fünf Tagen hatte ich Rosette und Damanhur erobert, das heißt, ich hatte in Aegypten bereits festen Fuß gefaßt. Während dieser fünf Tage wenigstens mußte das Geschwader vor den Engländern sicher sein, wie groß auch ihre Anzahl war. Nichtsdestoweniger bleibt es noch den ganzen Messidor der Gefahr ausgesetzt. In den ersten Tagen des Thermidor erhält es von Rosette Reis für zwei Monate. Zehn Tage lang zeigen sich die Engländer in überlegener Zahl in diesen Gewässern. Am 11. Thermidor erfährt es die Nachricht von der vollständigen Eroberung Aegyptens und unserm Einzug in Kairo, und erst als Fortuna sieht, daß alle ihre Gunst vergebens ist, überläßt sie unsere Flotte ihrem Schicksal.

Ist Talleyrand in Konstantinopel?

Schicken Sie 500000 Franken und einige Seeoffiziere
nach Ancona, um die drei Schiffe auszurüsten, die wir
dort haben. Schicken Sie das Gleiche nach Korfu.
Lassen Sie alle unsere Schiffe, die sich in Toulon, Malta,
Ancona, Korfu und Alexandrien befinden, vereinigen,
damit wir wieder eine Flotte haben.

Wenn ich Näheres über die Lage der Engländer
weiß, werde ich es Ihnen mitteilen.

Ich grüße Sie.

Bonaparte.

An die Bürgerin Brueys[1].

Hauptquartier Kairo, 2. Fructidor des Jahres VI.
(19. August 1798.)

Ihr Gatte ist, während er an Bord seines Schiffes
kämpfte, von einer Kanonenkugel getötet worden. Er
ist ohne zu leiden gestorben und hat den süßesten, von
allen Soldaten meistbeneideten Tod erlitten.

Ich empfinde Ihren Schmerz aufs tiefste. Der Augenblick, der uns von dem geliebten Wesen trennt, ist
schrecklich. Er entrückt uns von der Erde und läßt
unsern Körper die Todeszuckungen spüren. Alle see-
lischen Empfindungen erlöschen, und unser Geist be-
wahrt die Beziehungen mit der Welt nur noch durch ein
alles verzerrendes Schreckbild. Die Menschen erscheinen
uns kälter, egoistischer als sie in Wirklichkeit sind.
In diesem Zustand fühlt man, daß, wenn uns nichts

---

[1] Gemahlin des bei Abukir gefallenen Admirals Brueys.

zu leben verpflichtete, es besser wäre, zu sterben. Wenn man aber nach der ersten Aufwallung des Schmerzes seine geliebten Kinder ans Herz drückt, dann führen uns die Tränen und zärtlichen Gefühle zur Wirklichkeit zurück, und man lebt für die Seinigen. Ja, Madame, weinen Sie mit ihnen, behüten Sie ihre Kindheit, pflegen Sie ihre Jugend und erzählen Sie ihnen von ihrem Vater, von Ihrem Schmerze, von dem Verluste, der Ihnen und dem Vaterlande widerfahren ist. Und wenn Ihre Seele durch die kindliche und mütterliche Liebe der Welt wiedergegeben ist, dann schätzen Sie ein wenig die Freundschaft und das lebhafte Interesse, das ich der Frau meines Freundes stets entgegenbringen werde. Seien Sie überzeugt, daß es Menschen gibt, wenn auch wenige, die auserlesen sind, Schmerzliches zu erleben, weil sie die Schmerzen der Seele am leidenschaftlichsten und tiefsten empfinden.

Bonaparte.

An Ahmed-Pascha[1], Gouverneur von Saida und Akka.

Hauptquartier Kairo, 5. Fructidor des Jahres VI.
(22. August 1798.)

Als ich nach Aegypten kam, um die Beys zu bekriegen, habe ich gerecht und in Deinem Interesse gehandelt, weil sie Deine Feinde waren. Ich bin nicht gekommen, mit den Muselmännern Krieg zu führen. Du solltest wissen, daß, als ich nach Malta kam, es meine

---

[1] Djezzar-Pascha, um das Jahr 1735 geboren, 1804 gestorben.

erste Sorge war, 2000 Türken in Freiheit zu setzen, die seit Jahren in der Knechtschaft schmachteten. Bei meiner Ankunft in Aegypten habe ich das Volk beruhigt und die Muftis, Imams und Moscheen beschützt. Die Mekkapilger sind niemals besser und freundschaftlicher aufgenommen worden, als von mir, und das Fest des Propheten ist glänzender gefeiert worden denn jemals.

Ich schicke Dir diesen Brief durch einen Offizier, der Dir mündlich meinen Wunsch mitteilen wird, immer mit Dir in gutem Einvernehmen zu leben, indem wir uns gegenseitig alle Dienste leisten, die der Handel und das Wohl Deiner Staaten erfordern, denn die Muselmänner haben keine bessern Freunde als die Franzosen.

Bonaparte.

An den Vizeadmiral Thevenard.

Hauptquartier Kairo, 18. Fructidor des Jahres VI.
(4. September 1798.)

Ihr Sohn[1] ist auf seinem Wachtposten von einer Kanonenkugel getötet worden. Ihnen dies mitzuteilen, Bürger General, ist für mich eine recht traurige Pflicht; aber er ist ehrenhaft und ohne zu leiden gestorben, das ist der einzige Trost, der den Schmerz eines Vaters einigermaßen zu mildern vermag. Wir sind alle dem Tode geweiht. Wiegen denn ein paar Tage des Lebens das Glück auf, fürs Vaterland zu sterben? Wiegen sie

---

[1] Er war Kapitän auf dem »Aquilon«.

den Schmerz auf, sich auf einem Bett, umgeben vom Egoismus einer neuen Generation, sterben zu sehen? Sind sie etwa wert, daß man ihretwegen von Ueberdruß ergriffen wird und die Leiden einer langen Krankheit aussteht? O, glücklich der, der auf dem Felde der Ehre stirbt! Er lebt ewig in der Erinnerung der Nachwelt. Niemals flößt ein solcher Mann uns Mitleid ein, wie wir es mit einem gebrechlichen Alter oder dem von schwerer Krankheit geplagten Menschen empfinden. Bürger General, Sie sind im Waffenhandwerk ergraut; Sie beklagen einen Sohn, der Ihrer und des Vaterlandes würdig ist. Und trotz der Tränen, die Sie seinem Andenken nachweinen, werden auch Sie mit uns sagen, daß sein glorreicher Tod beneidenswert ist.

Seien Sie meiner ganzen Teilnahme an Ihrem Schmerze versichert und zweifeln Sie nicht an der Hochachtung, die ich für Sie empfinde.

Ich grüße Sie.

Bonaparte.

An den General Berthier[1].

Hauptquartier Kairo, 21. Brumaire des Jahres VII.
(11. November 1798.)

Der barbarische Gebrauch, Männer, denen man wichtige Geheimnisse zu entreißen wünscht, der Prügelstrafe zu unterziehen, muß abgeschafft werden. Es ist jederzeit anerkannt worden, daß eine solche Art, die

---

[1] Generalstabschef.

Menschen mittelst Foltern zu verhören, zu nichts führt.
Die Unglücklichen sagen alles, was ihnen gerade einfällt
und was uns zu wissen angenehm sein könnte. Der
Obergeneral verbietet daher, ein Mittel anzuwenden, das
vom Standpunkte der Vernunft und Menschlichkeit aus
verwerflich ist. Das verhindert allerdings die Agas[1]
nicht, die Prügelstrafe aufzuerlegen, aber natürlich nur
als Bestrafung.

Bonaparte.

An Ahmed-Pascha, Gouverneur von Saida.

Hauptquartier Kairo, 29. Brumaire des Jahres VII.
(19. November 1798.)

Ich will Dich nicht bekriegen, wenn Du nicht mein
Feind bist; aber es wird Zeit, daß Du Dich erklärst.
Wenn Du fortfährst, Ibrahim-Bey an den Grenzen
Aegyptens Zuflucht zu gewähren, so betrachte ich das
als ein Zeichen von Feindseligkeit und werde nach Akka
marschieren.

Willst Du in Frieden mit mir leben, so entferne
Ibrahim-Bey auf 40 Stunden von den ägyptischen
Grenzen und gib den Handel zwischen Damiette und
Syrien frei.

Dann verspreche ich Dir, Deine Staaten zu schonen
und Dir volle Freiheit in dem Handel zwischen Aegypten
und Syrien zu lassen, sowohl zu Wasser als zu Lande.

Bonaparte.

---

[1] Türkische Befehlshaber.

An den General Menou in Rosette.

Hauptquartier Ghazze, 8. Nivôse des Jahres VII.
(26. Februar 1799.)

Mit Vergnügen habe ich, Bürger General, aus Ihrem Brief vom 27. ersehen, daß Sie das Gebet in der Moschee haben sagen lassen.

Das Wetter, das wir heute haben und das den ganzen März anhalten wird, beruhigt mich vollkommen über die Unternehmungen der Engländer. Wenn sie sich nähern, werden sich unsere Bomben und Granaten dafür rächen. Halten sie sich entfernt, so wird ihr Bombardement wohl ein paar Unglücksfälle hervorbringen, schließlich aber wenig Schaden anrichten. Sobald Ihre Gegenwart in Rosette nicht mehr nötig ist, gehen Sie nach Kairo; lassen Sie alle Lebensmittel und das Ihnen zur Verfügung stehende Geld nach Alexandrien bringen. Zeigen Sie sich hart und bestrafen Sie die Aufständischen, indem Sie in geheimen Eilmärschen gegen sie ziehen. Heute ist abscheuliches Wetter, was uns etwas ermüdet.

Ich hoffe, daß Sie die beiden Zwölfpfünder nach Damiette haben abgehen lassen, denn wir brauchen sie sehr nötig.

Bonaparte.

An die Scheichs, Ulemas und Einwohner der Provinzen Ghazze, Ramle und Jafa.

> Hauptquartier Jafa, 19. Ventôse des Jahres VII.
> (9. März 1799.)

Gott ist gnädig und barmherzig!

Ich schreibe Euch Gegenwärtiges, um Euch zu benachrichtigen, daß ich nach Palästina gekommen bin, die Mamelucken und die Armee Djezzar Paschas daraus zu vertreiben.

In der Tat, mit welchem Recht hat Djezzar Pascha seine Bedrückungen auf die Provinzen Jafa, Ramle und Ghazze ausgedehnt, die gar nicht zu seinem Paschalik gehören? Mit welchem Recht hat er gleichfalls seine Truppen nach El-Arisch gesandt? Er hat mich zum Krieg herausgefordert; ich habe ihm seinen Willen getan. Aber nicht Euch, liebe Einwohner, will ich die Schrecken dieses Krieges fühlen lassen!

Bleibet ruhig in Eurer Heimat. Diejenigen, die sie aus Furcht verlassen haben, mögen zurückkehren. Ich bewillige jedem Sicherheit und Schutz. Jeder soll wieder zu seinem Eigentum gelangen.

Es ist mein Wille, daß die Kadis wie gewöhnlich ihren Funktionen obliegen und Recht sprechen. Die Religion soll vor allem beschützt und geachtet und die Moscheen von allen guten Muselmännern besucht werden. Von Gott kommt alles Gute; er ist es, der uns Sieg verleiht.

Es ist vielleicht gut, daß Ihr wißt, daß alle menschlichen Anstrengungen gegen mich nutzlos sind, denn alles,

was ich unternehme, muß gelingen! Allen, die sich meine
Freunde nennen, geht es wohl; die aber, die sich zu
meinen Feinden erklären, sind dem Verderben geweiht.
Die Ereignisse in Jafa und Ghazze müssen Euch beweisen, daß, wenn ich gegen meine Feinde furchtbar
bin, ich indes gegen meine Freunde gut und besonders
gegen das arme Volk gnädig und barmherzig handle.

Bonaparte.

An das Direktorium.

Hauptquartier Jafa, 23. Ventôse des Jahres VII.
(13. März 1799.)

Bürger Direktoren, am 5. Fructidor schickte ich
einen Offizier an Djezzar, Pascha von Akka. Er wurde
schlecht aufgenommen, und ich erhielt keine Antwort
auf meine Fragen.

Am 29. Brumaire schrieb ich ihm nochmals; er ließ
dem Ueberbringer den Kopf abschneiden.

Die in Akka anwesenden Franzosen wurden verhaftet und aufs grausamste behandelt.

Die Provinzen von Aegypten waren mit großherr-
lichen Befehlen überschwemmt, in denen Djezzar seine
feindlichen Gesinnungen nicht verhehlte und seine Ankunft ankündigte.

Er tat mehr. Er besetzte die Provinzen Jafa, Ramle
und Ghazze. Seine Vorhut nahm in El-Arisch Stellung,
wo sich ein paar gute Brunnen befinden, und wo mitten

in der Wüste, zehn Stunden entfernt, auf ägyptischem Gebiet ein Fort steht.

Mir blieb also keine Wahl mehr, man forderte mich zum Kriege heraus. Ich glaubte nicht zögern zu dürfen, Djezzar selbst anzugreifen.

General Reynier vereinigte sich am 16. Pluviôse mit seiner Vorhut, die sich unter den Befehlen des unermüdlichen Generals Lagrange bei Katië befand, das drei Tagereisen weit in der Wüste liegt, und wo ich beträchtliche Magazine errichtet hatte.

Am 18. Pluviôse kam der General Kléber von Damiette über den Mensalesee an, auf dem man mehrere Kanonenboote konstruiert hatte. Er landete in Pelusium und begab sich nach Katië.

Gefecht bei El-Arisch.

General Reynier marschierte am 18. Pluviôse mit seiner Division von Katië ab, um sich nach El-Arisch zu begeben. Mehrere Tage lang marschierten wir, ohne einen Tropfen Wasser zu finden, durch die Wüste. Aber alle Schwierigkeiten wurden überwunden. Der Feind ward angegriffen, zurückgeworfen, das Dorf El-Arisch genommen und die ganze feindliche Vorhut in das Fort El-Arisch eingeschlossen.

Nächtlicher Angriff.

Indes hatte die Kavallerie Djezzars, von einem Infanteriekorps unterstützt, eine Stunde hinter uns Stellung genommen und blockierte das Belagerungsheer.

General Kléber ließ den General Reynier eine Bewegung machen. Um Mitternacht wurde das feindliche Lager umzingelt, angegriffen und genommen. Einer der Beys fand dabei den Tod; Geräte, Waffen, Gepäck, alles wurde genommen. Der größte Teil der Mannschaft hatte Zeit, sich zu retten. Mehrere Kaschefs Ibrahim Beys wurden gefangen genommen.

Belagerung des Forts El-Arisch.

Die Laufgräben vor dem Fort El-Arisch wurden er-öffnet. Eine von unsern Minen war aufgefunden und unsere Minierer waren vertrieben worden. Am 28. Pluviôse ließ ich eine Bresch- und zwei Laufgräbenbatterien er-richten. Man schoß den ganzen 29. hindurch. Am 30. mittags war die Bresche gangbar. Ich forderte den Kommandanten zur Uebergabe auf; er tat es.

Wir fanden in El-Arisch 300 Pferde, viel Zwieback und Reis, 500 Albanesen, 500 Moghrebiner, 200 Anatolier und Karamanier. Die Moghrebiner haben Dienste bei uns genommen; ich habe ein Hilfskorps aus ihnen gebildet.

Wir verließen El-Arisch am 4. Ventôse. Die Vorhut verirrte sich in der Wüste und hatte außerordentlich unter dem Mangel an Wasser zu leiden. Da es uns an Lebensmitteln fehlte, waren wir gezwungen, Pferde, Esel und Kamele zu essen.

Am 5. erreichten wir die an den Grenzen von Afrika und Asien aufgestellten Säulen.

Am 6. lagerten wir auf asiatischem Boden, und am folgenden Tag befanden wir uns auf dem Marsche nach Ghazze. Gegen zehn Uhr morgens gewahrten wir 3—4000 Mann Reiterei, die uns entgegenzogen.

Gefecht bei Ghazze.

In Gegenwart des Feindes ließ der General Murat, der die Kavallerie befehligt, durch ein paar mit der größten Genauigkeit ausgeführte Bewegungen mehrere Bergströme überschreiten.

Der General Kléber zog links gegen Ghazze. General Lannes unterstützte mit seiner leichten Infanterie die Bewegungen der Reiterei, die in zwei Linien aufgestellt war. Jede Linie hatte hinter sich eine Reserveschwadron. Wir griffen den Feind bei der Anhöhe an, die nach Hebron schaut, wohin Simson die Tore von Ghazze trug. Der Feind nahm den Angriff nicht an und zog sich zurück; es wurden ihm einige Leute getötet, unter andern der Kiaya des Paschas.

Die 22. Halbbrigade leichter Infanterie zeichnete sich sehr aus. Sie folgte den Pferden im Laufschritt, obwohl sie bereits tagelang keine richtige Mahlzeit gehalten und keinen Schluck guten Wassers getrunken hatte.

Bei unserm Einzug in Ghazze fanden wir 150 Zentner Pulver, eine große Menge Kriegsmunition, Bomben, Werkzeuge, mehr als 200000 Rationen Zwieback und sechs Kanonen.

Das Wetter wurde abscheulich; viel Donner und Regen; seit unserer Abreise aus Frankreich hatten wir kein Gewitter gehabt.

Wir übernachteten am 10. in Esdud, dem alten Azotus. Am 11. schliefen wir in Ramle, das der Feind so eilig verlassen hatte, daß er uns 100000 Rationen Zwieback, eine große Menge Gerste und 1500 Schläuche zurückließ, die Djezzar für den Marsch durch die Wüste bestimmt hatte.

Belagerung von Jafa.

Die Division Kléber schloß zuerst Jafa ein und begab sich darauf an den Fluß El Ugeh, um die Belagerung zu decken. Die Division Bon schloß die rechten und die Division Lannes die linken Werke der Stadt ein.

Auf allen Punkten des Walles demaskierte der Feind an vierzig Geschütze, mit denen er ein lebhaftes Feuer unterhielt.

Am 16. waren zwei Laufgräbenbatterien, die Breschbatterie und einer der Mörser schußfertig. Die Besatzung machte einen Ausfall. Dann sah man eine Menge verschiedenartig gekleideter Menschen aller Farben auf die Breschbatterie losstürzen: es waren Moghrebiner, Albanesen, Kurden, Anatolier, Karamanier, Damaskener, Alepinen, Schwarze von Takrur. Sie wurden lebhaft zurückgewiesen und zogen sich schneller zurück, als sie beabsichtigten. Bei dieser Gelegenheit zeichnete sich besonders mein Adjutant Duroc aus, zu dem ich großes Vertrauen besitze.

Als der Tag des 17. anbrach, ließ ich den Gouverneur auffordern, sich zu ergeben: statt jeder Antwort ließ er meinem Abgesandten den Kopf abschneiden. Um sieben Uhr begann das Feuer. Um ein Uhr hielt ich die Bresche für gangbar. Der General Lannes traf Anstalten zum Sturm. Der den Generaladjutanten beigegebene Offizier Netherwood erstieg mit zehn Karabiniers als erster den Wall, ihm folgten drei Grenadierkompagnien der 13. und 69. Halbbrigade, vom Generaladjutanten Rambeaud befehligt, dessen Beförderung zum Brigadegeneral ich erbitte.

Um fünf Uhr waren wir Herren der Stadt, die vierundzwanzig Stunden lang der Plünderung und allen Schrecken des Kriegs überliefert wurde; niemals sind mir diese so gräßlich erschienen als damals.

4000 Mann der Truppen Djezzars mußten über die Klinge springen, darunter 800 Kanoniere. Ein Teil der Einwohner wurde niedergemacht.

Während der folgenden Tage kamen mehrere Schiffe mit Kriegs- und Mundvorrat von Akka an; sie wurden im Hafen weggenommen. Sie waren sehr erstaunt, die Stadt in unsern Händen zu sehen, denn man meinte, sie würde uns sechs Monate aufhalten.

Abd-Allah, einem General Djezzars, gelang es, sich unter den Aegyptern zu verbergen und sich mir zu Füßen zu werfen.

Ich habe nach Damaskus und Aleppo mehr als 500 Personen aus den beiden Städten, sowie 4 bis 500 Aegypter geschickt.

Die Mamelucken und Kaschefs, die ich in El Arisch gefangen genommen hatte, habe ich begnadigt; auch dem Scheich von Kairo, Omar-Makram, habe ich verziehen. Gegen die Aegypter bin ich ebenso gnädig gewesen als gegen das Volk von Jafa, aber streng gegen die Besatzung, die sich mit den Waffen in der Hand gefangen nehmen ließ.

Wir fanden in Jafa 50 Kanonen, worunter 30 Feldgeschütze nach europäischem Muster, viel Munition, mehr als 400 000 Rationen Zwieback, 200 000 Zentner Reis und eine Menge Seife. . . .

Die Armee der Republik hat ganz Palästina in ihren Händen.

Bonaparte.

An die Scheichs, Ulemas, Scherifs, Redner der Moscheen und andern Bewohner des Paschaliks von Akka.

Hauptquartier Berg Karmel, 28. Ventôse des Jahres VII.
(18. März 1799.)

Gott ist gnädig und barmherzig!

Gott verleiht, wem er will, den Sieg; er hat niemand Rechenschaft darüber zu geben. Die Völker müssen sich seinem Willen unterordnen!

Indem ich mit meiner Armee in das Paschalik von Akka eindringe, habe ich die Absicht, Djezzar Pascha dafür zu bestrafen, daß er es gewagt hat, mich zum Kriege herauszufordern. Ich will Euch von der Bedrückung, die er gegen das Volk ausübt, befreien. Gott, der früher oder später die Tyrannen bestraft, hat beschlossen, daß das Ende der Regierung Djezzars gekommen sei!

Ihr, gute Muselmänner, gute Einwohner, Ihr sollt nicht vom Schrecken ergriffen werden, denn ich bin der Freund aller derer, die keine schlechten Handlungen begehen und in Frieden leben!

Jede Gemeinde soll daher ihre Abgeordneten in mein Lager schicken, damit ich sie einschreibe und ihnen Geleitsbriefe gebe, denn ohne dem kann ich keine Verantwortung für das Unglück, das ihnen zustoßen könnte, auf mich nehmen.

Gegen meine Feinde bin ich furchtbar, aber gut, gnädig und barmherzig gegen das Volk und die, welche sich als meine Freunde erklären.

Bonaparte.

An Mullah Murad-Radeh in Damaskus.

Hauptquartier Akka, 7. Germinal des Jahres VII.
(27. März 1799.)

Ich beeile mich, Ihnen meinen Einzug in Syrien zu melden, damit Sie es Ihren Landsleuten in Damaskus mitteilen können. Da Djezzar Pascha in Aegypten eingefallen ist und das Fort El-Arisch mit seinen Truppen besetzt hat, sah ich mich genötigt, die Wüste zu durchqueren, um mich seinen Angriffen zu widersetzen. Gott, der das Ende der Tyrannen sowohl in Aegypten als auch in Syrien bestimmte, hat mir Sieg verliehen! Ich habe mich Ghazzes, Jafas und Hâifas bemächtigt und stehe jetzt vor Akka, das in wenig Tagen gleichfalls in meinen Händen sein wird.

Ich möchte, daß Sie es den Ulemas, Scherifs und bedeutendsten Scheichs von Damaskus, sowie den Agas der Janitscharen zu wissen täten, daß es nicht meine Absicht sei, etwas gegen die Religion, die Sitten und das Eigentum der Leute des Landes zu unternehmen. Ich wünsche daher auch, daß die Karawane der Mekkapilger nach wie vor stattfinde, und werde ihr meinen ganzen Schutz und alles, was sie braucht, zur Verfügung stellen, nur muß ich vorher davon benachrichtigt werden.

Ich hoffe, daß die Einwohner von Damaskus sich bei dieser wichtigen Gelegenheit ebenso klug und vorsichtig benehmen, als die Einwohner von Kairo. Dann werden sie mich ebenso gnädig und barmherzig gegen das Volk und eifrig gegen alles, was die Religion und Gerechtigkeit betrifft, finden.

Bonaparte.

An das Direktorium.

Hauptquartier Kairo, 1. Messidor des Jahres VII.
(19. Juni 1799.)

Bürger Direktoren, während meines Einfalls in Syrien haben in Unterägypten militärische Ereignisse stattgefunden, von denen ich Ihnen berichten muß.

Aufstand in Beni-Suef.

Am 12. Pluviôse empörte sich ein Teil der Provinz Beni-Suef. General Veaux marschierte mit einem Bataillon der 22. Halbbrigade dahin und bedeckte das Land meilenweit mit feindlichen Leichen. Alles kehrte wieder zur Ordnung zurück. Er selbst hatte nur 3 Tote und 20 Verwundete zu verzeichnen.

Beschießung von Alexandrien.

Am 15. Pluviôse erhielt die englische Kreuzerflotte von Alexandrien Verstärkung, und kurze Zeit darauf begann sie den Hafen zu beschießen. Die Engländer warfen 1500—1600 Bomben, töteten indes niemand; sie schossen nur zwei elende Häuser zusammen und bohrten ein altes Schiff in den Grund.

Am 16. Ventôse verschwand das Geschwader, und seitdem hat man es nicht wieder zu sehen bekommen.

Flottille auf dem Roten Meere.

Vier Kanonenboote gingen am 13. Pluviôse von Suez ab, kamen am 18. vor Kosêr an, wo sie mehrere mit den Schätzen der vom General Desaix in Oberägypten geschlagenen Mamelucken beladene Fahrzeuge vorfanden. Beim ersten Kanonenschuß brach Feuer auf dem »Tagliamento« aus, der in die Luft gesprengt wurde.

Die Republik wird nie eine Marine besitzen, so lange man nicht alle Seegesetze verbessert: eine schlecht angebrachte Hängematte, eine vernachlässigte Stückpatrone kann eine ganze Flotte zu Grunde richten. Die Geschworenen, die Räte, die Versammlungen müssen abgeschafft werden. An Bord eines Schiffes darf es nur e i n e Autorität geben: die des Kapitäns, die unumschränkter sein muß, als die der römischen Konsuln.

Wenn wir zur See noch keinen Erfolg zu verzeichnen haben, so tragen daran weder die Unfähigkeit der Mannschaft, noch das Material, noch der Mangel an Geld die Schuld, sondern einzig und allein das Fehlen guter Seegesetze. Will man noch ferner die gleiche maritime Organisation bestehen lassen, so ist es besser, wir schließen unsere Häfen, denn es ist hinausgeworfenes Geld.

Scharkieh.

Der Bürger Duranteau, Kommandeur des 3. Bataillons der 32. Halbbrigade, rückte am 24. Ventôse nach der Provinz Scharkieh. Das Dorf Horbeyt, das sich empört hatte, ward niedergebrannt und seine Einwohner getötet.

Wüstenaraber in Gise.

Am 15. Ventôse ließ der General Dugua, den man benachrichtigt hatte, daß ein neuer Stamm aus dem Innern Afrikas an die Grenzen der Provinz Gise ziehe, den General Lanusse gegen sie marschieren. Er überfiel ihr Lager, legte ihnen mehrere Hinterhalte und nahm ihnen eine große Anzahl Kamele, nachdem er mehrere Hundert von ihren Leuten getötet hatte. Der Sohn des Generals Leclerc, ein hoffnungsvoller junger Mann, wurde dabei verwundet.

Empörung des Emirs Hadschi.

Der Emir Hadschi, ein schwacher, unentschlossener Mensch, den ich mit Wohltaten überhäuft hatte, konnte den Intrigen, von denen er umgeben war, nicht widerstehen und hat sich selbst in die Liste unserer Feinde eingetragen. Mit mehreren Araberstämmen und einigen Mamelucken ist er auf dem Kampfplatz erschienen. Vertrieben, verfolgt, hat er an e i n e m Tage alle Güter, die ich ihm gegeben, alle seine Schätze und einen Teil seiner Familie verloren, die sich noch in Kairo befand, außerdem ist er des Rufes eines Ehrenmannes, den er bis dahin hatte, verlustig gegangen.

Der Engel El-Mahdi.

Am Anfange des Monats Floréal brachte ein Ereignis, das erste dieser Art, das wir je gesehen hatten, die Provinz Bahyreh zum Aufstand. Ein Mann aus dem Innern Afrikas, der in Dern gelandet war, versammelt die Araber und gibt sich für den Engel El-Mahdi aus, der im Koran vom Propheten verkündigt wird. Einige Tage später kommen zufällig 200 Moghrebiner dazu, die sich gleichfalls um ihn scharen. Da im Koran gesagt ist, daß der Engel El-Mahdi vom Himmel herabsteigen wird, behauptet dieser Betrüger mitten in der Wüste vom Himmel herabgekommen zu sein. Er, der nackt ist, teilt Gold in Menge aus, das er sehr geschickt verborgen zu halten weiß. Jeden Tag taucht er seine Finger in Milch und benetzt seine Lippen damit, die einzige Nahrung, die er zu sich nimmt. Er zieht nach Damanhur, überrumpelt dort 60 Mann der Seelegion, die man unvorsichtigerweise dort gelassen hatte, anstatt sie in der Schanze von Er-Rahmanije zu verwenden, und ermordet sie. Durch diese Tat ermutigt, erhitzt er die Phantasie seiner Jünger und soll, wenn er ein wenig Staub gegen unsere Kanonen wirft, verhindern, daß sich das Pulver entzünde, und bewirken, daß unsere Flintenkugeln den wahren Gläubigen nichts anhaben können. Unzählige Menschen bestätigen Hunderte von derartigen Wundern, die er jeden Tag tut.

Der Brigadekommandeur Lefebvre bricht mit 400 Mann auf, um gegen den Engel zu marschieren, aber da er die Zahl der Feinde sich von Minute zu Minute vermehren sieht, muß er die Unmöglichkeit einsehen, eine so große Zahl fanatisierter Menschen zur Vernunft zu bringen. Er stellt sich im Karree auf und schießt den ganzen Tag auf die Unsinnigen, die sich nicht von ihrem Irrtum überzeugen lassen wollen und sich auf unsere Kanonen stürzen. Erst in der Nacht, als sie ihre Toten und Verwundeten zählen — es waren mehr als 1000 Tote — sehen diese Fanatiker ein, daß Gott keine Wunder mehr tut.

Am 19. Floréal kommt General Lanusse, der sich äußerst rührig bewiesen und überall hingeeilt ist, wo es Feinde zu bekämpfen gab, in Damanhur an, haut 1500 Mann zusammen, und von Damanhur bleibt nur noch ein Haufen Asche übrig. Selbst der Engel El-Mahdi, der mehrmals verwundet worden war, fühlt jetzt seinen Eifer erkalten; er verbirgt sich tief in der Wüste, noch immer von Anhängern umgeben, denn fanatische Köpfe haben keinen Raum für die Vernunft.

Indes trug die Art dieser Empörung dazu bei, meine Rückkehr nach Aegypten zu beschleunigen.

Jenes seltsame Ereignis war verabredet und sollte im selben Augenblick stattfinden, wo die türkische Flotte vor Alexandrien erscheinen mußte, um die von mir vor Akka vernichtete Armee auszuschiffen.

Die Ausrüstung dieser Flotte, von der die Mamelucken Oberägyptens durch Karawanen Kenntnis erhielten, veranlaßte sie nach Unterägypten vorzudringen. Aber verschiedenemale vom Brigadechef Détrès, einem äußerst tapferen Offizier, geschlagen, zogen sie sich nach Scharkieh zurück. Dorthin befahl der General Dugua dem General Davout zu marschieren. Am 19. Floréal griff er Elfi-Bey und die Bili an, und nachdem drei der vornehmsten Kaschefs Elfis von ein paar Kanonenkugeln getötet worden waren, floh Elfi voller Schrecken in die Wüste.

Kanonade von Suez.

Ein englisches Linienschiff und eine Fregatte kamen ungefähr am 15. Floréal vor Suez an. Es entspann sich eine Kanonade, die aber die Engländer einstellten, sobald sie merkten, daß Suez mit zahlreichen Geschützen ausgerüstet und imstande war, ihnen zu widerstehen: die beiden Fahrzeuge sind spurlos verschwunden.

Gefecht am Kanal von Muez.

Nachdem der General Lanusse die Provinz Bahyreh befreit hatte, stieß er am 17. Prairial im Dorfe Kafr-

Furnig[1] im Scharkieh auf die in Bahyreh entkommenen Moghrebiner und Einwohner. Er tötete ihnen 150 Mann und brannte das Dorf nieder.

Am 15. Prairial kam ich auf meinem Rückmarsch aus Syrien in El-Arisch an. Die Hitze des Wüstensandes brachte das Thermometer bis auf 44 Grad, während die Wärme der Luft 34 Grad betrug. Um zu dem Brunnen zu gelangen, der etwas salziges, schwefelhaltiges und warmes Wasser enthält, mußte man täglich elf Stunden zurücklegen, aber man trinkt dieses Wasser mit größerer Gier, als eine Flasche guten Champagner in unsern Restaurants.

Mein Einzug in Kairo fand am 26. Prairial statt. Eine ungeheure Menschenmenge, die die Straßen besetzt hielt, alle Muftis, auf Maultieren reitend, weil der Prophet diese Tiere mit Vorliebe bestieg, alle Janitscharenkorps, die Odiaken, die Agas der Tag- und Nachtpolizei, Abkömmlinge Abu-Bekrs, der Fatme und der Söhne mehrerer von den wahren Gläubigen verehrten Heiligen waren zu meinem Empfange bereit und umringten mich. Vor mir her zogen die Häupter der Kaufleute, sowie der koptische Patriarch, den Schluß bildeten die griechischen Hilfstruppen.

Ich muß besonders dem General Dugua, dem General Lanusse und dem Bataillonschef Duranteau meine Zufriedenheit bezeugen.

Die Scheichs El-Bekry, El-Schergâuy, El-Sadat, El-Mohdy, El-Sauy haben sich so gut benommen, als ich es nur wünschen konnte. Sie predigen alle Tage in den Moscheen für uns, und ihre Firmans[2] machen in den

---

[1] Kafr-Schenyt?

[2] Firman = Dekret der muselmanischen Fürsten.

Provinzen den größten Eindruck. Sie stammen zum größten Teil von den ersten Kalifen ab und stehen beim Volke in ganz besonderm Ansehen.

Bonaparte.

An den Divan von Kairo.

Hauptquartier Kairo, 9. Messidor des Jahres VII.
(27. Juni 1799.)

Ich erhielt Ihren Brief heute morgen. Nicht ich habe den Kadi abgesetzt, sondern der Kadi, der von mir mit Wohltaten überhäuft wurde, hat selbst die Vernachlässigung seiner Pflichten so weit getrieben, daß er sein Volk und Aegypten im Stich ließ, um sich nach Syrien zurückzuziehen.

Ich war einverstanden, daß er, während der Mission, die er nach Syrien bekommen sollte, einstweilen seinen Posten durch seinen Sohn verwalten ließe, aber niemals habe ich angenommen, daß dieser junge, schwache Mensch endgültig das Amt eines Kadi ausfüllen sollte.

Der Posten des Kadi war also unbesetzt. Was habe ich getan, um dem wahren Geiste des Korans zu folgen? Nach ihm muß der Kadi durch eine Versammlung der Scheichs ernannt werden; nun das habe ich getan. Es ist daher mein Wunsch, daß der Scheich El-A'rychy, der Ihren Beifall gefunden hat, die Funktionen eines Kadi ausübe und als solcher anerkannt werde. Sind nicht die ersten Kalifen selbst nach den heiligen Vorschriften des Korans von den Versammlungen der Gläubigen ernannt worden?

Ich habe allerdings den Sohn des Kadi, als er mich besuchte, wohlwollend empfangen, und es ist auch meine Absicht, ihm nichts Böses zuzufügen. Daß ich ihn nach der Zitadelle habe bringen lassen, wo er mit ebensoviel Rücksicht behandelt wird, als wäre er in seinem eigenen Hause, geschah, weil ich glaubte, eine Sicherheitsmaßregel ergreifen zu müssen. Sobald jedoch der neue Kadi wieder öffentlich eingesetzt sein wird und seine Funktionen ausübt, beabsichtige ich den Sohn des Kadi frei zu lassen, ihm seine Besitzungen zurückzuerstatten und ihn mit seiner Familie nach dem von ihm gewünschten Land bringen zu lassen. Ich nehme den jungen Mann unter meinen speziellen Schutz, um so mehr, als ich überzeugt bin, daß sein Vater, dessen gute Eigenschaften ich kenne, nur irregeleitet worden ist.

An Ihnen ist es, die Wohlgesinnten aufzuklären. Rufen Sie den Völkern von Aegypten endlich ins Gedächtnis zurück, daß es Zeit sei, der Regierung der Osmanlis ein Ende zu machen: ihre Regierung ist hundertmal härter als die der Mamelucken! Und gäbe es wohl einen Menschen, der denken könnte, ein in Aegypten geborener Scheich habe nicht das Talent und die nötige Rechtschaffenheit, um das wichtige Amt des Kadi auszufüllen?

Was die Uebelgesinnten und diejenigen betrifft, die meinem Willen entgegen sind, so nennen Sie sie mir. Gott hat mir die Kraft verliehen, sie zu bestrafen; sie sollen erfahren, daß mein Arm nicht schwach ist!

In diesem meinem Verhalten sollen der Divan und das Volk von Aegypten einen ganz besondern Beweis der Gefühle sehen, die ich in meinem Herzen für ihr Glück und ihr Gedeihen nähre. Und wenn der Nil der erste der Flüsse des Orients ist, so soll das Volk von Aegypten unter meiner Regierung das erste der Völker sein!

Bonaparte.

An die Ulemas, Vornehmen, Scheichs, Imams und Fellahs der Provinz Bahyreh.

Hauptquartier Terrane, 29. Messidor des Jahres VII.
(17. Juli 1799.)

Es gibt keinen andern Gott als Gott, und Mohammed ist sein Prophet!

Alle Einwohner der Provinz Bahyreh verdienten bestraft zu werden, denn die Aufgeklärten und Klugen sind strafbar, wenn sie die Unwissenden und Bösen nicht zurückhalten! Aber Gott ist gnädig und barmherzig! Der Prophet hat in fast allen Kapiteln des Korans den klugen und guten Menschen befohlen, gnädig und barmherzig zu sein; ich bin es gegen Euch. Durch diesen Firman begnadige ich alle Bewohner der Provinz Bahyreh, die sich schlecht benommen haben und gebe Befehl, daß ihnen in keiner Weise nachgespürt werde. Ich hoffe, das Volk von Bahyreh wird mir fernerhin durch sein gutes Benehmen den Beweis geben, daß es meine Gnade verdient.

Bonaparte.

An den Divan von Kairo.

Hauptquartier Er Rahmanije, 3. Thermidor des
Jahres VII. (21. Juli 1799.)

Gott ist Gott, es gibt keinen andern Gott als Gott,
und Mohammed ist sein Prophet!

An den Divan von Kairo, ausgewählt unter den
klügsten, unterrichtetsten und aufgeklärtesten Männern.
Der Gruß des Propheten sei mit Ihnen!

Ich schreibe Ihnen diesen Brief, um Ihnen mitzuteilen, daß wir, nachdem wir die Natronseen haben besetzen und den Bahyreh durchforschen lassen, um dem
unglücklichen Volk die Ruhe wieder zu geben und meine
Feinde zu bestrafen, uns nach Er Rahmanije begeben
haben. Wir haben der Provinz, die sich heute in vollkommen ruhiger Situation befindet, einen allgemeinen
Pardon bewilligt.

Achtzig große und kleine Schiffe haben sich gezeigt,
um Alexandrien anzugreifen, da sie aber mit Bomben
und Granaten empfangen wurden, haben sie vor Abukir
Anker geworfen, wo sie mit der Ausschiffung beginnen.
Ich lasse sie gewähren, denn ich habe die Absicht, sie,
wenn sie alle ausgeschifft sind, anzugreifen, alles, was
sich nicht ergeben will, zu töten und den Uebrigen
das Leben zu lassen, um sie gefangen hinwegzuführen,
was ein herrliches Schauspiel für Kairo sein wird.
Was diese Flotte hierhergeführt hat, war die Hoffnung,
sich mit den Arabern und Mamelucken zu vereinigen,
um Aegypten zu verwüsten. Auf ihr befinden sich
Russen, die alle die verabscheuen, die an e i n e n Gott
glauben, weil sie ihren Fabeln nach meinen, es gäbe

deren drei. Aber bald werden sie einsehen, daß nicht die Zahl der Götter die Stärke ausmacht, und es nur einen einzigen gibt, den Vater des Sieges, der, gnädig und barmherzig, stets auf der Seite der Guten kämpft, die Pläne der Bösen zuschanden macht, und der in seiner Weisheit bestimmte, daß ich nach Aegypten kam, um dessen Aeußeres vollkommen zu verändern und an Stelle einer verwüstenden Regierung eine Regierung der Ordnung und Gerechtigkeit zu setzen. Damit gibt er uns einen Beweis seiner Allmacht, denn was die, welche an drei Götter glauben, nie erreichen konnten, das haben wir erreicht, wir, die wir glauben, daß nur e i n Gott die Natur und das Universum regiert.

Und was die Muselmänner anlangt, die sich möglicherweise bei ihnen befinden, so sind sie ewig aus der Gemeinschaft der Gläubigen verstoßen, weil sie sich gegen den Befehl des Propheten mit ungläubigen Mächten und Götzendienern verbunden haben. Sie haben demnach den Schutz, der ihnen bewilligt worden war, eingebüßt; sie werden elend zugrunde gehen. Der Muselmann, der sich auf einem Schiff befindet, wo das Kreuz aufgehisst ist, der täglich den einzigen Gott lästern hört, der ist schlimmer als ein Ungläubiger selbst. Ich wünsche, daß Sie alles das den verschiedenen Divans von Aegypten zu wissen tun, damit die Uebelgesinnten nicht die Ruhe der Dörfer stören, denn sie werden wie Damanhur und tausend andere, die durch ihr schlechtes Verhalten meine Rache verdient haben, vernichtet werden!

Heil und Frieden sei mit allen Mitgliedern des Divans!

Bonaparte.

An den Großvezir.

Hauptquartier Kairo, 30. Thermidor des Jahres VII.
(17. August 1799.)

An den Großvezier, groß unter den großen Aufgeklärten und Weisen, alleiniger Mitwisser der Geheimnisse
des größten aller Sultane!

Ich habe die Ehre, Eurer Exzellenz durch den Effendi,
der in Abukir gefangen genommen wurde und den ich
Ihnen zurückschicke, zu schreiben, um Ihnen die wahre
Lage Aegyptens bekannt zu machen und zwischen der
Hohen Pforte und der französischen Republik Unterhand-
lungen anzuknüpfen, die dem Kriege ein Ende machen
können, der zum Unglück des einen wie des andern
Staates geführt wird.

Durch welches Verhängnis eigentlich führen die
Pforte und Frankreich, seit langem Freunde aus Gewohn-
heit, Freunde durch die Entfernung ihrer Grenzen, Frank-
reich, der Feind Rußlands und des Kaisers, die Pforte die
Feindin Rußlands und des Kaisers, warum führen sie
Krieg miteinander?

Wie ist es möglich, daß Eure Exzellenz, der Sie sonst
so aufgeklärte Kenntnisse in der Politik und den verschiedenen Staatsinteressen besitzen, nicht wissen, daß
Rußland und der Kaiser von Deutschland mehrmals
gegenseitig über die Teilung der Türkei unterhandelt
haben, und es nur der Intervention Frankreichs zu verdanken ist, daß dies verhindert ward?

Eurer Exzellenz muß es bekannt sein, daß Rußland
der wahre Feind des Islams ist. Der Kaiser Paul I. hat

sich zum Großmeister des Malteser Ordens gemacht, das heißt, er hat das Gelübde getan, gegen die Muselmänner Krieg zu führen. Ist er nicht das Oberhaupt der griechischen Religion, das heißt der größten Feinde des Islams?

Frankreich hingegen hat die Malteser Ritter vernichtet, hat die Fesseln gesprengt, mit denen die Türken geknechtet waren, und glaubt, wie es der Islam vorschreibt, daß es nur einen Gott gibt.

So hat also die Hohe Pforte ihren wahrhaften Freunden den Krieg erklärt und sich mit ihren wahrhaften Feinden verbunden!

So hat also die Hohe Pforte, die die Freundin Frankreichs war, solange es christlich gewesen ist, ihm den Krieg erklärt, als es sich durch seine Religion dem muselmanischen Glauben näherte!

Rußland und England haben die Hohe Pforte getäuscht; sie haben unsere Kuriere aufgefangen, durch welche wir ihr die Expedition nach Aegypten mitteilten, und diese als den Beginn einer Invasion des türkischen Reichs hingestellt. Als wenn ich nicht immer erklärt hätte, daß die französische Republik nur die Mamelucken zu vernichten beabsichtigte und keinen Krieg mit der Hohen Pforte führen, sondern nur den Engländern schaden wollte, aber nicht seinem großen und treuen Verbündeten, dem Kaiser Selim.

Ist nicht das Verhalten, das ich gegen die in Aegypten anwesenden Leute der Pforte, gegen die Schiffe des Sultans, gegen die Handelsschiffe, die die ottomanische Flagge tragen, an den Tag gelegt habe, der sicherste Beweis für die friedlichen Absichten der französischen Republik?

Die Hohe Pforte hat der französischen Republik im Januar mit einer unerhörten Uebereilung den Krieg erklärt, ohne die Ankunft des Gesandten Descorches abzuwarten, der schon von Paris nach Konstantinopel abgereist war, und ohne mich um eine Erklärung zu bitten, noch mein Entgegenkommen zu erwidern.

Obwohl mir ihre Kriegserklärung vollkommen bekannt war, hoffte ich dennoch, sie davon abbringen zu können und schickte zu diesem Zwecke den Bürger Beauchamp, Konsul der Republik, auf die Karavelle. Statt jeder Antwort hat man ihn eingesperrt, hat man Heere gebildet, sie in Ghazze vereinigt und ihnen befohlen, Aegypten zu überschwemmen. Nun sah ich mich genötigt, die Wüste zu durchqueren, denn ich zog vor, in Syrien Krieg zu führen, als mich in Aegypten bekriegen zu lassen.

Meine Armee ist stark, vorzüglich diszipliniert und mit allem versorgt, was ihr den Sieg über andere Armeen verschaffen kann, und gäbe es deren auch so viele wie Sand am Meer. Zitadellen und starke Festungen, vollgepfropft mit Kanonen, sind an den Küsten und Grenzen der Wüste errichtet: ich brauche also nichts zu fürchten und bin hier unüberwindlich. Aber ich tue diesen Schritt aus Menschlichkeit, für die wahre Politik, für den ältesten, aufrichtigsten aller Verbündeten, den Kaiser Selim.

Was die Hohe Pforte niemals durch Waffengewalt erreichen wird, kann sie durch eine Unterhandlung erlangen. Ich werde alle Armeen schlagen, wenn sie beabsichtigen, Aegypten zu überschwemmen, aber ich werde auch auf versöhnende Weise auf alle Vorschläge zu Unterhandlungen, die man mir macht, antworten. Von dem Augenblick an, wo die Hohe Pforte nicht mehr gemeinsame Sache mit unsern Feinden, den Russen und dem Kaiser macht, wird Frankreich alles, was in seinen Kräften steht, tun, um das gute Einvernehmen wiederherzustellen und jedes Hindernis, das Veranlassung zur Uneinigkeit zwischen den beiden Staaten geben könnte, aus dem Wege räumen.

Brechen Sie daher das kostspielige und unnütze Rüsten ab. Ihre Feinde sind nicht in Aegypten, sondern am Bosporus, in Korfu; durch Ihre außerordentliche Unvorsichtigkeit sind sie heute mitten im Archipel!

Rüsten und bessern Sie Ihre Schiffe aus; reformieren Sie Ihren Artillerietrain; halten Sie sich bereit, bald das Banner des Propheten zu entfalten, nicht gegen Frankreich, wohl aber gegen die Russen und Deutschen, die über den unsinnigen Krieg, den wir miteinander führen, lachen, und die, wenn sie Sie genug geschwächt haben, den Kopf heben und mit lauter Stimme ihre Forderungen stellen werden.

Wir wollen Aegypten, sagt man; aber es war nie Frankreichs Absicht, es Ihnen zu nehmen.

Beauftragen Sie Ihren Gesandten in Paris mit Ihren unumschränkten Vollmachten, oder schicken Sie einen Bevollmächtigten nach Aegypten. In zwei Stunden kann alles geregelt werden. Das ist das einzige Mittel, das muselmanische Reich zu beruhigen und ihm gegen seine wahren Feinde Gewalt zu verschaffen, sowie deren hinterlistige Pläne zu vereiteln, die ihnen leider schon so gut geglückt sind.

Sagen Sie ein Wort, und wir verschließen den Russen das Schwarze Meer. Dadurch hören wir auf, das Spielzeug dieser feindlichen Macht zu sein, die zu hassen wir tausend Gründe haben, und ich tue alles, was Ihnen angenehm sein könnte. . . .

Ich glaube jetzt, Eurer Exzellenz genug gesagt zu haben. Sie können sich entweder den Bürger Beauchamp kommen lassen, den man, wie man mir versichert, im Schwarzen Meer zurückhält, oder auch jedes andere Mittel ergreifen, um mich Ihre Absichten wissen zu lassen.

Was mich anlangt, so werde ich den Tag für den schönsten meines Lebens halten, an dem ich dazu beitragen kann, einen gleichzeitig unpolitischen und grundlosen Krieg zu beenden.

Ich bitte Eure Exzellenz, an die Wertschätzung und ausgezeichnete Hochachtung zu glauben, die ich für Sie empfinde.

Bonaparte.

An den General Kléber.

Hauptquartier Alexandrien, 5. Fructidor des Jahres VII.
(22. August 1799.)

Beiliegend finden Sie, Bürger General, einen Befehl, das Oberkommando der Armee zu übernehmen. Die Befürchtung, der englische Kreuzer möchte jeden Augenblick erscheinen, läßt mich meine Abreise um zwei oder drei Tage beschleunigen.

Ich nehme die Generale Berthier, Lannes, Murat, Andréossy und Marmont, sowie die Bürger Monge und Berthollet mit mir.

Sie finden inliegend die englischen und Frankfurter

Nachrichten, bis zum 10. Juni, woraus Sie ersehen werden, daß wir Italien verloren haben, daß Mantua, Turin und Tortona eingeschlossen sind. Ich habe Grund zu hoffen, daß die erstgenannte Festung sich bis Ende November halten wird. Wenn das Glück mir hold ist, kann ich vielleicht noch vor Anfang Oktober in Europa anlangen. Beiliegend eine Geheimschrift, um mit der Regierung, und eine zweite, um mit mir zu korrespondieren.

Ich bitte Sie, im Laufe des Oktober Junot[1], sowie die Sachen, die ich in Kairo zurückgelassen habe und meine Domestiken abgehen zu lassen. Jedoch hätte ich nichts dagegen, wenn Sie einige von den letzteren, die Ihnen zusagen, in Ihre Dienste nähmen.

Es ist der Wunsch der Regierung, daß der General Desaix, wenn nicht höhere Ereignisse ihn davon abhalten, im Laufe des November nach Europa abreise...

Der in Abukir gefangen genommene Effendi ist nach Damiette abgegangen. Wie ich Ihnen schrieb, soll er nach Cypern gesandt werden. Er ist Ueberbringer eines Briefes für den Großvezier, wovon ich Ihnen eine Abschrift beifüge.

Die Ankunft unseres Geschwaders von Brest in Toulon und des spanischen Geschwaders in Cartagena läßt keinen Zweifel über die Möglichkeit aufkommen, die Gewehre, Säbel, Pistolen, gegossenen Eisen, die Sie nötig brauchen und von denen ich ein genaues Verzeichnis habe, mit einer Anzahl Rekruten nach Aegypten einzuführen, um die Verluste der beiden Feldzüge wieder zu ersetzen. Die Regierung wird Ihnen dann selbst ihre Wünsche zu wissen tun, und ich werde gleichfalls,

---

[1] Er war Bonapartes Adjutant.

als Staats- wie auch als Privatmann alle Maßnahmen treffen, um Ihnen öfters Nachrichten zukommen zu lassen.

Sollten durch unberechenbare Ereignisse alle Versuche fruchtlos gewesen sein und Sie bis Mai keine Unterstützung oder Nachrichten von Frankreich erhalten haben, oder sollte dieses Jahr, trotz aller Vorsichtsmaß-regeln, die Pest in Aegypten ausbrechen und Ihnen mehr als 1500 Mann töten, was einen außerordentlichen Verlust bedeutete, weil die täglichen Verluste, die der Krieg verursacht, noch dazukommen, dann denke ich, daß Sie in diesem Falle sich nicht mehr der Gefahr auszusetzen brauchen, den nächsten Feldzug aufrechtzuerhalten, und es Ihnen gestattet ist, mit der ottomanischen Pforte Frieden zu schließen, selbst wenn die Räumung Aegyptens die Hauptbedingung wäre. Die Ausführung dieser Bedingung müßte nur einfach, wenn möglich, bis zu dem allgemeinen Frieden hinausgeschoben werden.

Sie selbst, Bürger General, haben wie kein anderer anerkannt, von welcher Bedeutung der Besitz Aegyptens für Frankreich ist. Dieses türkische Reich, das von allen Seiten einzustürzen droht, fällt heute in sich zusammen, und die Räumung Aegyptens von seiten der Franzosen wäre ein um so größeres Unglück, als wir es dadurch erleben würden, daß dies herrliche Land in andere europäische Hände überginge.

Die Nachrichten von Siegen oder Niederlagen, welche die Republik in Europa zu verzeichnen hat, müssen daher mächtig in Ihre Berechnungen eingreifen.

Sollte die Pforte auf die Friedensvorschläge, die ich ihr gemacht habe, früher antworten, als Sie von mir aus Frankreich Nachricht haben, dann müssen Sie erklären, Sie hätten dieselben Vollmachten wie ich, müssen Unterhandlungen anknüpfen, stets bei meiner Beteuerung bleiben, daß es niemals die Absicht Frankreichs gewesen sei, der Pforte Aegypten zu entreißen, ferner fordern, daß die Pforte aus der Koalition scheide und uns den Handel im Schwarzen Meer bewillige, außerdem sechs Monate Einstellung der Feindseligkeiten, damit die Auswechselung der Ratifikationen stattfinden könne. . . .

Sie kennen, Bürger General, meine Art, mit der ich die innere Politik Aegyptens betrachte; was Sie auch immer tun mögen: die Christen sind stets unsere Freunde! Man muß sie zwar verhindern, zu dreist zu werden, damit die Türken gegen uns nicht denselben Fanatismus hegen als gegen die Christen, was sie unversöhnlich gegen uns machen würde. Vorläufig muß der Fanatismus nur eingeschläfert werden, bis man ihn eines Tages ganz ausrotten kann. Dadurch, daß wir die Meinung der großen Scheichs von Kairo für uns gewinnen, haben wir die Meinung ganz Aegyptens und aller Oberhäupter dieses Volkes auf unserer Seite. Niemand ist uns gefährlicher als die furchtsamen Scheichs, die sich wohl nicht zu schlagen verstehen, aber wie alle Priester, ohne selbst fanatisch zu sein, den Fanatismus inspirieren.

Was die beiden Festungswerke Alexandrien und El-Arisch betrifft, so bilden sie die Schlüssel zu Aegypten. Ich habe die Absicht, diesen Winter Palmenredouten zu errichten: zwei von Es-Salihije bis Katië, zwei von Katië bis El-Arisch; eine der letzteren wird sich gerade an der Stelle befinden, wo der General Menou trinkbares Wasser gefunden hat. . . .

Wenn nichts dazwischen käme, würde ich auch diesen Winter einen Versuch mit einem neuen Steuersystem machen, wodurch wir uns die Kopten nahezu vom Halse schafften. Ich rate Ihnen indes, ehe Sie es unternehmen, sich es reiflich zu überlegen, denn es ist besser, Derartiges etwas zu spät als zu früh zu unternehmen.

Diesen Winter werden unzweifelhaft französische Kriegsschiffe vor Alexandrien, oder Burlos, oder Damiette erscheinen. Lassen Sie in Burlos eine Batterie oder einen Turm konstruieren. Sehen Sie zu, 5 bis 600 Mamelucken zusammenzubekommen, die Sie, wenn die französischen Schiffe angelangt sind, eines Tages in Kairo oder den andern Provinzen verhaften und nach Frankreich einschiffen lassen. In Ermanglung von Mamelucken können auch arabische Geiseln, Scheichs-el-beled, die aus irgendeinem Grunde verhaftet wurden, ihre Stelle vertreten. In Frankreich angekommen, werden diese Leute zwei bis drei Jahre dort behalten, während welcher Zeit sie die Größe der Nation mit eigenen Augen sehen, unsere Sitten und unsere Sprache annehmen, und kommen sie dann nach Aegypten zurück, so werden sie stets unsere Anhänger sein.

Ich habe schon zu verschiedenen Malen eine Schauspielertruppe verlangt und werde besonders Sorge tragen, Ihnen eine zu schicken. Dies ist für die Armee und die Veränderung der Sitten des Landes von großer Wichtigkeit.

Die bedeutende Stellung, die Sie im Begriff sind, als Oberbefehlshaber einzunehmen, wird Sie in den Stand setzen, die Ihnen von der Natur verliehenen Talente zu entfalten. Das Interesse für alles, was hier vorgeht, ist außerordentlich lebhaft, und die Resultate werden ungeheuren Einfluß auf den Handel und die Zivilisation haben; von diesem Zeitpunkt werden alle großen Umwälzungen datieren!

Gewöhnt, den Lohn für alle Mühe und Arbeit des Lebens in dem Urteil der Nachwelt zu sehen, verlasse ich Aegypten mit dem größten Bedauern. Nur das Interesse fürs Vaterland, sein Ruhm, der Gehorsam, die außerordentlichen Ereignisse, die dort vorgehen, haben mich zu dem Entschluß gebracht, mitten durch die feindlichen Geschwader hindurch nach Europa zu segeln. Im Geiste und Herzen bin ich bei Ihnen; Ihre Siege werden mir eben so teuer sein, wie es mir meine eigenen waren, und ich würde die Tage meines Lebens für schlecht angewendet betrachten, an denen ich nicht etwas für die Armee täte, deren Oberbefehl ich Ihnen abtrete, an denen ich nicht zur Befestigung des herrlichen Gebäudes beitrüge, dessen Grundsteine eben gelegt worden sind.

Die Soldaten, die ich Ihnen anvertraue, sind alle meine Kinder; sie haben mir jederzeit, selbst inmitten ihrer größten Entbehrungen, Beweise ihrer Anhänglichkeit gegeben; erhalten Sie sie in diesen Gefühlen. Das sind Sie der ganz besonderen Hochachtung und Freundschaft, die ich für Sie empfinde, sowie der Anhänglichkeit, die ich meinen Soldaten entgegenbringe, schuldig.

Bonaparte.

An das Direktorium.

Aix, 18. Vendémiaire des Jahres VIII.
(10. Oktober 1799.)

Bürger Direktoren, seit meiner Abreise von Frankreich habe ich nur ein einzigesmal Depeschen von Ihnen erhalten, die mich am 5. Germinal vor Akka erreichten. Sie waren vom 14. Brumaire und 5. Nivôse datiert und unterrichteten mich von unsern Erfolgen gegen Neapel, was mich einen nahen Krieg auf dem Kontinent vermuten ließ. Und von diesem Augenblick an fühlte ich, daß ich nicht mehr lange von Frankreich fern bleiben durfte. Wenn ich aber auch auf meinem Feldzug durch Syrien die Armeen zerstörte, die Aegypten von der Wüste her zu überschwemmen drohten, so war ich doch genötigt, den Ausgang der Seeexpedition abzuwarten, die sich mit großer Lebhaftigkeit im Schwarzen Meer vorbereitete. Die Landung konnte nur in Alexandrien oder Damiette bewerkstelligt werden. Ich vertraute dem General Kléber die Verteidigung der Küsten von Damiette an und hielt mich bereit, auf Alexandrien zu marschieren. Aus meinen letzten Depeschen haben Sie den Ausgang der Schlacht von Abukir erfahren. Aegypten ist vor jeder Invasion geschützt und gehört uns ganz.

Nach mehreren diplomatischen Verhandlungen verschaffte ich mir die Zeitungen von England bis zum 6. Juni, durch welche ich die Niederlagen Jourdans in Deutschland und Schérers in Italien erfuhr[1]. Noch zur

---

[1] Jourdan wurde mit der Donauarmee vom Erzherzog Karl am 18. März 1799 bei Biberach, am 21. und 25. März bei Ostrach und Stockach besiegt, während Schérer, der die Oesterreicher noch vor der Ankunft der Russen schlagen wollte, am 5. April bei Magnano durch den österreichischen General Kray eine bedeutende Niederlage erlitt.

selben Stunde segelte ich mit den Fregatten La Muiron und La Carrère ab, obwohl sie sehr schlechte Segler sind. An die Gefahr durfte ich nicht denken; mein Platz mußte da sein, wo meine Gegenwart am nötigsten gebraucht wurde. Von solchen Gefühlen beseelt, würde ich mich, wenn ich keine Fregatten gehabt hätte, in meinen Mantel gehüllt haben und auf einer Barke abgereist sein.

Ich habe Aegypten vortrefflich organisiert unter den Befehlen des Generals Kléber zurückgelassen. Es war schon ganz unter Wasser, und der Nil war so schön, wie er seit fünfzig Jahren nicht gewesen ist.

Ich bin verschiedenen englischen Kreuzern begegnet und habe es nur dem schnellen Handeln und den geschickten Manövern des Kontreadmirals Ganteaume zu danken, daß ich glücklich in Fréjus gelandet bin. Ich würde fast um dieselbe Zeit als der Kurier in Paris eingetroffen sein, aber die trockene, kalte Luft hier greift mich außerordentlich an und verursacht mir eine Verspätung von 30—40 Stunden.

Bonaparte.

Rede des Generals Bonaparte im Rate der Alten während der Sitzung vom 18. Brumaire.

Paris, 18. Brumaire des Jahres VIII. (9. November 1799.)

Bürger Repräsentanten! Die Republik ging ihrem Untergang entgegen. Sie wußten es, und Ihr Dekret hat sie gerettet[1]. Wehe denen, die Unordnung und Verwirrung stiften möchten! Mit Hilfe der Generale Lefebvre und Berthier und aller meiner Waffengefährten werde ich sie verhaften.

Man suche in der Vergangenheit keine Beispiele, die Ihre Tätigkeit aufhalten könnten! Nichts in der Geschichte gleicht dem Ende des 18. Jahrhunderts, nichts am Ende des 18. Jahrhunderts gleicht dem gegenwärtigen Augenblick.

Ihre Klugheit erließ dieses Dekret, unsere Armeen werden es zu vollziehen wissen.

Wir wollen eine auf wahre Freiheit, auf bürgerliche Freiheit, auf Nationalrepräsentation begründete Republik, und wir werden sie haben! Ich schwöre es Ihnen! Ich schwöre es bei meinem und meiner Waffengefährten Namen!

An den General Kléber.

Oberbefehlshaber der Orientarmee.

Paris, 27. Frimaire des Jahres VIII. (18. Dezember 1799.)

Bürger General, ich habe verschiedene Schiffe an Sie abgehen lassen und hoffe, daß es ihnen gelungen ist, zu Ihnen zu gelangen, um Ihnen Nachrichten aus Frankreich zu bringen, auf die Sie gewiß sehr begierig sein werden.

---

[1] Durch dieses Dekret wurden die Sitzungen der Gesetzgebenden Körperschaft nach Saint-Cloud verlegt, und der General Bonaparte, der mit der Vollstreckung beauftragt war, übernahm den Oberbefehl über die 17. Militärdivision.

Ich schicke Ihnen einen Offizier des Generalstabes von Paris, der über alle Ereignisse, die hier stattgefunden haben, unterrichtet ist. Wie Sie sehen werden, war es die höchste Zeit, daß ich nach Frankreich zurückkehrte. Die hier stattgefundenen Ereignisse müssen für Ihre Soldaten ein neuer Grund zur Tapferkeit sein. Sagen Sie ihnen, daß kein Tag vergeht, wo ich mich nicht mit allem, was auf ihr Schicksal Einfluß haben könnte, beschäftige und es für mich eine große Freude sein wird, wenn ich als erster Beamter der Republik eines Tages den Männern, die meine ganze Zuneigung verdienen, Belohnungen zuerkennen kann.

Ich wage Ihnen nichts zu schreiben, selbst nicht chiffriert, weil es in Paris und London Männer gibt, die alles entziffern. Seien Sie aber überzeugt, daß ich Sie nicht aus den Augen verliere.

Wie Sie aus den Depeschen des Kriegsministers ersehen, hat man alles Unrecht, das man den Depots der Halbbrigaden Ihrer in Frankreich gebliebenen Armee zugefügt, wieder gutgemacht.

Ich habe den Frauen der in Aegypten weilenden Soldaten eine Pension ausgesetzt, die den dritten Teil des Soldes ihrer Männer beträgt.

Der nächste Feldzug wird hoffentlich für die französische Armee ehrenvoller sein als der eben beendete. Warum können Männer, wie Sie und ich, sich nicht gleichzeitig an verschiedenen Orten befinden?

Bonaparte.

An Seine Majestät den König von Großbritannien und Irland[1].

Paris, 4. Nivôse des Jahres VIII. (25. Dezember 1799.)

Durch den Wunsch der französischen Nation zu der höchsten Würde der Republik berufen, halte ich es für geeignet, Eurer Majestät vom Antritt meines Amtes direkt Mitteilung zu machen.

Soll denn der Krieg, der seit acht Jahren die vier Weltteile verwüstet, ewig währen? Gibt es denn kein Mittel, sich zu verständigen?

Wie können die beiden aufgeklärtesten Nationen Europas, die viel mächtiger und stärker sind, als es ihre Sicherheit und Unabhängigkeit erforderte, wie können sie den blühenden Handel, das innere Gedeihen, das Glück der Familien den Hoffnungen auf eitle Größe zum Opfer bringen? Fühlen sie denn nicht, daß wir vor allem des Friedens bedürfen, daß er der schönste Ruhm ist?

Solche Gefühle können dem Herzen Eurer Majestät, der Sie eine freie Nation zu dem einzigen Zwecke regieren, sie glücklich zu machen, nicht fremd sein.

Eure Majestät wird in diesem Entgegenkommen nur meinen aufrichtigen Wunsch sehen, zum zweitenmal auf wirksame Weise zur allgemeinen Pazifizierung beizutragen, und zwar durch einen entschlossenen, ganz vertrauensvollen Schritt, frei von jenen Förmlichkeiten, die wohl nötig sein mögen, um die Abhängigkeit schwacher Staaten zu verbergen, aber bei starken Staaten

---

[1] Georg III.

nur den gegenseitigen Wunsch, sich zu hintergehen, verraten.

Frankreich und England können durch Aufbietung aller ihrer Kräfte noch lange zum Unglück aller Völker die völlige Erschöpfung hinausschieben, aber, ich wage es zu sagen, das Geschick aller zivilisierten Völker ist mit dem Ende eines Krieges verknüpft, der die ganze Welt umfaßt!

Bonaparte.

An Seine Majestät den Kaiser, König von Ungarn und Böhmen.

Paris, 4. Nivôse des Jahres VIII. (25. Dezember 1799.)

Nach achtzehnmonatiger Abwesenheit nach Europa zurückgekehrt, finde ich zwischen der französischen Republik und Eurer Majestät den Krieg wieder entfacht.

Das französische Volk beruft mich, die erste Stelle im Staate einzunehmen.

Jedem Gefühl eitlen Ruhmes fremd, ist es einer meiner heißesten Wünsche, die Ströme des Blutes, die vergossen werden, aufzuhalten. Alles läßt darauf schließen, daß im nächsten Feldzug zahlreiche und geschickt geführte Armeen die Zahl der seit der Wiederaufnahme der Feindseligkeiten bereits gefallenen Opfer noch verdreifachen werden.

Der jedermann bekannte Charakter Eurer Majestät läßt mich indes nicht an den Wünschen Ihres Herzens zweifeln. Hören Sie nur auf dieses allein, so glaube ich, daß es möglich sei, die beiden Nationen über ihre Interessen zu einigen.

Eure Majestät haben mir in den Beziehungen, die ich früher zu Ihnen hatte, stets persönlich etwas Achtung bewiesen, und ich bitte Sie in dem von mir getanen Schritte den Wunsch zu sehen, dies zu erwidern und Sie mehr und mehr von der ganz besonderen Hochachtung, die ich für Sie empfinde, zu überzeugen.

Bonaparte.

An den General Augereau, Oberbefehlshaber der französischen Armee in Batavia.

Paris, 7. Nivôse des Jahres VIII. (28. Dezember 1799.)

Bürger General, ich habe Sie zu dem wichtigen Posten des Oberbefehlshabers der französischen Armee in Batavia ernannt.

Zeigen Sie in allen Handlungen, zu denen Ihr Kommando Ihnen Gelegenheit geben wird, daß Sie über alle jene elenden Zwistigkeiten der Rednerbühne, deren Nachwirkung leider seit zehn Jahren die innere Spaltung Frankreichs verursacht hat, erhaben sind.

Der Ruhm der Republik ist die Frucht des vergossenen Blutes unserer Kameraden. Unsere Partei ist keine andere als die ganze Nation.

Wenn die Umstände mich zwingen, selbst Krieg zu führen, so können Sie bestimmt darauf rechnen, daß ich Sie nicht in Holland lassen und niemals die schönen Tage von Castiglione vergessen werde.

Bonaparte.

An den Bürgermeister und Senat der freien und kaiserlichen Stadt Hamburg.

Paris, 9. Nivôse des Jahres VIII. (30. Dezember 1799.)

Wir haben Ihren Brief erhalten, meine Herren; er rechtfertigte Sie durchaus nicht[1].

Mut und Tugenden erhalten den Staat; Feigheit und Laster richten ihn zugrunde.

Sie haben die Gastfreiheit verletzt. Das ist nicht einmal bei den wildesten Stämmen der Wüste vorgekommen. Unsere Mitbürger werden es Ihnen ewig vorwerfen.

Die beiden Unglücklichen, die Sie ausgeliefert haben, sterben eines ruhmvollen Todes, aber ihr Blut wird ihren Verfolgern mehr Schaden zufügen, als es eine ganze Armee vermocht hätte.

Bonaparte.

An den Divisionsgeneral Saint-Hilaire, Oberbefehlshaber der 8. Militärdivision in Marseille.

Paris, 14. Nivôse des Jahres VIII. (4. Januar 1800.)

Bürger General, ich bin mit der Führung der 8. Division, seit ich Ihnen das Kommando anvertraut habe, sehr zufrieden.

---

[1] Auf Befehl der englischen Regierung wurden die irischen Patrioten Tandy, Blackwell, Corbet und Morres in Hamburg festgenommen und nach England gebracht. Die französische Regierung verlangte aber die Freilassung der beiden ersteren in ihrer Eigenschaft als französische Bürger; erst nach langem Verhandeln ging man auf ihre Forderung ein.

Klären Sie das Volk auf, lassen Sie jeden Bürger fühlen, daß die Zeiten der Parteien und inneren Zerrissenheit vorüber sind. Setzen Sie die zu Ihrer Verfügung stehenden Truppen in Bewegung und stellen Sie aus den Nationalgarden der Kommunen starke Piketts zur Herstellung der Sicherheit auf den Landstraßen und zur völligen Ausrottung der Räuberbanden auf. In dem Lande, wo Sie sich befinden, haben die Leute heiße Köpfe; wenn doch all dieses Feuer sich der Wiederherstellung des Handels, dem Ruhm unserer Armeen, unserer Marine, kurz allem, was dem Namen Frankreichs in den Augen der Welt Ehre machen kann, zuwendete! Dann würde unsere Generation den kommenden Generationen lieb und teuer sein. Es dürfen keine übertriebenen Maßnahmen, die eine schwache und unschlüssige Regierung charakterisieren, mehr existieren. Jede Versammlung von Parteien muß im Süden von Frankreich mehr als anderswo verboten werden, weil man dort mehr denn in andern Gegenden zur Uebertreibung geneigt ist. Stellen Sie den Nationalgarden und Bürgern so oft wie möglich vor, daß die Revolution zu Ende sei, daß, wenn einige Ehrgeizige dennoch das Bedürfnis nach Haß hätten und die Ruhe und soziale Ordnung stören wollten, die Zügel des Staates sich in starken Händen befänden, die gewöhnt wären, alle Hindernisse zu überwinden. Wiederholen Sie ihnen so oft wie möglich, daß Gleichgültigkeit für die öffentliche Sache in schwierigen Zuständen tadelnswert, Mäßigung aber die größte aller Tugenden des Menschen sei.

Ich habe Sie zum Divisionsgeneral ernannt. Erfreuen Sie die Regierung bald mit der Nachricht, daß

die die Landstraßen unsicher machenden Verbrecher-
banden unschädlich gemacht worden sind. Nennen Sie
ihr die Kommunen und Individuen, die sich am eifrigsten
dafür verwenden und damit ihre Ergebenheit gegen die
Republik beweisen.

Bonaparte.

An den Grenadier Léon Aune[1].

Paris, 25. Nivôse des Jahres VIII. (15. Januar 1800.)

An den tapfern Léon. Ich habe Ihren Brief erhalten,
mein tapferer Kamerad; Sie haben es nicht nötig, mir
von Ihren Taten zu erzählen. Seit der brave Benezette
tot ist, sind Sie der tapferste Grenadier der Armee.
Sie besitzen einen der hundert Säbel, die ich unter die

---

[1] Léon Aune, der den Feldzug von Italien mitgemacht hatte,
schrieb an den Ersten Konsul folgenden Brief, der aus Toulon vom
16. Frimaire des Jahres VIII datiert ist: Bürger Konsul, Ihre Ankunft auf republikanischem Boden hat alle reinen Gemüter getröstet,
besonders mich, denn ich setzte meine Hoffnung nur noch auf Sie.
Wie zu meinem Schutzgotte komme ich zu Ihnen mit der Bitte, dem
Grenadier Léon, den Sie so oft auf dem Schlachtfelde mit Ehren überhäuft haben, in Ihrem Gedächtnis ein Plätzchen zu gewähren. Da
ich mich nicht mit nach Aegypten einschiffen konnte, um dort unter
Ihren Befehlen neue Lorbeeren zu pflücken, befinde ich mich auf
dem Depot unserer Halbbrigade in der Eigenschaft als Sergeant.
Wie ich durch meine Kameraden erfuhr, haben Sie in Aegypten oft
von mir gesprochen, und daher bitte ich Sie, mich nicht im Stich
zu lassen, sondern mir mitzuteilen, dass Sie sich meiner noch erinnern. Es wäre unnütz, wollte ich alle Affären aufzählen, bei denen
ich mich als Republikaner gezeigt und mir die Achtung meiner Vor-
gesetzten verdient habe. Indes, bei Montenotte rettete ich dem
General Rampon und dem Brigadechef Masse das Leben, wie sie
es Ihnen selbst bezeugt haben. Bei Dego entriss ich dem General-

Armee verteilen ließ. Alle Soldaten sind sich darüber einig, daß Sie der Mustersoldat des Regiments sind. Ich möchte Sie sehr gern sehen und werde Ihnen durch den Kriegsminister den Befehl dazu schicken lassen. Ich liebe Sie wie meinen Sohn.

Bonaparte.

P.S. Der General Murat wird ihm das Unterleutnantspatent in der Konsulargarde übergeben und ihm schreiben.

Bonaparte.

An den General Moreau, Oberbefehlshaber der Rheinarmee.

Paris, 27. Pluviôse des Jahres VIII. (16. Februar 1800.)

Zahlreiche Personen wiederholen mir, daß ein Teil der Männer, aus denen sich die helvetische Regierung

---

ingenieur der feindlichen Armee eine Fahne. Bei Lodi war ich der erste, der hinaufstürmte und meinen Waffenbrüdern die Tore öffnete. Bei Borghetto war ich es, der zuerst die Schiffbrücke überschritt; die Brücke wurde abgebrochen, und ich stürzte mich auf den Feind und nahm den Kommandanten dieses Postens gefangen. Als man mich im Hospital gefangen nahm, tötete ich den feindlichen Kommandanten, und durch diese mutige Tat haben vierhundert Mann, Gefangene wie ich, ihre Korps wieder erreicht. Ausserdem habe ich fünf Wunden aufzuweisen. Ich wage meine ganze Hoffnung auf Sie zu setzen und bin fest überzeugt, dass Sie stets die Tapfern berücksichtigen werden, die ihrem Lande so gut gedient haben.

Ehrerbietigen Gruss!
Léon Aune,

der am 16. abends nach Nizza aufbricht, wo sich sein Bataillon befindet.

zusammensetzt, für Oesterreich geneigt sei. Ich bin in der Tat davon unterrichtet, daß man seit ungefähr vierzehn Tagen Pläne zu einem Separatfrieden aufstellt, den man mit dem Namen Neutralität bezeichnet. Das ist eine ganz absurde, wenn nicht niederträchtige Idee. Für die Schweiz gibt es heute kein Mittelding mehr: entweder frei und unabhängig und uns in dem Kriege unterstützend, um zum Frieden zu gelangen, oder der Sklave der österreichischen Fürsten, seiner ehemaligen Gebieter!

Lassen Sie es die Regierung bei den täglichen Zusammenkünften fühlen, wie inkonsequent und gefährlich es für sie sei, solche Hirngespinste ins Volk dringen zu lassen.

Bonaparte.

An den General Hédouville, Stellvertreter des Oberbefehlshabers der Westarmee.

(Ein dem General Clarke, Direktor des Kriegsdepots, vom Ersten Konsul diktierter Brief.)

Paris, 2. Vendôse des Jahres VIII. (21. Februar 1800.)

Auf Befehl des Ersten Konsuls antworte ich auf den Brief, den Sie mir die Ehre gaben am 27. Pluviôse zu schreiben, und den ich ihm, wie ich es sollte, übermittelt habe.

Was zu Bedenken über Bourmont[1] Veranlassung

---

[1] Graf Louis Auguste Victor de Bourmont, 1773—1846, war Anführer der Chouans gewesen, hatte sich aber nach der Pazifikation der Vendée nach Paris zurückgezogen und versucht, die Gunst des

geben mußte, war ein von ihm an den Obergeneral Brune[1] geschriebener Brief, den er mit dem Titel Graf unterzeichnete und mit einem aus drei Lilien bestehenden Siegel verschloß. Abgesehen von diesen Dingen, die im Widerspruch mit der eingesetzten Regierung und der Pazifikation stehen, hat sich Bourmont erlaubt, den General Brune zu bedrohen. Diese Handlung mußte der Regierung als eine aufrührerische erscheinen. Durch die Pazifikation ist Bourmont wieder einfacher Bürger geworden, allein sein Brief an den General Brune war nicht der eines Bürgers, sondern der eines Anführers der Chouans. Die Regierung mußte Maßregeln ergreifen, eine solche Kühnheit zu unterdrücken. Daher der Befehl, den Sie am 27. Pluviôse erhalten haben. Ich habe die Ehre, Ihnen eine Abschrift von Bourmonts Brief zu übermitteln; ich glaube kaum, daß Sie ihn mit mehr Nachsicht beurteilen als ich.

Ehe Sie die Befehle des Ersten Konsuls erhielten, hatten Sie sich entschlossen, Bourmont zu erlauben, sich nach Paris zu begeben. Er kam hier an. Ich stellte ihn dem Ersten Konsul vor, der sehr offen mit ihm sprach und ihm riet, als friedlicher Bürger zu leben. Bourmont schien mir entschlossen, diesem Rate zu folgen und seinen Aufenthalt in Paris zu nehmen. Es ist aber deshalb nicht weniger unvermeidlich, ihn, was auch seine privaten Absichten sein mögen, zu verhindern, daß er den Bürgerkrieg in dem Ar-

---

Ersten Konsuls zu gewinnen, was ihm auch teilweise gelang; jedoch behielt ihn Fouché immer stark im Auge. Während der Hundert Tage erhielt er das Kommando einer Division, ging aber am 15. Juni, vor der Schlacht von Ligny zum Feinde über, nachdem er einem wichtigen Kriegsrat beigewohnt hatte.

[1] Brune hatte den Oberbefehl über die Armee von Holland.

rondissement organisiere, wo er einst befehligt hat, und nur durch vollständige Entwaffnung dieser Gegenden ist deren zukünftige Ruhe gesichert. Ohne die Entwaffnung bietet die gegenwärtige Erhebung der Chouans keinerlei Garantie für die Zukunft. Und in der Tat, ist ihre Organisation nicht immer dieselbe? Kann ein Kriegsruf ihrer Anführer sie nicht gerade in dem Augenblick wiederzusammenführen, wenn unsere gegen die äußern Feinde gerichteten Truppen nicht imstande sind, ihnen großen Widerstand entgegenzusetzen? Ich übersende Ihnen die Abschrift eines Briefes von dem Chouananführer Henry, und Sie werden sehen, daß die Regierung in Wirklichkeit ein Land nicht als unterworfen betrachten kann, wo derartige Schreiben verbreitet werden. Der Erste Konsul empfiehlt Ihnen daher, sich besonders mit der Entwaffnung zu beschäftigen. Bourmont hat versprochen, sich gut zu führen; der Tod Frottés[1] und seiner Helfershelfer konnte nur einen starken Eindruck auf ihn machen, und die Bestrafung dieses erbitterten Anführers wird ohne Zweifel viel zur vollkommenen Beruhigung der Westdepartements beitragen.

Wenn noch die »Legionenchefs«, wie sie jene Herren nennen, existieren sollten, die sich geweigert haben, sich den Gesetzen der Republik zu fügen, so ist es

---

[1] Graf Marie Louis Frotté, Chef der Chouans, wurde am 19. Februar in Verneuil im Departement Eure erschossen. Er hatte die vorgeschlagene Pazifikation der Vendée zuerst verworfen, als er jedoch sah, dass er der Einzige war, der sich ihr widersetzte, schrieb er an den General Guidal, dass auch er sich ergeben wolle. Anderseits sandte er an einen seiner Freunde einen Brief, in welchem er erklärte, auf alles eingehen zu wollen, nur nicht auf die Entwaffnung. Dieser Brief fiel in die Hände der Republikaner, und Frotté wurde mit noch sechs andern seiner Waffengefährten verhaftet und erschossen.

von größter Wichtigkeit, alle geeigneten Maßnahmen zu treffen, um sie unverzüglich verhaften zu lassen. Dasselbe gilt für die dunklen Existenzen. Die Absicht des Ersten Konsuls geht dahin, daß Sie sie, wenn Sie eine Anzahl zusammen haben, unter sicherm Schutz nach Brest bringen lassen, wo sie in die Truppen von Sankt Domingo eingereiht werden sollen.

Was die Anführer anlangt, die sich auf Gnade und Ungnade ergeben haben, so möchten Sie ihnen zu wissen tun, daß ihnen, da sie sich der Regierung anvertraut hätten, auch deren Großmütigkeit zuteil werde. Der Erste Konsul wünscht, daß Sie jedem Einzelnen das Wort abfordern, sich während des Kriegs fern von den aufständischen Departements zu halten. Sie müssen von ihnen verlangen, daß sie die Stadt nennen, wo sie sich aufzuhalten gedenken. Dort werden sie beobachtet werden, und für diejenigen, die kein Vermögen haben, wird die Regierung sorgen. Es wäre gut, wenn Sie dem Ersten Konsul die Namen der Ihnen genannten Städte übermittelten, und er bittet Sie, die Leute inzwischen aufmerksam zu beobachten.

Nachdem Sie alle diese Maßnahmen getroffen, bleibt Ihnen weiter nichts übrig, als die Rekruten, die ihr Depot in Versailles haben, zu ihren Regimentern zu schicken und endlich das Freikorps aufzuheben, von dem ich Ihnen schon in den vorangegangenen Briefen sprach. Der Augenblick ist günstig, um diesen Krieg mit allen Wurzeln auszurotten; der Erste Konsul ist überzeugt, daß Sie sich das nicht entgehen lassen werden.

Lecestre, Lettres inédites de Napoléon I er.

An den Bürger Lucien Bonaparte, Minister des Innern.

Paris, 15. Ventôse des Jahres VIII. (6. März 1800.)

Inliegend finden Sie, Bürger Minister, die Abschrift der Proklamation, die nächstens erscheinen soll. Sie müssen unbedingt eine Proklamation erlassen, um den Paragraphen 3 deutlich zu machen. Sie müssen durchblicken lassen, daß jetzt der Augenblick gekommen sei, zu beweisen, daß man würdig ist, Franzose zu sein, nicht durch unbedeutende Phrasen, sondern durch Taten.

In den Augen der Regierung ist der Tapferste der beste Patriot. Der eifrigste Republikaner ist der, welcher das meiste Bestreben zeigt, sie über ihre Feinde triumphieren zu lassen.

Bonaparte.

An die Präfekten der Departements.

Paris, 17. Ventôse des Jahres VIII.
(8. März 1800.)

Bürger! Die Regierung hatte gewünscht und gehofft, daß Ihr Eintritt in die Verwaltung durch den Frieden ausgezeichnet werde. Ihre Schritte zur Erlangung desselben sind Europa bekannt. Sie wollte ihn mit aller Offenheit und wünschte ihn noch immer, wenn er der Nation würdig wäre.

Und in der Tat, welch anderes Streben kann der

Erste Konsul nach so viel, selbst von seinen Feinden anerkannten Erfolgen, noch haben, als Frankreich seinem ehemaligen Wohlstand wiederzugeben, die Künste und die wohltätige Ruhe des Friedens wieder herbeizuführen, die Wunden zu heilen, die eine allzulange Revolution geschlagen, und endlich die ganze Menschheit von der Landplage zu befreien, die sie schon seit Jahren bedrückt? Das waren seine Gefühle und Wünsche als er den Frieden von Campo Formio unterzeichnete. Seit ihn das ehrenvolle Vertrauen des Volkes an die erste Stelle des Staates gesetzt, seit ihm die strenge Pflicht, zum Wohle der Franzosen zu wirken, auferlegt worden ist, mußten sich diese Wünsche nur noch mehr befestigen.

Und doch sind sie nicht in Erfüllung gegangen. England dürstet noch nach Krieg und nach Frankreichs Erniedrigung. Um sich zu entscheiden, warten die andern Mächte, wie wir uns dazu verhalten und was für Hilfsmittel wir haben werden.

Wenn wir noch immer jene Nation sind, die ganz Europa durch ihre Kühnheit und ihre Erfolge in Erstaunen gesetzt hat, wenn das nötige Vertrauen unsere Kräfte und unsere Mittel von neuem belebt, dann brauchen wir uns nur zu zeigen, und der Kontinent wird Frieden haben. Das ist es, was man die Franzosen fühlen lassen muß. Alle, die ein Vaterland, die nationale Ehre zu verteidigen haben, müssen zu einer letzten, hochherzigen Anstrengung herbeigerufen werden. Entfalten Sie, um dieses heilige Feuer anzufachen, alles, was Sie an Energie besitzen, alle Ihre Macht und allen Einfluß, den Sie durch Ihre Stellung und Ihre Talente auf die Gemüter und Herzen haben müssen. Bringen Sie in die

Familien das gerechte Vertrauen, daß die Regierung nur das öffentliche Wohl erstrebt, daß die Opfer, die sie verlangt, die letzten und die Quelle des allgemeinen Gedeihens sind. Erwecken Sie in den jungen Bürgern jenen Enthusiasmus, der stets die Franzosen charakterisiert hat, damit sie die Stimme der Ehre und die noch mächtigere des Vaterlandes hören, damit sie aufs neue zeigen, was sie in den ersten Tagen der Revolution waren, was sie nie aufgehört haben zu sein, als in dem Augenblick, wo sie glaubten, sich nur für Parteien schlagen zu müssen. Auf Ihren väterlichen Ruf muß alles in Bewegung kommen! Nicht mehr der Ton des Schreckens ist es, den man den Franzosen zu hören geben muß. Sie lieben die Ehre, sie lieben das Vaterland: sie würden eine Regierung lieben, die nur für das eine oder das andere da sein will. In beiliegender Proklamation und dem sie begleitenden Beschluß finden Sie alles, was die Konsuln von Ihrem Eifer und dem Mute der Franzosen erwarten.

Bonaparte.

An den Magistrat von Frankfurt.

Paris, 24. Ventôse des Jahres VIII.
(15. März 1800.)

Ich habe Ihren Brief vom 5. Ventôse erhalten.

Von allen Plagen, die ein Volk heimsuchen können, ist der Krieg die schrecklichste.

Ihre bedeutende, von verschiedenen Armeen umgebene Stadt kann das Ende ihrer Leiden nur in der Wiederherstellung des Friedens erhoffen.

Ganz Europa kennt den Wunsch des französischen Volks, diesen Krieg, der schon zu lange währt, zu beenden. Nichts habe ich unversucht gelassen, seinen Wunsch zu unterstützen, und wenn der Friede nicht zustande kam, so waren unüberwindliche Hindernisse daran schuld. Die Sache des französischen Volks wird nun die aller Nationen sein, da der Krieg auf allen lastet.

Wenn auch das französische Volk stark genug ist, seiner Sache zu genügen, so ist es doch nicht weniger von Wichtigkeit, daß Europa seine Gerechtigkeit kennt und sich für die Siege seiner Waffen interessiert.

Bonaparte.

An Joseph Bonaparte.

19. März 1800.

Herr von Staël[1] befindet sich im größten Elend, und seine Frau gibt Diners und Bälle. Wenn Du den Verkehr mit ihr fortsetzt, wäre es da nicht besser, Du veranlaßtest diese Frau, ihrem Mann eine monatliche

---

[1] Baron von Staël-Holstein war vollkommen vermögenslos gewesen, als er Germaine Necker geheiratet hatte; dazu kam noch, dass er an einem unheilbaren Leiden erkrankte, dem er 1802 erlag. 1796 hatte sich seine Frau, mit der er geistig nicht auf einer Stufe stand und die infolgedessen höchst unglücklich mit ihm lebte, von ihm getrennt, doch kehrte sie während seiner Krankheit wieder zu ihm zurück, um ihn zu pflegen.

Rente von 1000 bis 2000 Frcs. auszusetzen? Oder sind
wir etwa schon bei den Zeiten angelangt, wo man,
ohne daß ehrenhafte Leute etwas Schlechtes dabei
finden, nicht allein die guten Sitten, sondern auch die
heiligsten Pflichten der Kinder ihren Vätern gegenüber
mit Füßen treten kann? ... Man beurteile nur das
Benehmen Frau von Staëls, als wäre sie ein Mann, und
zwar einer, der das Vermögen Neckers geerbt, der lange
Zeit die Vorrechte, die sich mit einem glänzenden Namen
verknüpfen, genossen hätte und seine Frau im Elend
ließe, während er im Ueberfluß lebte; würde man mit
einem solchen Mann verkehren können?

Du Casse, Suppl. à la Corresp. de Napoléon.

An den Bürger Lucien Bonaparte.

Paris, 15. Germinal des Jahres VIII.
(5. April 1800.)

Bürger Minister, die Konsuln der Republik wünschen,
daß Sie den verschiedenen Unternehmern der Pariser
Theater mitteilen, daß kein dramatisches Werk ohne
Ihre Erlaubnis aufgeführt oder wiederaufgeführt werden
darf. Der Chef der Abteilung des öffentlichen Unterrichts in Ihrem Ministerium muß persönlich für alles,
was in den aufgeführten Stücken gegen die guten Sitten
und die Gesellschaft verstößt, verantwortlich gemacht
werden. Aus dieser Verfügung geht hervor, daß der
Polizeipräfekt kein Stück ohne die Vorzeigung der von
Ihnen bewilligten Erlaubnis ankündigen lassen darf.

Teilen Sie bitte auch den Präfekten der Departements mit, daß diese Regel auch für sie gilt und sie keine Annoncen oder Ankündigungszettel erlauben dürfen, ohne vorher Ihre Erlaubnis gesehen zu haben. Das Zirkular, das Sie zu diesem Zwecke schreiben, darf nicht durch den Druck veröffentlicht werden.

Gleichzeitig beauftragen mich die Konsuln, Sie aufzufordern, ihnen noch in dieser Dekade einen Rapport über die zu treffenden Maßregeln zu senden, um die Zahl der Theater zu beschränken, sowie auch einen über die zu bestimmenden Reglements hinsichtlich der Aufsicht über die öffentliche Gewalt. Beurteilen Sie selbst, Bürger Minister, ob es geeignet wäre, sich gleichzeitig mit den geeigneten Maßnahmen zu beschäftigen, um die dramatische Kunst auszuzeichnen und die Schriftsteller, die sie mit Erfolg pflegen, zu ermutigen.

Auf Befehl des Ersten Konsuls.

Der Erste Konsul sieht mit Vergnügen der Unterdrückung des ihn betreffenden Couplets in dem Vaudeville »Das Bild der Sabinerinnen« entgegen.

An den General Bernadotte, Oberbefehlshaber der Westarmee.

Paris, 11. Floréal des Jahres VIII.
(1. Mai 1800.)

Das erste, was Sie zu tun haben, Bürger General, ist, die Expedition von Sankt Domingo abgehen zu lassen und alles dazu Nötige zu liefern.

Georges scheint schlecht gesinnt zu sein[1]. Man versichert mir sogar, daß er in diesem Augenblick nach England gefahren ist. Wenn Sie ihn sicher erwischen können, dann verhaften Sie ihn.

Die Geistlichen scheinen sich gut zu benehmen; man muß sie sobald als möglich zufriedenstellen. Völlige Freiheit dem Kultus! Der Abbé Bernier ist ein außerordentlich geschickter Mann, der viel zur Pazifikation beigetragen hat: beweisen Sie ihm Ihr Vertrauen.

Châtillon ist ebenfalls nicht gefährlich; ich glaube er ist entschlossen, ruhig zu leben.

In jenem Lande sind die Parteien mehr als in jedem andern Teile Frankreichs bis zum höchsten Grade gereizt, bleiben Sie daher so viel wie möglich im Innern des Landes.

Die Patrioten in den von den Chouans am meisten bedrängten Gegenden sollen wissen, daß die Regierung ihr Treiben keineswegs billigt, sondern im Gegenteil die Absicht hat, sie gehörig im Zaume zu halten, wenn sie sich ihrem persönlichen Groll überlassen würden.

Alle Generale der Westarmee bedürfen jener Einigkeit, die der erste Grundsatz eines Heeres ist. Halten Sie diejenigen zurück, die nur nach ihrem Kopfe handeln wollen.

Der Frieden in der Armee muß möglichst aufrechterhalten werden, besonders während des Feldzugs, in

---

[1] Georges Cadoudal, Anführer der Chouans, 1771—1804, konspirierte fortwährend gegen die republikanische Regierung. Er war auch der Anstifter der sogenannten Höllenmaschine (1804), sowie einer andern Verschwörung gegen den Ersten Konsul, an welcher der Graf von Artois und Pichegru teilnahmen. 1804 wurde Cadoudal in Luxemburg trotz hartnäckiger Verteidigung seinerseits verhaftet und kurz darauf zum Tode verurteilt und hingerichtet.

dem, wie Sie selbst fühlen, manches Ereignis zur Verminderung Ihrer Armee, keins aber zu ihrer Vermehrung beitragen kann.

Sie tun recht, viel umherzustreifen, doch hielte ich es für zweckmäßiger, wenn sich Ihr Hauptquartier in Rennes befände. Von dort könnten Sie sich auf die schnellste Weise nach den am meisten bedrohten Punkten begeben.

Ich zweifle nicht, daß die Republik eines Tages mit den Diensten, die Sie ihr in dieser wie allen andern von Ihnen bekleideten Stellungen geleistet haben, zufrieden sein wird. Uebrigens hat die Regierung das größte Vertrauen zu Ihnen.

Bonaparte.

An den Bürger Fouché, Polizeiminister.

Lausanne, 24. Floréal des Jahres VIII.
(14. Mai 1800.)

Bürger Minister, ich habe die verschiedenen Rapporte, die Sie mir schickten, erhalten. Mit Freuden sehe ich die von Ihnen ergriffenen Maßnahmen, um die Ruhe in der großen Stadt aufrechtzuerhalten.

Meine Dankbarkeit für alle Dienste, die Sie der Republik geleistet haben, hat sich noch vermehrt, als ich erfuhr, daß Sie das englische Komitee entdeckt hätten[1].

---

[1] Einige der royalistischen Anführer, darunter Bourmont, Cadoudal und Hyde de Neuville waren mit Hilfe der Engländer nach Paris gekommen, in der Hoffnung, den Ersten Konsul unschädlich machen

... Gestern hat man hier im Lager eine Menge Flugschriften gegen die Regierung und besonders gegen mich verbreitet. Das tut mir leid.

Das Verhalten der Einwohner dieses Landes ist ausgezeichnet.

Bonaparte.

An den General Desaix.

Lausanne, 24. Floréal des Jahres VIII.
(14. Mai 1800.)

Soeben, mein lieber Desaix, erhalte ich Ihren Brief vom 15. Floréal. Ihr erster Brief unterrichtete mich, daß Sie kurz nach dem Abgang des Avisoschiffs, das den Adjutanten des Generals Kléber an Bord hatte, abreisen sollten. Ich war daher außerordentlich besorgt, einen Monat verstreichen zu sehen, ohne daß ich eine Nachricht von Ihnen erhielt. Ich fürchtete das Schlimmste von der punischen Treue. Endlich aber sind Sie da! Eine gute Nachricht für die ganze Republik, besonders aber für mich, der ich Ihnen die ganze Hochachtung zolle, die man Männern Ihrer Fähigkeiten schuldet, verbunden mit einer Freundschaft, die mein altes Herz, das heute die Menschen zu genau kennt, für niemand anders empfindet.

---

zu können. Schon hatten die englischen Agenten ihre Pläne auf das eingehendste ausgearbeitet, als Fouché, der besonders mit Bourmont eng befreundet war, ihren Absichten auf die Spur kam und ihre Papiere beschlagnahmen liess, die am 3. Mai dem Staatsrat vorgelegt wurden. Die meisten der Verschwörer entkamen nach England.

Vor zwei Monaten habe ich die Kapitulation erhalten[1]. Ich habe weiter keine Betrachtungen daran geknüpft, weil Sie sie unterzeichnet haben. Wie aber können 16 oder 18000 Franzosen 30000 Türken fürchten? Sie brauchten nur 6000 Mann, um sie zu schlagen, ihnen ihre Kanonen, ihre Kamele zu nehmen und sie für ein ganzes Jahr kriegsunfähig zu machen.

Bei meiner Ankunft in Frankreich fand ich die Republik verloren, die Vendée vor den Toren von Paris. Das Geschwader war anstatt in Toulon in Brest und bereits entwaffnet; Brest selbst von den Engländern bedroht. Die Vendée mußte unterworfen, Geld gefunden und das Geschwader wieder ausgerüstet werden. Es segelte gerade, 36 Schiffe stark, mit allerhand Munition und 6000 Mann Landungstruppen ab, als uns von Konstantinopel die Kapitulation berichtet wurde.

Aber sprechen wir nicht mehr davon; kommen Sie so schnell als möglich dorthin, wo ich sein werde.

Ich werde mit 30000 Mann nach Italien ziehen, um Masséna zu befreien und Melas zu vertreiben, worauf ich nach Paris zurückkehre. Zur selben Stunde, indem ich dies schreibe, überschreitet die Vorhut den St. Bernhard. Wenn Sie diesen Brief lesen, werde ich hoffentlich in Ivrea sein.

Moreau ist in Biberach; er hat Kray dreimal in die Flucht gejagt.

Bonaparte.

---

[1] Es handelt sich um die Kapitulation von Aegypten. Zufolge des am 24. Januar 1800 in El-Arisch geschlossenen Vertrages wurde die französische Armee mit allen kriegerischen Ehren auf englischen Kriegsschiffen nach Frankreich zurückgeführt.

An den Bürger Talleyrand.

> Lausanne, 26. Floréal des Jahres VIII.
> (16. Mai 1800.)

Ich glaube, Bürger Minister, daß man, um dem Augenblick des Friedens näher zu kommen, gleichzeitig Krieg und Unterhandlungen führen muß.

Beginnen Sie Ihre Antwort an Herrn von Thugut damit, daß Sie das Verhängnis beklagen, welches die Regierungen verhindert, im Glück gemäßigt zu sein. Bedauern Sie ein wenig das Unglück, das dieser Feldzug nach sich ziehen könnte, ohne daß weder der eine noch der andere Teil einen wirklichen Zweck dabei erreichte. Wenn irgend jemand aus demselben Nutzen ziehen könnte, so wäre es nur die englische Regierung.

Da indes der Wiener Hof eines Tages wieder zu seinen gemäßigten friedlichen Ansichten zurückkehren muß, so teilen Sie Herrn von Thugut mit, daß der Bürger Lavalette, Geschäftsträger der Republik in Dresden, das ganze Vertrauen der Regierung besitzt, und, wenn er die Unterhandlungen zu fördern wünsche, er nur irgendeinen Agenten insgeheim nach Dresden zu senden brauche. Er müßte dem Bürger Lavalette einen Brief von Herrn von Thugut überbringen, in welchem man anzeigte, daß er das Vertrauen des Ministers besitze. Teilen Sie dem Bürger Lavalette mit, was Sie getan haben und was er tun soll. Seine Rolle soll hauptsächlich darin bestehen, so oft wie möglich den Wunsch nach Frieden zu äußern, viel zu hören, durchblicken zu lassen, daß wir keine Schwierigkeiten machen, uns hinsichtlich Roms, Sardiniens und der Schweiz zu verständigen, schließlich die Vollziehung des Vertrags von Campo Formio zu verlangen, indem er jedoch hinzufügt, daß, wenn einige Aenderungen nötig sein sollten, um die Ausführung zu erleichtern, wir dazu bereit wären. Der Bürger Lavalette soll nichts schreiben, sich wenig verpflichten, ausnehmend versöhnlich sein, und, nachdem er die Vorschläge des österreichischen Agenten angehört hat, sagen, er werde sie seiner Regierung mitteilen. Das ist das einzige Mittel, um einen Anfang zur Festsetzung der Präliminarien zu machen.

Bonaparte.

An Josephine in Paris.

Lausanne, 26. Floréal des Jahres VIII.
(16. Mai 1800.)

Ich breche in diesem Augenblick auf, um in Sankt Moritz zu übernachten. Keinen Brief von Dir! Das ist nicht hübsch; ich habe Dir mit jedem Kurier geschrieben.

Eugen muß übermorgen ankommen. Ich bin ein wenig erkältet, aber es wird nichts weiter zu bedeuten haben.

Tausend Zärtlichkeiten für Dich, meine gute kleine Josephine, und für alles was Dir gehört!

Bonaparte.

Lettres de Napoléon à Joséphine.

An die Konsuln der Republik.

Martigny, 28. Floréal des Jahres VIII.
(18. Mai 1800.)

Bürger Konsuln, ich empfange soeben Ihren Brief vom 24. Floréal. Haben Sie vielen Dank für die Teilnahme, die Sie an dem Tode der Frau meines Bruders nehmen[1]. Seit langem litt sie schon.

Wir kämpfen gegen Eis, Schnee, Unwetter und Lawinen. Ganz erstaunt, plötzlich so viele Leute über seinen Rücken gehen zu sehn, setzt uns der Sankt Bernhard einige Hindernisse entgegen. Dennoch ist der dritte Teil unserer Feldartillerie bereits hinüber. General Berthier meldet mir am 26., daß er in Aosta angekommen ist. General Lannes, der die Vorhut befehligt, hat mit einem kroatischen Bataillon ein Vorpostengefecht von geringer Bedeutung gehabt. Das Bataillon, das Aosta verteidigen wollte, wurde über den Haufen geworfen.

Ich befinde mich jetzt mitten im Wallis, am Fuße der Zentral-Alpen.

In drei Tagen wird die ganze Armee hinüber sein.

Wenn es nicht von außerordentlicher Notwendigkeit ist, denke ich, würden Sie gut tun, diese Nachrichten nicht der Oeffentlichkeit zu übergeben. Es ist besser, Sie warten damit, bis die Armee in Italien ist und die militärischen Ereignisse ernstlich begonnen haben.

Bonaparte.

---

[1] Luciens erste Frau, Anna Christine, geb. Boyer, war am 14. Mai 1800 an einer Frühgeburt gestorben.

An die Konsuln der Republik.

Martigny, 29. Floréal des Jahres VIII.
(19. Mai 1800.)

Bürger Konsuln, ich erhalte soeben Ihren Kurier vom 25.

Das Wetter ist endlich schön geworden, was uns sehr nötig war, um den Uebergang unserer Artillerie über den Sankt Bernhard zu beschleunigen.

. . . Der Minister des Innern[1] hatte gegen mich den Wunsch geäußert, mir nachkommen zu wollen, um sich ein wenig über den Tod seiner Frau zu zerstreuen, aber abgesehen davon, daß in zwei oder drei Tagen die Operationen mit großer Lebhaftigkeit beginnen, halte ich es für unbedingt nötig, daß er unter diesen Umständen in Paris bleibt.

Durch die Zeitungen erfahre ich, daß ich an meine Mutter einen Brief geschrieben haben soll, in welchem ich ihr mitteile, ich würde in einem Monat in Mailand sein. Das kann mir nicht in den Sinn kommen. Oft sage ich wohl nicht, was ich weiß, aber niemals kommt es vor, daß ich etwas sage, was sich ereignen wird. Ich wünsche, daß Sie eine darauf bezügliche Notiz in den Moniteur setzen lassen und bemerken, daß man sich wohl damit einen Scherz erlaubt habe.

Bonaparte.

---

[1] Lucien Bonaparte.

An den Bürger Fouché, Polizeiminister.

Aosta, 4. Prairial des Jahres VIII.
(24. Mai 1800.)

Bürger Minister, ich habe Ihren undatierten Brief, den Sie mir durch den Kurier vom 29. ankündigten, erhalten. Die beste Antwort auf alle Intrigen, auf alle geheimen Verbindungen, auf alle Denunziationen wird immer die sein, daß Paris während meiner einmonatigen Abwesenheit vollkommen ruhig gewesen ist. Nach solchen Diensten ist man über aller Verleumdung erhaben, und mir gegenüber bedurfte es eines solchen Beweises nicht, denn er kann das vollkommene Vertrauen, das ich Ihnen entgegenbringe, nicht noch vergrößern. Vielleicht sage ich Ihnen heute dasselbe, was ich Ihnen schon mehrmals gesagt habe: studieren Sie die jetzige Generation und die Art, auf welche eine gute Polizei für die Republik geschaffen werden kann. Mit Vergnügen bemerke ich, wie Sie mit Riesenschritten immer weiter vorwärts kommen. Noch zwei oder drei Entdeckungen wie die des englischen Komitees und Sie spielen in der Zeitgeschichte eine ehrenvolle und schöne Rolle.

Bonaparte.

Bericht über die ersten Operationen der Reservearmee.

Hauptquartier Chivasso, 8. Prairial des Jahres VIII.
(28. Mai 1800.)

Obwohl die Reservearmee erst seit einigen Tagen am Feldzuge teilgenommen hat, hat sie sich doch bereits durch Züge von Mut und Aufopferung ausgezeichnet, die die Geschichte nicht verfehlen wird, zu verewigen.

Am Fuße des Sankt Bernhards angekommen, ist das Hinüberschaffen des Geschützes das erste Hindernis, das überwunden werden muß. Die Aussicht, einen viele Stunden langen und kaum 18 Zoll breiten Weg vor sich zu haben, der in steile Felsen eingehauen ist, die ungeheuren Schneemassen, die sich auf sie zu stürzen drohen, die Abgründe, von denen sie bei dem geringsten Fehltritt verschlungen werden können, nichts kann die Soldaten abschrecken. Man drängt sich um die Geschütze, und jeder will die Ehre haben, sie zu ziehen. In diesem Kampfe des Eifers und der Aufopferung zeichnen sich besonders mehrere Abteilungen der Division Loison, das 19., 24. leichte, 43. und 96. Linienregiment aus. Nach unmöglich zu beschreibenden Anstrengungen und seltener Beharrlichkeit gelangen die Geschütze endlich über den Sankt Bernhard. Dort will man den Soldaten die versprochene Belohnung geben: sie schlagen sie aus.

Gefecht bei Aosta.

Schon am 26. Floréal marschiert die Avantgarde, die am Tage vorher über das Gebirge gegangen war, dem Feind entgegen. Bei der Brücke von Aosta stößt sie auf ihn, greift ihn an und verdrängt ihn aus seiner vorteilhaften Stellung. In diesem Gefecht wurde der die Stadt kommandierende Offizier tödlich verwundet.

Treffen bei Châtillon.

(28. Floréal.)

Am 28. setzte die Vorhut ihren Marsch fort, um sich der Höhen von Châtillon zu bemächtigen, die von einem Bataillon des Banats mit vier Geschützen verteidigt wurden. Während einige unserer Kolonnen diese Höhen umgehen, greift die Vorhut die Mittelkolonne von vorn an. Der Feind wird in die Flucht geschlagen und von 100 Husaren des 12. Regiments verfolgt, die drei Kanonen wegnehmen und 300 Gefangene machen.

An demselben Tage marschiert die Vorhut bis auf eine halbe Stunde vor das Schloß Bard. Der Feind hielt die Höhen besetzt, die das Städtchen beherrschen; eine Kolonne umgeht ihn über steile Felsen und zwingt ihn, sich hinter die Mauern des Schlosses zu flüchten.

Ich befehle, daß man sich der Stadt bemächtige. Die Sappeure und Grenadiere lassen die Zugbrücken herab, schlagen die Tore ein, und die Stadt ist unser. Drei Grenadierkompagnien setzen sich darin fest. Das Schloß wird auf Musketenschußweite blockiert.

Am 5. Prairial befehle ich dem General Loison, das Schloß enger einzuschließen, alle Schutzwehren niederzureißen, um die Einfahrt unserer Artillerie zu erleichtern. Die Grenadiere der 28. Halbbrigade gehen mit seltener Unerschrockenheit daran.

Der Feind hielt das Schloß Bard für ein unüberwindliches Hindernis, weil es, um den Eingang nach Piemont zu verschließen, gerade an dem Punkte errichtet worden war, wo die beiden Berge, die das Tal von Aosta bilden, sich einander so weit nähern, daß sie nur einen Raum von 25 Toisen zwischen jäh aufsteigenden Felsen freilassen. 1500 Mann sind abgeschickt, um einen Weg auf dem Berge Albard herzustellen, und arbeiten tüchtig daran. Da, wo die Abdachung zu steil war, sind Stufen eingehauen worden, wo der Weg sich immer mehr verengerte und rechts oder links ein Abgrund gähnte, sind Schutzmauern angebracht worden. Wo die Felsen durch tiefe Schluchten getrennt waren, hat man Brücken geschlagen, und jenen Berg, der seit Jahrhunderten als für das Fußvolk unüberwindlich angesehen worden ist, ihn hat die französische Reiterei überschritten.

Aber der Feind wurde durch noch viel ungewöhnlichere Anstrengungen in Erstaunen gesetzt. Während man unermüdlich an dem Wege über den Albard arbeitete, tragen Soldaten auf ihren Rücken zwei Vierpfünder über den Pass La Cou, und, nachdem sie dreißig Stunden lang damit die fürchterlichsten Felsen erklommen haben, gelingt es ihnen endlich, sie auf den das Schloß beherrschenden Höhen aufzupflanzen.

Wir waren zwar Herren der Stadt Bard, aber der unterhalb des Forts liegende Weg war einem beständigen Musketen- und Artilleriefeuer ausgesetzt, das jede Verbindung unmöglich machte. Die Vorhut stand bereits dem Feinde gegenüber und brauchte Kanonen. Da ihr Uebergang über den Albard mit großen Nachteilen verbunden gewesen wäre und einen bedeutenden Zeitverlust erfordert haben würde, wird sofort einigen Tapfern befohlen, die Geschütze während der Nacht unter dem Feuer des Schlosses durch die Stadt zu ziehen. Der Befehl wurde mit Begeisterung ausgeführt.

Soviel Aufopferung mußte mit Erfolg gekrönt werden. Alle Kanonen kamen nach und nach durch, und trotz des Kugelhagels des Feindes hatten wir nur ein paar Verwundete.

Der General Marmont, der die Artillerie befehligte, war überall. Sein Eifer und seine Fähigkeiten haben nicht wenig zu dem Erfolge dieser ebenso wichtigen als schwierigen Operation beigetragen.

Einnahme von Ivrea.
(4. Prairial.)

General Lannes hatte Befehl erhalten, sich mit der Vorhut nach San Martino und von da nach Ivrea zu begeben. Der Feind hielt letztgenannte Stadt stark besetzt. Unsere Truppen umzingeln ihn und stürzen sich in die Stadt, wobei sie die zugänglichen Stellen der Mauern erklettern. Der Feind verläßt Stadt und Festung. Wir haben 500 Gefangene gemacht und 15 Kanonen genommen.

Es war die höchste Zeit, denn später hätte es uns eine regelrechte Belagerung gekostet.

Bei dieser Gelegenheit haben der General Watrin, der einen Teil der Vorhut befehligte, und der Generaladjutant Hullin ihre Fähigkeiten und ihren Mut bewiesen. Auch der General Muller hat sich ausgezeichnet. Wir haben nur zwanzig Tote und Verwundete zu beklagen. Unter der Zahl der Toten befindet sich der Bürger Ferrat, Bataillonskommandeur der 22. Halbbrigade.

Die von der Division des Generals Boudet unterstützte Avantgarde nimmt nun jenseits von Ivrea Stellung. Der Feind, der durch Verstärkungen, die er von Turin und aus allen Teilen Piemonts erhielt, wieder ermutigt worden war, hielt plötzlich in seiner Flucht inne und nahm auf den Höhen von Romano, hinter der Chiusella Stellung, deren Uebergang er mit 5000 Mann Infanterie, 4000 Mann Kavallerie und mehreren Geschützen deckte.

Gefecht an der Chiusella.
(6. Prairial.)

General Lannes, dem ich Befehl erteilt hatte, den Feind aus dieser Stellung zu verdrängen, erreicht bald die Ufer der Chiusella, indem er die Straße von Turin einschlägt. Die 6. leichte Halbbrigade beginnt den Angriff auf drei Punkten. Das Zentrum wirft sich im Sturmschritt auf die Brücke; zwei Bataillone stürzen sich unter einem fürchterlichen Kugel- und Kartätschenhagel in den Fluß. Einem solchen Ungestüm kann der Feind nicht widerstehen. Schon ist seine erste Infanterielinie vollständig in die Flucht geschlagen. Seine zweite Linie, die aus den Regimentern Kinski und Banat besteht, will die 6. leichte Infanterie angreifen und es gelingt ihr, sie für einen Augenblick zum Stehen zu bringen, aber die 22. Linieninfanterie, die vom General Gency in gedrängter Kolonne aufgestellt ist, stürzt sich auf den Feind, wirft ihn über den Haufen und zwingt ihn, sein Heil in der Flucht zu suchen. Er wird von der 6. leichten und der 22. Linieninfanterie, vom 12. Husaren- und 21. Jägerregiment hartnäckig verfolgt. Die aus 4000 Mann bestehende feindliche Kavallerie greift nun ihrerseits an. Die 40. und 22. Halbbrigade halten ihren Angriff mit vorgestrecktem Bajonett standhaft aus. Niemals hat ein Fußvolk mehr Kaltblütigkeit und Mut gezeigt. Drei Angriffe werden nacheinander zurückgeschlagen. Der die feindliche Reiterei kommandierende General Palffy und sechs andere österreichische Offiziere werden getötet.

Der Feind hat mehr als 500 Mann und 300 Pferde

verloren. Das Regiment La Tour ist fast vollständig aufgerieben worden; wir haben 60 Gefangene gemacht.

Wir hatten 250 Tote und Verwundete; unter den letzteren befindet sich der Bürger Sarret, Bataillonschef des 6. leichten Infanterieregiments und der Bürger Dumont, Bataillonschef des 22. Linienregiments.

Während die vom General Lannes befehligte Vorhut gegen den Po und Chivasso vorrückte, griff die unter den Befehlen des Generals Turreau stehende Division den Feind bei Susa an. Am 2. greift sie den Posten von Gravera an, dessen Höhen mit Kanonen und Verschanzungen gespickt waren. Der Generaladjutant Liébault, der die Vorhut befehligte, rückt mit 800 Mann der 28. leichten und 150 Mann der 15. vor, um alle Werke mit Gewalt zu nehmen. General Turreau unterstützt diesen Angriff mit drei Karabinier- und vier Grenadierkompagnien, einer Haubitze und einem Achtpfünder. Der Kampf ist hartnäckig und der Sieg lange Zeit ungewiß.

Dem General Turreau bleibt nur noch die 26. Halbbrigade. Sie erhält Befehl, den Feind anzugreifen, desgleichen 100 Sappeure, die gerade während des Gefechts ankommen.

Einnahme von Susa und Brunetta.
(2. Prairial.)

Es gelingt einem Bataillon der 26. Halbbrigade, das Fort San Francesco zu umgehen, es besetzt es sofort, stellt sich auf dem Plateau auf und zwingt den Feind, das Dorf Gravera zu räumen. Bald rücken die Truppen auf allen Seiten im Sturmschritt vor. Alle Stellungen werden genommen, und Brunetta ergibt sich um 10 Uhr abends.

Wir haben in diesem Gefecht mehr als 1500 Gefangene gemacht, mehr denn 300 Mann getötet und verwundet, 800 Gewehre und viele Kriegs- und Mundvorräte erobert. Unserseits hatten wir 60 Tote und 250 Verwundete zu verzeichnen.

Nach diesem Sieg ist der General Turreau von Susa weiter marschiert.

Ich habe der italienischen Legion befohlen, gegen Gressoney und Riva vorzurücken; sie zieht längs der Sesia hin und folgt den Bewegungen der Armee.

Einnahme von Vercelli.
(7. Prairial.)

Am 7. Prairial zieht der General Murat nun seinerseits in Vercelli im Sturmschritt ein. Das 2. und 15. Jägerregiment haben, von drei Grenadierkompagnien der Division Monnier unterstützt, 1000 Mann feindliche Reiterei über die Sesia geworfen, wovon 60 mit ihren Pferden gefangen genommen wurden.

Dem Adjutanten Beaumont ist in diesem Treffen das Pferd getötet worden.

Der Feind hat seine Brücke über die Sesia verbrannt; General Murat ließ eine neue schlagen.

General Lannes steht jenseits von Chivasso.

Auf Befehl des Ersten Konsuls.

An den Bürger Talleyrand, Minister der Auswärtigen
Angelegenheiten.

Mailand, 15. Prairial des Jahres VIII.
(4. Juni 1800.)

Bürger Minister, lassen Sie bitte eine Flugschrift
unter dem Titel drucken: »Brief eines patriotischen Glieds
des germanischen Körpers über die Politik des Hauses
Oesterreich.« Ihr Zweck wäre, darzutun, daß das Haus
Oesterreich sich stets auf Kosten und zum Nachteil
des Reichs vergrößert hat.

Dazu brauchte man jemand, der die Ereignisse der
letzten fünfzig Jahre, besonders diejenigen, die sich auf
Mainz usw. beziehen, genau kennt. Es wäre gut, diesen
Brief in deutscher Sprache drucken zu lassen und ihn
in großer Anzahl in Deutschland zu verbreiten.

Bonaparte.

An den Bürger Carnot, Kriegsminister.

Mailand, 15. Prairial des Jahres VIII.
(4. Juni 1800.)

Wir sind in Mailand, Bürger Minister. In Pavia
fanden wir 300 Kanonen auf ihren Lafetten, wovon ein
Teil Feldgeschütz, das andere Belagerungsgeschütz;
außerdem 2000 Zentner Pulver, 10 000 neue Gewehre,
eine große Anzahl Kriegsmunition aller Art und viele
Magazine.

Hier die Situation in Italien:

Der Feind glaubte lange, daß wir höchstens 7 bis 8000 Mann stark seien, daß wir einen Streifzug versuchten, um ihn zu zwingen, die Belagerung von Genua und Nizza aufzugeben, und dieser Ansicht ist er bis zum 8. Prairial geblieben.

Beim Gefecht an der Chiusella machte seine Kavallerie 7 bis 8 Gefangene. Bei ihnen zogen die Feinde Erkundigungen ein, sie wollten aber noch nicht so recht dran glauben.

Am 13. schien der General Hohenzollern, der, wie Sie aus meinem Briefe an die Konsuln ersehen werden, die Belagerung von Genua kommandiert, noch immer keinen großen Wert auf unsere Stärke zu legen. General Melas schrieb von Pavia aus an eine Frau, mit der er lebte: »Ich weiß, man sagt in der Lombardei, es sei eine französische Armee im Anzuge; fürchte nichts; ich verbiete Dir, abzureisen.« 12 Stunden später zogen wir in Pavia ein.

Wir sind in Lodi. Die Vorhut Monceys erreicht Como, und er beschäftigt sich damit, Boote für den Uebergang über den Po zusammenzubringen.

Alle Hospitäler der Lombardei sind in unsern Händen geblieben. Wir fanden dort 5—6000 Kranke oder Verwundete vor.

Ein Teil der Garnison von Savona, die gefangen wieder zurückging, ist abgeschnitten worden und zu uns gestoßen.

Sie merken wohl, daß in wenigen Tagen recht wichtige Ereignisse stattfinden werden, die auf die künftige Lage des Hauses Oesterreich seltsamen Einfluß haben können.

Gegenwärtig muß Ihre ganze Aufmerksamkeit auf die Bekleidung der Truppen gerichtet sein. Jetzt ist der geeignete Moment, die Massen wieder in Stand zu setzen.

Machen Sie in der zweiten Reservearmee die Kavallerie beritten, liefern Sie ihr alles, was sie braucht, damit dieser Haufen Menschen, der uns viel kostet und keine Dienste leistet, aus den Depots herauskommt.

Gewehre empfehle ich Ihnen nicht, denn das wird noch drei Jahre nach dem Frieden ein Gegenstand an der Tagesordnung sein. Ich betrachte die Republik nicht früher als befestigt, als bis sie drei Millionen Flinten in ihren Arsenalen hat.

Bonaparte.

An den General Bernadotte, Oberbefehlshaber der Westarmee.

Mailand, 15. Prairial des Jahres VIII.
(4. Juni 1800.)

Ich sage Ihnen weiter nichts, mein lieber General, als daß wir in Mailand sind, den Park des Feindes, 300 Belagerungs- und Feldgeschütze, alle Hospitäler und Magazine genommen haben.

Moreau hält sich immer noch in der Nähe von Ulm.

Bemächtigen Sie sich lebendig oder tot dieses Schurken Georges. Haben Sie ihn einmal, dann lassen Sie ihn binnen vierundzwanzig Stunden erschießen, weil er nach der Kapitulation in England gewesen ist.

Ich grüße und liebe Sie

Bonaparte.

Ansprache an die Pfarrer der Stadt Mailand.

16. Prairial des Jahres VIII.
(5. Juni 1800.)

Es war mein Wunsch, Sie alle hier versammelt zu sehen, um die Genugtuung zu haben, Ihnen persönlich die Gefühle mitzuteilen, die mich hinsichtlich des katholischen, apostolischen und römischen Glaubens beseelen. Ueberzeugt, daß diese Religion die einzige ist, die einem geordneten Staat wahres Glück verschaffen und die Grundlagen einer guten Regierung befestigen kann, gebe ich Ihnen die Versicherung, daß ich mich befleißigen werde, sie jederzeit und mit allen Mitteln zu beschützen und zu verteidigen. Sie, die Diener dieser Religion, die ja auch die meine ist, Sie betrachte ich als meine besten Freunde. Ich erkläre Ihnen, daß ich jeden, der auch nur die geringste Beleidigung gegen unsere gemeinsame Kirche wagt oder sich die leiseste Mißachtung gegen Ihre geheiligten Personen erlaubt, als Störenfried der öffentlichen Ruhe und Feind des gemeinsamen Wohles betrachten und als solchen bestrafen zu wissen werde, das heißt, auf die strengste und Aufsehen erregendste Weise, ja sogar wenn es sein muß, mit dem Tode.

Es ist meine ausdrückliche Absicht, die christliche, katholische und römische Religion vollständig zu bewahren, sie öffentlich ausüben zu lassen und zwar mit ebenso großer, ebenso ausgedehnter, ebenso unverbrüchlicher Freiheit, als zur Zeit, wo ich zum erstenmal diese glücklichen Gefilde betrat. Alle Aenderungen, die

später vorgenommen wurden, besonders in den Ordens-
regeln, geschahen gegen meine Neigung und Denkungsart. Als einfacher Beamter einer Regierung, die sich in
keiner Weise um die katholische Kirche sorgte, konnte
ich damals nicht alle die Verwirrungen verhindern, die
die Regierung um jeden Preis hervorzurufen bemüht
war, in der Absicht, sie zu stürzen. Gegenwärtig, da
ich alle Machtbefugnisse habe, bin ich entschlossen,
alle Mittel in Bewegung zu setzen, um diese Religion
zu sichern und zu schützen.

Die modernen Philosophen haben sich bemüht,
Frankreich zu überzeugen, daß die katholische Religion
die unversöhnliche Feindin jedes demokratischen Systems
und jeder republikanischen Regierung sei: daher jene
grausame Verfolgung der französischen Republik gegen
die Kirche und ihre Diener, daher alle Schrecken, denen
dieses unglückliche Volk ausgesetzt war. Auch die Ver-
schiedenheit der Meinungen in bezug auf die Religion,
die zur Revolutionszeit in Frankreich herrschte, war
keine geringe Quelle aller dieser Unordnungen. Die Erfahrung hat die Franzosen aus ihrem Irrtume gerissen
und sie überzeugt, daß von allen Religionen sich keine so
den verschiedenen Regierungsformen anpaßt, keine besonders die demokratische republikanische Regierung mehr
begünstigt, keine die Rechte besser befestigt und Klarheit
über den Ursprung der Menschen bringt, als die katholische. Auch ich bin Philosoph und weiß, daß in einem
Staate, welcher Art er auch sei, kein Mensch für tugend-
haft und rechtschaffen gelten sollte, wenn er nicht weiß,
von wannen er kommt und wohin er einst geht. Die ein-
fache Vernunft allein kann uns nicht daraufbringen;
ohne die Religion tappt man immer im Finstern. Und

nur die katholische Religion vermag dem Menschen eine
sichere, unfehlbare Aufklärung über seinen Ursprung
und sein Ende zu geben. Keine Gesellschaft kann ohne
Moral existieren, und es gibt keine gute Moral ohne
Religion. Also bietet nur die Religion dem Staate eine
feste und dauerhafte Stütze. Eine Gesellschaft ohne
Religion ist wie ein Schiff ohne Kompaß: ein solches
Schiff kann sich weder seines Kurses versichern, noch
hoffen, den Hafen zu erreichen. Eine immer bewegte,
fortwährend von den heftigsten Leidenschaften erschüt-
terte Gesellschaft ohne Religion erleidet in sich selbst
alle Schrecken des Bürgerkriegs, der sie in den Abgrund
des Elends stürzt und früher oder später ihren Untergang herbeiführt.

Frankreich, durch sein Unglück klug gemacht, hat
endlich die Augen geöffnet, hat erkannt, daß allein die
Religion es gleich einem Anker in seinen Leidenschaften
aufhalten und aus den Gefahren des Sturmes retten
konnte; es hat sie infolgedessen wieder aufgenommen in
seiner Mitte. Ich kann allerdings nicht in Abrede stellen,
daß ich zu diesem schönen Werke beigetragen habe. Ich
bezeuge Ihnen, man hat in Frankreich die Kirchen wieder
geöffnet, die katholische Religion gewinnt ihren alten
Glanz wieder, und das Volk sieht ehrfurchtsvoll auf die
heiligen Seelsorger, die voll von eifrigem Streben zu
ihren verlassenen Herden zurückkehren.

Die Behandlung des verstorbenen Papstes muß Ihnen
keine Befürchtung einflößen: Pius VI. verdankte sein
Unglück teils den Intrigen derer, denen er sein Vertrauen geschenkt hatte, teils der grausamen Politik des
Direktoriums. Wenn ich einmal mit dem neuen Papste
zusammenkommen sollte, werde ich hoffentlich so glück-

lich sein, alle Hindernisse zu beseitigen, die sich der vollkommenen Versöhnung Frankreichs mit dem Oberhaupt der Kirche noch entgegenstellen könnten. Ich weiß, was Sie gelitten haben, teils an Ihrer Person, teils an Ihren Gütern, und bemerke nochmals: Ihre Person wird künftig geheiligt und von jedermann respektiert werden! Was Ihre Güter betrifft, so werde ich die nötigen Befehle geben, damit sie Ihnen wenigstens teilweise wiedererstattet werden, und zwar werde ich es so machen, daß man Ihnen für immer die Mittel zu einer ehrenhaften Existenz sichert.

Das ist es, was ich Ihnen hinsichtlich der christlichen, katholischen und römischen Religion sagen wollte. Ich wünsche, daß der Ausdruck dieser Gefühle in Ihrem Herzen ewig eingegraben bleibe, daß Sie meine Worte beherzigen. Ich billige, daß man sie gedruckt dem Publikum mitteilt, damit meine Verfügungen nicht allein in Italien und Frankreich bekannt werden, sondern auch in ganz Europa.

An Seine Majestät den Kaiser und König.

Marengo, 27. Prairial des Jahres VIII.
(16. Juni 1800.)

Ich habe die Ehre, Eurer Majestät zu schreiben, um Sie von dem Wunsche des französischen Volks in Kenntnis zu setzen, dem Krieg, der unsere Länder verwüstet, ein Ende zu machen.

Die Arglist der Engländer hat die Wirkung verhindert, die mein ebenso einfacher als offener Schritt auf das Herz Eurer Majestät notwendigerweise haben mußte.

Der Krieg hat stattgefunden. Tausende von Franzosen und Oesterreichern sind nicht mehr . . . Tausende von trostlosen Familien fordern ihre Väter, ihre Gatten, ihre Söhne! . . . Aber das geschehene Unglück ist nicht wieder gutzumachen. Möge es uns wenigstens zur Warnung dienen und uns weiteres, aus der Fortsetzung der Feindseligkeiten entspringendes Unheil vermeiden lassen! Diese Aussicht betrübt mein Herz dermaßen, daß ich, ohne mich durch die Nutzlosigkeit meines ersten Schrittes abschrecken zu lassen, nochmals den Entschluß fasse, Eurer Majestät direkt zu schreiben, um Sie zu beschwören, dem Unglück des Festlandes ein Ende zu machen.

Auf dem Schlachtfelde von Marengo, mitten unter Leiden, umgeben von 15 000 Leichnamen, beschwöre ich Eure Majestät, den Ruf der Menschlichkeit zu hören und nicht zu dulden, daß die Generation zweier tapferer, mächtiger Nationen sich gegenseitig Interessen wegen ermorde, die ihnen fremd sind.

Mir, der ich dem Kriegsschauplatz näher bin als Eure Majestät, kommt es zu, Sie dringend zu bitten; Ihr Herz kann davon nicht so lebhaft berührt sein als das meinige.

Den Waffen Eurer Majestät ward genug Ruhm zuteil. Sie beherrschen zahlreiche Staaten. Was wollen denn diejenigen, die im Kabinett Eurer Majestät auf die Fortsetzung der Feindseligkeiten bestehen, noch mehr?

Etwa die Interessen der Religion und Kirche?

Warum rät man Eurer Majestät nicht, die Engländer,

Russen, oder Preußen zu bekriegen? Sie sind von der Kirche weiter entfernt als wir.

Etwa die Form der französischen Regierung, die nicht erblich, sondern einfach auf die Wahl begründet ist?

Aber das deutsche Reich ist ja auch ein Wahlreich, und übrigens ist Eure Majestät gewiß überzeugt, daß die ganze Welt nicht imstande wäre, an dem natürlichen Willen des französischen Volks, sich zu regieren, wie es ihm gefällt, etwas zu ändern. Und warum rät man Eurer Majestät nicht, vom König von England die Aufhebung des Parlaments und der Stände oder von Amerika die Abschaffung seines Kongresses zu verlangen?

Etwa die Interessen des deutschen Staatenkörpers?

Aber Eure Majestät hat uns ja Mainz abgetreten, dessen wir uns mehrere Feldzüge hindurch nicht haben bemächtigen können, und das imstande war, eine mehrmonatige Belagerung auszuhalten. Aber das deutsche Reich verlangt ja mit lauter Stimme nach Frieden, der es allein vor seinem gänzlichen Untergang retten kann. Der größte Teil des deutschen Reichs, selbst die Staaten des Königs von England, des alleinigen Anstifters des Krieges, leben ja in Frieden mit der französischen Republik!

Etwa eine Vergrößerung des Gebietes in Italien zugunsten Eurer Majestät?

Der Vertrag von Campo Formio hat ja Eurer Majestät gegeben, wonach Ihre Vorfahren beständig strebten.

Vielleicht das europäische Gleichgewicht?

Der letzte Feldzug beweist hinlänglich, daß das europäische Gleichgewicht nicht von Frankreich bedroht wird, und die täglichen Ereignisse sind der beste Beweis dafür, daß es von England bedroht ist, das sich des Welthandels und der Herrschaft über das Meer in solchem Maße bemächtigt hat, daß es heute ganz allein der vereinigten Seemacht der Russen, Dänen, Schweden, Franzosen, Spanier und Holländer widerstehen kann. Besonders für Eure Majestät, der Sie heute einen großen Handel besitzen, ist die Unabhängigkeit und Freiheit der Meere von großer Wichtigkeit.

Etwa die Vernichtung der revolutionären Prinzipien?

Wenn sich Eure Majestät von den Wirkungen des Kriegs überzeugen wollen, so werden Sie finden, daß dadurch ganz Europa revolutioniert wird, weil er überall die Staatsschuld und die Unzufriedenheit der Völker vergrößert.

Indem man das französische Volk zwingt, Krieg zu führen, zwingt man es, an nichts anders als an den Krieg zu denken, nur vom Kriege zu leben — und die französischen Legionen sind zahlreich und tapfer!

Wünscht Eure Majestät den Frieden, so ist er geschlossen. Lassen Sie uns den Vertrag von Campo Formio beiderseitig vollziehen und durch einen kleinen Zusatz die Gewährleistung der kleinen Staaten befestigen, die, wie es scheint, die Hauptursache des Friedensbruches gewesen ist.

Lassen Sie uns der gegenwärtigen Generation Ruhe und Frieden geben. Wenn die künftigen Geschlechter so töricht sind, sich zu schlagen, nun gut, nach ein paar Jahren des Kriegs werden sie lernen, klug zu werden und in Frieden zu leben.

Ich konnte die ganze Armee Eurer Majestät gefangen nehmen, habe mich jedoch mit einem Waffen-

stillstand begnügt, in der Hoffnung, damit den ersten
Schritt für die Ruhe der Welt zu tun, die mir um so
mehr am Herzen liegt, als man mich im Verdacht haben
könnte, an die Uebel, die der Krieg nach sich zieht,
gewöhnt zu sein, weil ich in ihm groß geworden bin.

Eure Majestät begreifen jedoch, daß wenn die gegenwärtige Waffenruhe nicht zum Frieden führen soll, sie
zwecklos und gegen die Interessen meines Volkes ist.

Daher glaube ich, Eurer Majestät folgenden Vorschlag
machen zu müssen:

1. daß der Waffenstillstand sich auf alle Armeen
erstrecke.

2. daß von beiden Seiten Unterhändler, geheim oder
öffentlich, wie es Eure Majestät wünscht, an einen Ort
zwischen dem Mincio und der Chiese gesandt werden,
um sich über das System der Gewährleistung der kleinen
Staaten zu verständigen, sowie die Artikel des Vertrags
von Campo Formio zu erläutern, die, wie die Erfahrung
zeigt, einer Auseinandersetzung bedürfen.

Sollte sich Eure Majestät diesen Vorschlägen widersetzen, so werden die Feindseligkeiten wieder aufgenommen. Erlauben Sie mir aber, Ihnen offen zu sagen,
daß Sie dann in den Augen der Welt allein für den
Krieg verantwortlich sind.

Ich bitte Eure Majestät, diesen Brief mit denselben
Gefühlen zu lesen, die mich veranlaßt haben, ihn zu
schreiben, und überzeugt zu sein, daß mir nach dem
Wohle und den Interessen des französischen Volks nichts
mehr am Herzen liegt als das Gedeihen der kriegerischen
Nation, deren Mut und militärische Eigenschaften ich
seit acht Jahren bewundere.

Bonaparte.

An den Bürger Lucien Bonaparte, Minister des Innern.

Lyon, 10. Messidor des Jahres VIII.
(29. Juni 1800.)

Ich erhalte soeben, Bürger Minister, Ihren Brief vom.... Ich werde in Paris ganz unverhofft ankommen. Ich will weder Triumphbögen noch irgend eine andere Zeremonie. Ich habe eine zu gute Meinung von mir, um solchen Flitterkram zu achten. Ich kenne keinen andern Triumph als die öffentliche Genugtuung.

Bonaparte.

An den Bürger Talleyrand.

Paris, 15. Messidor des Jahres VIII.
(4. Juli 1800.)

Bürger Minister, ich wünsche, daß Sie mir mitteilen, auf welche Weise wir dem Kaiser von Rußland folgende Mitteilung machen lassen können:

„Der Erste Konsul der Republik möchte gern als Beweis seiner persönlichen Hochachtung für den Kaiser von Rußland, und weil er ihn vor den andern Feinden der Republik, die sich aus niedriger Gewinnsucht schlagen, auszuzeichnen wünscht, Malta den Händen des Zaren als Großmeister des Ordens übergeben, wenn die Garnison durch die Hungersnot genötigt wird, die Festung zu räumen. Obwohl aber der Erste Konsul sicher ist, daß Malta noch für mehrere Monate Lebensmittel besitzt, wünscht er zu wissen, welche Verträge Seine Kaiserliche Majestät machen und welche Maßnahmen sie treffen möchte, um eintretenden Falls Ihre Truppen in die Festung einziehen zu lassen."

Wäre es nicht geeignet, über diesen Gegenstand direkt an den Minister der Auswärtigen Angelegenheiten in Petersburg zu schreiben? Wenn Sie der Ansicht sind, so legen Sie mir einen Briefentwurf vor.

Bonaparte.

An den Bürger Carnot, Kriegsminister.

Paris, 5. Thermidor des Jahres VIII.
(24. Juli 1800.)

Bürger Minister, die Konsuln haben erfahren, daß der Bürger Foissac-Latour[1] aus Oesterreich zurückgekehrt ist und die Uniform der französischen Soldaten entehrt, indem er sie trägt. Teilen Sie ihm mit, daß er seit jenem Tage, wo er die Festung Mantua so feig übergeben hat, aufgehört habe, der Republik zu dienen, und verbieten Sie ihm ausdrücklich, irgendeine Uni-

---

[1] François Philippe de Foissac-Latour war Divisionsgeneral und Kommandant von Mantua gewesen. Als die Festung belagert wurde, schrieb er dem General Moreau, er brauche keine Sorge um Mantua zu haben, das für sechs Monate mit Proviant versehen wäre. Dennoch übergab er die Festung bald darauf (am 28. Juli 1799) unter der Bedingung, daß er und seine Offiziere Kriegsgefangene in Oesterreich anstatt in der Garnison sein würden. Nach seiner Rückkehr nach Frankreich wurde ihm verboten, die französische Uniform zu tragen.

form zu tragen. Sein Benehmen in Mantua gehört mehr ins Bereich der öffentlichen Meinung als vor den Gerichtshof. Uebrigens wünscht die Regierung nichts mehr von dieser schmachvollen Belagerung zu hören, die lange Zeit ein Flecken für unsere Waffen sein wird.

Der Bürger Foissac-Latour wird in der öffentlichen Verachtung die größte Strafe finden, die man einem Franzosen antun kann.

Bonaparte.

An den Bürger Talleyrand.

Paris, 7. Thermidor des Jahres VIII.
(26. Juli 1800.)

Ich bitte Sie, Bürger Minister, mir einen Entwurf des Schreibens zu machen, daß Sie an Beurnonville[1] schicken werden, um Herrn von Haugwitz zu antworten. Es muß darin gesagt werden, daß der Erste Konsul von den persönlichen Gefühlen, die Seine Majestät der König von Preußen der französischen Republik entgegenbringt, tief berührt worden ist, daß er seit der Mission des Adjutanten Duroc[2] den sehnlichsten Wunsch hegt, die Bande, die beide Mächte bereits vereinen, noch fester zu knüpfen und Seine Majestät auf eine des Erbens

---

[1] General Pierre de Riel, Marquis de Beurnonville, 1752—1821, war eine zeitlang Gesandter in Berlin.

[2] Kurz nach dem 18. Brumaire wurde Duroc mit einer Mission an den Berliner Hof geschickt, die viel zur Aufrechterhaltung des Friedens zwischen Preussen und Frankreich beitrug.

Friedrichs des Großen würdige Weise in die Angelegenheiten Europas vermittelnd eintreten zu lassen, daß aber der preußische Minister sich in seinem ganzen Benehmen von diesem System zu entfernen schien und jede Gelegenheit ergriffen habe, um die Verwirklichung dieses Wunsches hinauszuschieben und ihn nichtig zu machen. Bei mehreren Gelegenheiten habe sich sogar, wie es schien, die preußische Staatskanzlei von dem Geiste des Baseler Vertrags entfernt und sei wenig geneigt gewesen, das linke Rheinufer abzutreten, das man Frankreich seit langem zugesichert habe. Obwohl der Erste Konsul vom ersten Augenblick an die ablehnende Weise der preußischen Staatskanzlei für alles, was zur Ausführung des angekündigten Systems hätte beitragen können, bemerkt habe, sei doch sein Vertrauen zu Seiner Majestät noch nicht erschüttert, denn er habe sich bereitwilligst dazu erklärt, den Frieden zwischen der Republik und Rußland wiederherzustellen. In dem Schreiben, das Herr von Haugwitz dem Unterzeichneten wieder zugeschickt habe, sei gesagt, Seine Majestät habe keinen aufrichtigeren Verbündeten als den Kaiser von Rußland. Der Erste Konsul wünschte daher zu wissen, ob er den Frieden schließen kann, und wie weit die Dienstleistungen Seiner Majestät des Königs von Preußen gegen den Kaiser von Rußland, sowie die Absichten Seiner Majestät in bezug auf das linke Rheinufer gehen würden.

Bonaparte.

An den General Moreau, Oberbefehlshaber der Rheinarmee.

Paris, 6. Fructidor des Jahres VIII.
(24. August 1800.)

Wie ich Ihnen schon angekündigt habe, mein lieber
General, berufen Sie das Vertrauen und die Achtung der
Konsuln zu der obersten Leitung der Heere, die in
Deutschland operieren sollen. Die Bescheidenheit, mit
der Sie dieses hohe Kommando anzunehmen verweigern,
ist in ihren Augen nur ein neuer Grund gewesen, es
Ihnen zu geben. In der Voraussicht, daß die Lang-
samkeit des Wiener Hofes die Regierung unverzüglich
in die Notwendigkeit versetzen kann, den Waffenstillstand aufzuheben, und in dem sichern Gefühl, daß nur
ein energisches, entschlossenes Zusammenwirken uns alle
Vorteile in den Operationen der Armee von Deutschland
bieten, die Mittel vermehren und den Erfolg sichern
kann, haben sie sogleich beschlossen, daß bei dem Bruch
des Waffenstillstandes das vom General Augereau befehligte Armeekorps unter Ihre Befehle gestellt und nach
Ihren Instruktionen handeln werde, um Ihre Operationen
zu unterstützen und zu sichern.

In einer gestern bei den Konsuln stattgefundenen
Versammlung, der auch der General Lahorie beiwohnte,
hat man es für geeignet gefunden, dieses Armeekorps,
sobald die Feindseligkeiten wieder aufgenommen seien,
auf Schweinfurt zu dirigieren, um Würzburg einzuschließen, alles was sich möglicherweise in dieser
Biegung des Mains befindet, zu umgehen, dann von der
Oberpfalz aus Böhmen zu bedrohen und die Belage-
rungen der Festungen an der Donau zu decken.

Ich schicke Ihnen eine Abschrift des Briefes, den ich in dieser Hinsicht an den General Augereau sende. Er soll von nun an mit Ihnen einen lebhaften Briefwechsel unterhalten, um Sie über seine Lage und alle seine Bewegungen auf dem laufenden zu halten. Er äußerte seinerzeit den lebhaften Wunsch, zu den Erfolgen der von Ihnen befehligten Armee beitragen zu können. Man kann daher annehmen, daß er mit der Verfügung zufrieden sein wird, die ihm Gelegenheit gibt, an den großen, von Ihnen geleiteten Operationen teilnehmen zu können.

Auf Befehl des Ersten Konsuls.

An den Grafen von Provence[1].

Paris, 20. Fructidor des Jahres VIII.
(7. September 1800.)

Mein Herr, ich habe Ihren Brief erhalten und danke Ihnen für die ehrenvollen Dinge, die Sie mir darin sagen.

Sie dürfen Ihre Rückkehr nach Frankreich nicht wünschen, denn Sie müßten über 100 000 Leichen hinweg.

Opfern Sie Ihre Interessen der Ruhe und dem Glücke Frankreichs; die Geschichte wird es Ihnen zu danken wissen.

---

[1] Ludwig XVIII. Er hatte fast unmittelbar nach dem 18. Brumaire von Mitau aus an Bonaparte wiederholt geschrieben, um ihn zu bewegen, infolge seines Einflusses das Königtum in Frankreich wieder einzuführen und den Bourbonen den Thron zurückzugeben. Bonaparte antwortete nur auf das letzte Schreiben Ludwigs durch obigen Brief.

Ich bin gegen das Unglück Ihrer Familie nicht unempfindlich ... Mit Vergnügen will ich zum Wohle
und zur Ruhe Ihrer Zurückgezogenheit beitragen.

Bonaparte.

An den außerordentlichen Gesandten Seiner Majestät
des Königs von Preußen.[1]

Paris, 22. Fructidor des Jahres VIII.
(9. September 1800.)

Mein Herr, ich habe den Konsuln der Republik
die Klagen vorgelegt, die Sie in einem Ihrer Briefe
vom 12. dieses Monats an mich richteten, hinsichtlich
der den Truppen des Generals Augereau zugeschriebenen
Uebertretung auf dem Gebiete der Fürsten von Nassau
und der Grafen von Salm, die kraft einer vom General
Moreau herrührenden Urkunde auf die Vorteile der Neutralität Anspruch machen. Die Konsuln haben erklärt,
daß jede von der Regierung stipulierte Vereinbarung
gewissenhaft beobachtet werde, solche Verträge aber,
die diesen Charakter nicht trügen, sie zu nichts verpflichteten. Daraus geht hervor, daß die nach den Wohltaten der Neutralität strebenden Fürsten dieselbe nur
erlangen können, wenn sie besondere Verträge dazu
abschließen und dem Reiche ihre Kontingente verweigern. Da indes den Konsuln daran gelegen ist, jederzeit dem König von Preußen mit aller Rücksicht zu be-

---

[1] Baron Sandoz-Rollin.

gegnen, die aus ihrer Hochachtung für Seine Majestät entspringt, und sie den Wunsch haben, das gute Einvernehmen zwischen den beiden Regierungen aufrechtzuerhalten, schreibe ich an den General Augereau, um ihm zu empfehlen, daß er die Staaten der Fürsten mit aller Schonung behandelt, die die Stellung und der Unterhalt der von ihm befehligten Armee gestattet. Ich bin überzeugt, daß dies auf das künftige Verhalten des Generals großen Einfluß hat, um dem in Frage stehenden Gebiete die Last des Krieges so viel wie möglich zu erleichtern, die mehr oder weniger die Länder bedrückt, in deren Mitte oder Nähe sich die Bewegungen der Armeen abspielen.

Auf Befehl des Ersten Konsuls.

An den Bürger Lucien Bonaparte, Minister des Innern.

Paris, 23. Fructidor des Jahres VIII.
(10. September 1800.)

Ich bitte Sie, Bürger Minister, mir ein Verzeichnis unserer zehn besten Maler, unserer zehn besten Bildhauer, unserer zehn besten Komponisten, unserer zehn besten Musiker — aber andere als die, die in unsern Theatern spielen —, unserer zehn besten Architekten, sowie der Namen der Künstler anderer Art aufzustellen, deren Talente verdienen, die Aufmerksamkeit des Publikums auf sich zu ziehen.

Bonaparte.

Anrede an das Tribunat, als Antwort auf die Rede des Präsidenten[1].

Paris, 24. Vendémiaire des Jahres IX.
(16. Oktober 1800.)

Ich danke dem Tribunat für diesen Beweis der Zuneigung. Ich bin aber durchaus nicht in Gefahr gewesen. Jene sieben oder acht Elenden hatten wohl den Willen, aber nicht die Macht, die von ihnen ausgesonnenen Verbrechen zu begehen. Abgesehen von dem Beistand aller Bürger, die im Theater waren, hatte ich ein Pikett der braven Garde bei mir. Ihren Blicken hätten die Schurken nicht standhalten können.

Noch wirksamere Maßregeln hatte die Polizei ergriffen.

Ich erwähne alle diese Einzelheiten, weil es vielleicht notwendig ist, Frankreich wissen zu lassen, daß das Leben seines ersten Beamten bei keiner Gelegenheit der Gefahr ausgesetzt ist. Solange er das Vertrauen der Nation besitzt, wird er die ihm auferlegte Aufgabe zu erfüllen wissen.

Sollte er jemals in die Lage kommen, dieses Vertrauen zu verlieren, so würde er keinen Wert mehr auf ein Leben legen, das den Franzosen kein Interesse mehr einflößte.

---

[1] Der Tribunatspräsident Crassous hatte den Ersten Konsul hinsichtlich des Misslingens der Verschwörung Arénas, Céracchis und Demervilles beglückwünscht.

An den König von Spanien.

Paris, 17. Brumaire des Jahres IX.
(8. November 1800.)

In der Lage, in der sich Europa befindet, halte ich es für nötig, den Bürger Lucien Bonaparte, meinen Bruder, speziell zu beauftragen, Eurer Majestät den Nutzen vorzustellen, der für die Verbündeten aus der Eroberung Portugals entsteht.

Malta und Mahon sind in die Hände unserer Feinde gefallen. Louisiana sieht sich bedroht.

Der größte Schaden, den wir heute dem englischen Handel zufügen könnten, bestände in der Eroberung Portugals. Diese Eroberung entschädigte übrigens Spanien für die Verluste und Ausgaben des Krieges und machte die Regierung Eurer Majestät ewig berühmt.

Wenn Sie glauben, einiger französischer Ingenieur- und Artillerietruppen zu bedürfen, so können Eure Majestät überzeugt sein, daß ich sie Ihnen bereitwilligst verschaffen werde.

Das einzige Hindernis, das sich noch dem kontinentalen Frieden entgegenstellt, ist die Intervention Englands. Alle Völker des Kontinents indes schreien nach Frieden, und das englische Volk selbst tut täglich seine Gefühle für den Frieden kund, so daß Seine britische Majestät schließlich auch beeinflußt werden wird. Der Krieg Eurer Majestät mit Portugal wird die öffentliche Unzufriedenheit in England noch beschleunigen und diese ehrsüchtige Nation fühlen lassen, daß der kastilianische Ruhm unter der Regierung Eurer Majestät neue Kraft gewonnen hat, und daß Eure Majestät jene treulose, unmenschliche Tat der Engländer, Cadix in einem Augenblick zu bedrohen, wo die Stadt selbst von dem wildesten Volke respektiert worden wäre, nicht ungestraft gelassen hat.

Ich bitte Eure Majestät, an die ganz besondere Hochachtung, die ich für Sie empfinde, zu glauben.

Bonaparte.

An den Kontreadmiral Ganteaume.

Paris, 1. Frimaire des Jahres IX.
(22. November 1800.)

Bürger General, ich schicke Ihnen den Bürger Jérôme Bonaparte, der seine Lehrzeit in der Marine machen soll. Wie Sie wissen, muß er sehr streng gehalten und die verlorene Zeit wieder eingeholt werden. Verlangen Sie von ihm die genaueste Erfüllung aller Funktionen seines Berufes.

Man versichert mir, daß alle sich Ihrer Abfahrt entgegenstellenden Hindernisse endlich gehoben und Sie im Begriff seien, unter Segel zu gehen. Ich brauche Ihnen wohl nicht erst zu sagen, mit welchem Interesse und welcher Ungeduld ich der Nachricht entgegensehe, daß Ihre neue Mission glücklich abgelaufen ist.

Wenn die Feindseligkeiten sehr heftig wiederbeginnen, so kann es möglich sein, daß wir, noch ehe zwei Monate vergangen sein werden, in Venedig sind.

Bonaparte.

An den Bürger Talleyrand.

Paris, 10. Frimaire des Jahres IX.
(1. Dezember 1800.)

Ich hätte sehr gern, Bürger Minister, daß Sie in Ihren Akten Nachforschungen anstellten und eine Denkschrift redigierten:

1. Ueber die Finanzen Rußlands, die Höhe und die Art seines Einkommens, seiner Schulden und Ausgaben.

2. über seine Landmacht; auf welche Weise die Rekrutierung stattfindet; die Organisation seiner Infanterie-, Kavallerie- und Artillerieregimenter; die Namen der genannten Regimenter; die Zahl und die Namen der Generale; die Beschaffenheit des Kalibers ihrer Kanonen; ihre Arsenale;

3. über seine Seemacht; die Namen aller Kriegsschiffe;

4. die Namen aller Städte, die mehr als 10 000 Einwohner haben.

Wenn Sie durch Ihre Archive oder durch Franzosen, die in Rußland gereist sind, nichts erfahren können, so wenden Sie sich an die bedeutendsten in Frankreich lebenden russischen Offiziere.

Bonaparte.

An den Kaiser von Rußland.

Paris, 20. Frimaire des Jahres IX.
(21. Dezember 1800.)

Ich habe gestern das Vergnügen gehabt, den Herrn General Sprengtporten zu sehen, und ihn beauftragt, Eurer Kaiserlichen Majestät mitzuteilen, daß es, teils in politischer Hinsicht, teils aus Hochachtung für Sie, mein sehnlichster Wunsch sei, die beiden mächtigsten Nationen der Welt schnell und unwiderruflich verbündet zu sehen.

Seit zwölf Monaten habe ich vergebens versucht, Europa Frieden und Ruhe zu geben: es hat mir nicht gelingen können. Immer noch schlägt man sich ganz ohne Grund, und, wie es scheint, nur auf Antrieb der englischen Politik.

Vierundzwanzig Stunden, nachdem Eure Kaiserliche Majestät jemand, der Ihr ganzes Vertrauen besitzt und Ihre Wünsche kennt, mit Ihren besonderen Vollmachten versehen haben, werden das Festland und die Meere in Frieden leben. Denn, wenn England, der Kaiser von Deutschland und alle andern Mächte überzeugt sind, daß der Wille und die Arme unserer beiden großen Völker e i n Ziel erstreben, dann werden die Waffen ihren Händen entfallen, und die gegenwärtige Generation wird Eure kaiserliche Majestät segnen, sie den Greueln des Kriegs und dem verheerenden Parteigeist entrissen zu haben.

Wenn, wie ich nach der Ehrenhaftigkeit und Größe Ihres Charakters annehmen darf, Eure kaiserliche Majestät diese Gefühle teilen, so halte ich es für würdig und angemessen, daß die Grenzen der verschiedenen Staaten zu gleicher Zeit geregelt werden und Europa an demselben Tag erfahre, daß der Frieden zwischen Frankreich und Rußland unterzeichnet sei und sie die gegenseitige Verpflichtung eingegangen wären, alle Staaten zu pazifizieren.

Diese markige, offene und loyale Haltung wird zwar einigen Kabinetten mißfallen, aber von allen Völkern und der Nachwelt einstimmig anerkannt werden.

Ich bitte Eure Majestät, von der ganz besonderen Hochachtung überzeugt zu sein, die ich für Sie empfinde, und für welche die in diesem Briefe ausgesprochenen Gefühle der beste Beweis sind, den ich Ihnen geben kann.

Bonaparte.

An den Bürger Joseph Bonaparte, Bevollmächtigten Minister in Lunéville.

Paris, 24. Pluviôse des Jahres IX.
(13. Februar 1801.)

Bürger Minister, heute morgen ist der Friedensvertrag von Lunéville veröffentlicht worden. Er entspricht vollkommen den Erwartungen der Regierung.

Der Bürger Talleyrand wird Ihnen die schriftliche Erlaubnis, nach Paris zurückzukehren, zukommen lassen. An Herrn von Cobenzl will ich nicht schreiben. Ich kann ihn nur als gewöhnlichen Gesandten behandeln, denn im Anfang der Unterhandlungen ist er seinem Charakter nicht gerecht geworden. Man wird ihn jedoch hier mit Vergnügen empfangen, und sein Kommen hat durchaus nichts Unpassendes an sich. Es wäre nur nicht klug und schicklich, wollten Sie ihm in diesem Falle dieselbe Vertraulichkeit beweisen als das erste Mal. Man tat damals für ihn das, was man heute für Herrn Kalitscheff tut [1], da er nämlich gekommen war, alle Hindernisse zum Abschlusse des Friedens aus dem Wege zu räumen und nicht, um das ihm von meiner Seite entgegengebrachte ganz besondere Vertrauen zu benutzen und Herrn von Thuguts Politik gelingen zu lassen. Es wird übrigens nichts schaden, ihm zu sagen, daß, wenn er nicht so vernünftig gewesen wäre, in Lunéville zu bleiben, man dem Hause Oesterreich noch härtere Bedingungen gestellt hätte.

Es bleibt mir nichts weiter, als Ihnen zu sagen: das Volk ist mit dem Vertrage sehr zufrieden, und ich bin es ganz besonders.

Tausend Grüße an Julie.

Bonaparte.

An den Bürger Forfait, Kolonial- und Marineminister.

Paris, 4. Ventôse des Jahres IX.
(23. Februar 1801.)

Bürger Minister, ich habe mit tiefster Erschütterung den Bericht der Einwohner von Saint-Servan gelesen.

---

[1] Bevollmächtigter des russischen Kaisers.

Ich weiß es ebensogut als sie: das Leben von 30 000 Franzosen hat nur Schutz in der Humanität und der Respektierung des Völkerrechts von seiten der Regierung, die es sich zur Aufgabe zu machen scheint, weder das eine noch das andere zu achten. Der Frieden, oder ein außerordentliches, des großen Volkes würdiges Opfer ist die einzige Hoffnung, die diesen Unglücklichen bleibt.

Der Kontinent ist beruhigt; jetzt sollen uns die Küstenbewohner beweisen, ob das Hindernis, das sich zwischen uns und unsern Feinden auftürmt, wirklich so unüberwindlich ist!

Ueberlassen wir es den Frauen, zu klagen und zu weinen. Die Söhne und Brüder aber mögen mit Siegesrufen auf das Jammern der Gefangenen antworten!

Bonaparte.

An Seine Majestät, den Kaiser von Rußland.

Paris, 8. Ventôse des Jahres IX.
(27. Februar 1801.)

Ich habe den Brief Eurer Majestät vom 18. Dezember erhalten, der mir die Ankunft Herrn von Kalitscheffs ankündigte. Da indes dieser Bevollmächtigte noch nicht angekommen ist, habe ich mich entschlossen, Eurer Majestät auf Ihren Brief vom 15. Januar sogleich zu antworten.

Die Anmaßung und Unverschämtheit der Engländer sind beispiellos. Wie es Eure Majestät zu wünschen scheint, werde ich in Flandern drei- bis vierhundert Kanonierschaluppen vereinigen und ein Heer zusammenziehen. Außerdem habe ich Befehl gegeben, in der Bretagne ein Heer zu sammeln, das auf der Flotte von Brest eingeschifft werden kann.

Ein Teil der französischen Armee befindet sich an den Grenzen von Neapel. Vom König beider Sizilien habe ich verlangt, daß er auf alle in den Häfen seiner Staaten befindlichen englischen Schiffe Beschlag lege. Herr Marchese von Gallo ist mit seinen Vollmachten versehen hier angekommen. Ich konnte ihm nur mein Erstaunen und meine Unzufriedenheit darüber kundgeben, daß in seinen Vollmachten die Gesandten des Kaisers von Deutschland und des Königs von England genannt seien, als wenn sie vereint mit ihm unterhandeln sollten, während die Gesandten Eurer Majestät nicht erwähnt waren. Vor der Auswechselung des Vertrags muß er sich andere Vollmachten verschaffen.

In der gegenwärtigen maritimen Lage ist es von Wichtigkeit, daß der König beider Sizilien weiß, daß er die Erhaltung seiner Staaten nur dem Schutze Eurer Majestät verdankt.

Ich habe von Brest eine Verstärkung von zehn Schiffen nach Toulon geschickt, die glücklich dort angekommen sind. Spanien zieht in Cadix eine Flotte zusammen, die sich im gegebenen Falle mit dem Geschwader, das Eure Majestät im Schwarzen Meer besitzt, vereinigen kann.

Zu diesem Zwecke aber scheint es mir nötig, sich eines sizilianischen Hafens und eines an der Küste von Tarent zu sichern. Die Geschwader, die sich in diesen Häfen befinden, sind indes nur dann sicher, wenn sie von russischen und französischen Truppen besetzt sind. Deshalb wünschte ich, daß man in einem der Haupthäfen Siziliens russische und in einem der Häfen des Golfes von Tarent französische Besatzung hielte.

Herr von Lucchesini hat mir eine Note des Königs von Preußen übermittelt, aus der hervorgeht, daß dieser Fürst endlich getan hat, was Eure Majestät und ganz Europa von ihm erwarteten, nämlich den Engländern die Elbe und Weser zu verschließen. Würde es Eurer Majestät nicht geeignet erscheinen, nach Hannover, das Sie bis zum allgemeinen Frieden besetzen, die Truppen des Herrn von Sprengtporten zu schicken, denen man eine französische Division beifügen könnte? Ich würde mich in diesem Falle verpflichten, ihnen alles Kriegsmaterial zu liefern, das sie eventuell brauchen.

Wenn Eure Majestät dazu beitragen, daß die Engländer keinen Handel mit den nördlichen Staaten treiben, wenn das Korps des Herrn von Sprengtporten nach Hannover geht, um über die Schließung der Elbe und Weser keinen Zweifel mehr aufkommen zu lassen, wenn das Observationskorps, das ich nach Bordeaux gesandt habe, Portugal zwingt, seine Häfen den Engländern zu verschließen, wenn Neapel und Sizilien die ihrigen gleichfalls gesperrt haben, dann wird den Engländern jede Verbindung mit Europa abgeschnitten sein.

Ich empfehle Eurer Majestät die französischen Gefangenen, die sich auf den Galeeren in Konstantinopel befinden.

Die Engländer versuchen eine Landung in Aegypten. Es liegt im Interesse aller Mächte des Mittelmeeres und des Schwarzen Meeres, daß Aegypten in den Händen Frankreichs bleibe. Schon ist der Plan zum Suez-

kanal entworfen, der die indischen Meere mit dem Mittelländischen verbinden soll, eine leichte, wenig Zeit er-
fordernde Arbeit, die dem russischen Handel unberechenbare Vorteile bieten kann. Sollten Eure Majestät noch
immer der von Ihnen so oft ausgesprochenen Meinung
sein, einen Teil des nördlichen Handels auf den Süden
zu übertragen, so ist Ihnen die beste Gelegenheit gegeben,
Ihren Namen mit einem so großen Unternehmen zu
verknüpfen, das bedeutenden Einfluß auf die Zukunft
des Kontinents haben wird, indem Sie bei der Pforte
in die ägyptischen Angelegenheiten vermittelnd eintreten.

Aus dem Friedensvertrage, der zwischen Frankreich
und Oesterreich abgeschlossen worden ist, werden Eure
Majestät ersehen haben, daß alles in Betracht gezogen
worden ist, um Ihren Wünschen nachzukommen.

Ich erwarte mit Ungeduld Herrn von Kalitscheff.
Sobald er angekommen ist, werde ich an Eure Majestät
einen Offizier abgehen lassen, und bitte Sie, Befehle
zu erteilen, damit er an der Grenze keine Schwierigkeiten hat.

Mit der Bitte, von den ganz besonderen Gefühlen,
die mir Eure Majestät einflößen, überzeugt zu sein, bin
ich usw.

Bonaparte.

An das Direktorium der Batavischen Republik.

Paris, 19. Germinal des Jahres IX.
(9. April 1801.)

Bürger, die Soldaten, welche ihr Vaterland verteidigen, verdienen die Achtung und Anerkennung ihrer

Regierung. Sie sind nicht mehr gedungen als die Könige,
Fürsten oder Beamten, die, unter welchem Titel es auch
sei, die Länder regieren.

Der General Augereau hat infolge seines guten Be-
nehmens an der Spitze der in Batavia stehenden Armee
Anspruch auf einige Anerkennung der Batavischen Republik.

Er begibt sich nach Holland, um sich mit seinem
Heere zu vereinigen, es zu kantonieren und Sie zu sehen.

Er ist ein viel zu guter Soldat, um nicht zu wissen,
welche Rücksichten er der Regierung schuldet, deren
Freund er ist; aber auch diese sollte ihn etwas loyaler
verteidigen.

Bonaparte.

An den Bürger Joseph Bonaparte.

Paris, 22. Germinal des Jahres IX.
(12. April 1801.)

Der Kaiser von Rußland ist in der Nacht vom 24.
zum 25. März infolge eines Schlaganfalls gestorben[1]. Der
tiefe Schmerz, den ich um den Tod eines von mir so
hochgeschätzten Fürsten empfinde, gestattet mir nicht,
in nähere Einzelheiten einzudringen. Sein ältester Sohn
ist ihm auf den Thron gefolgt und hat die Huldigung
der Armee und der Hauptstadt empfangen.

Bonaparte.

---

[1] Paul der Erste starb bekanntlich keines natürlichen Todes, sondern wurde ermordet.

An den Bürger Duroc, Adjutanten des Ersten Konsuls.

Paris, 4. Floréal des Jahres IX.
(24. April 1801.)

Sie werden am 6. Floréal nach Petersburg abreisen. Sie fahren über Berlin, wo Sie sich zwei Tage aufhalten können. Lassen Sie sich dem Könige vorstellen und ergreifen Sie die günstige Gelegenheit, ihm zu sagen, daß ich Ihre Durchreise benutze, um Seine Majestät zu der Besetzung Hannovers zu beglückwünschen und ihm die Gefühle der Ehrerbietung und Hochachtung zu wiederholen, die ich für ihn hege.

Sie verlangen weder von Herrn von Krüdener[1], noch von sonst jemand einen Paß, sondern begeben sich geradewegs nach Memel, wo Sie wahrscheinlich Befehle vorfinden werden, die Grenze passieren zu können.

In Petersburg angekommen, suchen Sie den Vizekanzler auf und bitten ihn, beiliegenden Brief Seiner Kaiserlichen Majestät eigenhändig zu übergeben[2].

Sollten Sie der Kaiserin vorgestellt werden, so vergessen Sie nicht, ihr zu sagen, wie sehr ich ihre Familie und den Markgrafen von Baden achte und liebe.

Ehe Sie Paris verlassen, bitten Sie Herrn Kalitscheff um die Briefe, mit denen er Sie beauftragen möchte.

Sowohl in Berlin als in Petersburg müssen Sie von Aegypten immer sprechen, als wären wir seines Besitzes sicher; vom König von Sardinien, als wenn wir uns

---

[1] Um diese Zeit russischer Gesandter in Berlin.
[2] Vgl. den folgenden Brief.

sehr darüber beklagten, daß die englischen Geschwader in Cagliari verproviantiert würden, und daß die Armee des Generals Abercromby beträchtliche Zufuhren von Nahrungsmitteln erhielte. Vom König von Neapel sprechen Sie, als lebten wir im vollkommenen Frieden mit ihm. Wir seien entschlossen, denselben aufrechtzuerhalten und die Integrität seiner Staaten zu bewahren. Die Expedition der Engländer in Aegypten stellen Sie als gänzlich verfehlt hin, können aber hinzufügen, daß, wenn sie ihnen gelänge, dies ein großes Unglück für das europäische Festland wäre.

Katharina erwähnen Sie als eine Fürstin, die den Untergang des türkischen Reichs wohl vorausgesehen und gefühlt habe, daß der russische Handel nur dann gedeihen könne, wenn er sich nach dem Süden ziehe.

Wenn Sie von unsern gegenwärtigen Beziehungen sprechen, so sagen Sie, daß der Frieden das Allerdringendste sei. Das lange Hinziehen wäre um so nachteiliger, als die beiden Staaten so weit voneinander entfernt lägen, und die Ereignisse in Italien und Deutschland sich mit rasender Geschwindigkeit vermehrten.

Wir hätten das Interesse, das Paul I. einigen italienischen Fürsten entgegenbrachte, stets nur für persönlich angesehen und niemals für politisch.

Wir sähen indes die Möglichkeit ein, daß Rußland wegen des Handels auf dem Schwarzen und Mittelländischen Meere einiges Interesse am König von Neapel nähme. Der unterzeichnete Frieden sei von nun an ein dauernder und definitiver.

Der König von Sardinien habe die Unzufriedenheit seiner Untertanen dermaßen erregt, daß es nur mit Hilfe einer zahlreichen Armee möglich sein werde, ihn auf dem Throne zu erhalten. Uebrigens werde man, abgesehen davon, daß sich der König äußerst schlecht benehme, leicht begreifen, daß die französische Regierung es nicht liebte, Gespenster zu sehen. Ueberdies habe der König von Sardinien in der neuen Politik der italienischen Angelegenheiten, die durch die Abtretung der venezianischen Staaten an den Kaiser von Deutschland bedeutend verändert seien, gar kein politisches Interesse mehr.

Wenn Rußland noch immer bei einem System bewaffneter Neutralität beharre, von dem es sich, wie es schiene, nicht mit Ehren entfernen könne, so wäre auch Frankreich, das schon einmal vorgeschlagen hätte, beizutreten, aber abgewiesen worden sei, immer noch derselben Gesinnung.

Sollte von den Eröffnungen die Rede sein, die England der französischen Regierung gemacht haben soll, so sagen Sie, alle diese Gerüchte entbehrten der Wahrheit und es wäre von seiten der Engländer eine sehr leicht zu begreifende Politik, glauben zu machen, daß sie mit uns in Unterhandlung ständen, während ihre Geschwader sich auf dem Baltischen Meere befinden.

Bleiben Sie in Petersburg, so lange Sie können. Besuchen Sie alle öffentlichen Gebäude, die Arsenale, das Heer, die Flotte, usw., kurz alles, was Sie ohne Mißfallen und Besorgnis zu erregen sehen können.

Schreiben Sie mit jeder Post, sowohl von Berlin als von Petersburg aus, und zwar so, daß Ihre Briefe vom Kaiser und allen seinen Ministern oder vom König von Preußen und seinen Ministern gelesen werden können.

Benutzen Sie die Kuriere des batavischen Gesandten

und schicken Sie einige Tage nach Ihrer Ankunft einen Ihrer Offiziere ab.

Wenn Sie den batavischen Gesandten sehen, so tun Sie nicht, als ob Sie sich ausschließlich auf ihn stützten. Der preußische, dänische und schwedische Gesandte werden Ihnen Gelegenheit zu gesellschaftlichen Zusammenkünften geben.

Was die französischen Emigranten in Petersburg betrifft, so empfangen Sie sie alle, wenn sie im guten Ansehen stehen, ohne indes einen einzigen aufzusuchen. Sie können jedoch einen der beiden Offiziere, die Sie begleiten, beauftragen, ihren Umgang zu pflegen, um eine größere Zahl von Auskünften zu sammeln.

Bonaparte.

An den Kaiser von Rußland.

Paris, 6. Floréal des Jahres IX.
(26. April 1801.)

Herr von Kalitscheff hat uns den Brief übergeben, in welchem Sie uns vom Ableben Ihres erhabenen Vaters und von Ihrer Erhebung auf den Thron aller Reussen in Kenntnis setzen.

Der unerwartete Verlust, der Eure Majestät betroffen, hat uns tief berührt, und erst, als wir erfuhren, daß Eure Majestät die Regierung angetreten haben, konnten wir uns wahrhaft darüber trösten.

Sie werden uns stets geneigt finden, alles zu tun, was in unsern Kräften steht, um Ihnen angenehm zu sein.

Vor allem sind wir geneigt, einen Vertrag zu unterzeichnen, der einen definitiven Frieden zwischen den beiden Staaten abschließt, und wenn Eure Majestät die Ansichten Ihres erhabenen Vaters über die Freiheit und das Gleichgewicht der Meere teilt, so werden Sie uns bereit finden, die Bande zwischen den beiden Staaten noch enger zu knüpfen, um gemeinschaftlich nach der Ruhe und dem Glück der jetzigen Generation zu streben.

Wir sehen der Wiederherstellung der regelmäßigen Beziehungen der beiden Regierungen mit Ungeduld entgegen.

Wir haben den Bürger Duroc, unsern ersten Adjutanten, beauftragt, diesen Brief Eurer Majestät persönlich zu übergeben. Er wird Ihnen nicht genug versichern können, welches Interesse wir dem Ruhme der Regierung Eurer Majestät und dem Gedeihen Ihrer Völker entgegenbringen.

Wir bitten Eure Majestät, allem, was dieser Offizier Ihnen sagen wird, Glauben zu schenken und von der ganz besondern Hochachtung und Ehrerbietung, die wir für Sie empfinden, überzeugt zu bleiben.

Bonaparte.

An den Bürger Lucien Bonaparte, Gesandten in Madrid.

Paris, 26. Floréal des Jahres IX.
(15. Mai 1801.)

Der König von Toscana wird in Paris beim spanischen Gesandten wohnen, ein von Joseph II., dem Grafen du Nord[1], den Königen von Dänemark und

---

[1] Paul I. von Rußland.

Schweden und allen Monarchen, die nach Paris gekommen sind, eingesetzter Brauch . . .

Azara ist siebzig Jahre alt und ein sehr achtbarer Mann, von dem ich aus verschiedenen Gründen wünsche, daß ihn der König von Spanien auf seinem Posten in Paris ließe.

Machen Sie den Madrider Hof gegen den Papst abgeneigt, indem Sie ihm als feststehende Tatsache zu wissen tun, daß der Papst, ohne eine andere Macht zu Rate zu ziehen, nur auf Verlangen Pauls I. die Jesuiten wieder eingesetzt habe. Der Papst ist ein ehrlicher Mann, aber beschränkt; er ist von dem alten neapolitanischen Pfaffengesindel umgeben, das den Spuren Buscas folgt und sich schlecht benimmt . . .

Der Admiral Bruix wird augenblicklich mit fünf Linienschiffen und fünf Fregatten voll Landungstruppen absegeln und vor Cadix erscheinen. Ich wünsche, daß die fünf spanischen Schiffe unter seinen Befehl gestellt werden. Da er 5—600 Matrosen wird liefern können, hoffe ich, daß Dumanoir zwei oder drei Schiffe abgeben kann. Tun Sie die nötigen Schritte, damit die fünf Linienschiffe, die sich in Cadix befinden, sich mit dem dort erscheinenden französischen Geschwader vereinen, um je nach den Umständen zu handeln, eine Streiffahrt im Mittelmeer zu machen, es nochmals zu durchschiffen oder, wenn nötig, sich nach Ost- oder Westindien zu begeben.

Die fünf von Gravina gelieferten Schiffe sollen sich mit den sechs vom Admiral Villaret-Joyeuse befehligten und den sieben batavischen Linienschiffen vereinigen, um in See zu gehen und je nachdem in Amerika oder in Indien zu operieren. Lassen Sie wissen, daß die Operationen einer e i n z i g e n Leitung bedürfen und für unveränderliche Entschlüsse nicht geeignet seien.

Uebrigens müssen Sie über diese Bewegung des Admirals Bruix tiefes Stillschweigen bewahren; Dumanoir braucht nicht davon unterrichtet zu werden. Es genügt, daß er zwei oder drei Linienschiffe zum Absegeln bereit hält. Wenn sie auch nur für einen Monat verproviantiert sein sollten, so genügte das im Notfalle.

Lecestre, Lettres inédites de Napoléon Ier.

An den Bürger Talleyrand, Minister der Auswärtigen Angelegenheiten.

Paris, 3. Prairial des Jahres IX.
(23. Mai 1801.)

Bürger Minister, ich wünsche, daß Sie Herrn von Lucchesini bei der ersten Gelegenheit, wo er mit Ihnen geschäftliche Angelegenheiten bespricht, zu wissen tun, daß die Regierung alle Angelegenheiten mit Preußen durch den Bürger Beurnonville in Berlin zu erledigen wünscht. Schicken Sie ihm einen außerordentlichen Kurier, um ihm diesen Entschluß mitzuteilen. Der General Beurnonville wird es dem Berliner Ministerium zur Kenntnis bringen und ihm meine Unzufriedenheit mit dem Verhalten, den Verbindungen und den zahllosen Unüberlegtheiten des Herrn von Lucchesini mitteilen. Dies und der wohlbegründete Verdacht, daß er mit den Engländern im Einvernehmen stehe, mache ihn der französischen Regierung wenig angenehm. Man solle in Berlin allem, was er schriebe, Mißtrauen entgegenbringen. Die Kälte, mit der ihn der Erste Konsul bei seinen

Audienzen empfinge, habe jedoch nichts mit der Politik
zu tun, nur sähe er es gern und hielte es für die
Beziehungen der beiden Staaten für notwendig, wenn
Herr von Lucchesini abberufen würde. Dieser werde
von der französischen Regierung heute nur noch als
einer betrachtet, der alle Angelegenheiten verdürbe, anstatt sie zu regeln. Man solle diesen Schritt indes nur
als geheimen, vertraulichen Wink betrachten und nicht
als formelle Bitte . . .

Wenn der König von Preußen Herrn von Lucchesini
zurückberiefe, könnte er uns keine größere Freude
machen, als wenn er uns einen preußischen Edelmann
schickte.

Bonaparte.

An Josephine in Plombières.

Paris, den 27. [Mai] des Jahres X. (1801.)

Es ist hier so schlechtes Wetter, daß ich in Paris
geblieben bin. Malmaison ohne Dich ist zu traurig.
Das Fest war sehr schön; es hat mich nur ein wenig
ermüdet. Das Pflaster, das man mir auf den Arm gelegt
hat, verursacht mir noch immer große Schmerzen.

Ich habe von London für Dich verschiedene Pflanzen
erhalten, die ich Deinem Gärtner geschickt habe[1]. Wenn
in Plombières ebenso schlechtes Wetter ist als hier,
dann werden Dir die Bäder sehr unangenehm sein.

Viele freundliche Grüße an Mama und Hortense.

Bonaparte.

---

[1] Der Prinzregent und spätere König von England respektierte
trotz des Krieges stets die Blumensendungen, die Josephine aus allen
Teilen der Welt für ihre Treibhäuser erhielt.

An den Bürger Talleyrand, Minister der Auswärtigen
Angelegenheiten.

Paris, 26. Prairial des Jahres IX.
(15. Juni 1801.)

Eben kommt der Bürger Baciocchi[1] an; vermutlich
war er auch bei Ihnen. Jedenfalls schicke ich Ihnen
die Abschrift des prächtigen Vertrags, den unser Gesandter uns gemacht hat[2]. Ich bitte Sie, ihm durch
einen speziellen Kurier mitzuteilen, daß dieser Vertrag
nicht allein gegen seine Instruktionen, sondern auch
gegen den mit Spanien geschlossenen Vertrag, gegen
die Interessen der Republik und ganz und gar im Interesse Englands gemacht worden ist. Er solle auf der
Stelle Spanien erklären, daß der Vertrag nicht ratifiziert
worden ist und es auch niemals werden kann, daß ich,
wenn die drei Provinzen[3] nicht sofort von spanischen
und französischen Truppen besetzt werden, in keiner
Weise für die Rückgabe der spanischen Kolonien stehen
könne.

Schreiben Sie ihm, daß dieser Vertrag für den Ersten
Konsul ein so unerwarteter Schlag und eine so glänzende
Niederlage ist, wie er sie nie in seiner amtlichen Laufbahn erfahren habe. Wenn er nicht sofort gebrochen
werde, müsse man sich darauf gefaßt machen, den Krieg
in Portugal noch um drei Feldzüge verlängert zu sehen,
denn der Ersatz der drei Provinzen ist das einzige
Mittel, die Insel Trinidad zurückzuerhalten und das so

---

[1] Er war Adjutant des Generalstabs vom Armeekorps in der Gironde.
[2] Lucien Bonaparte; vgl. den ersten Brief im 2. Bande.
[3] Entre-Duro-e Minho, Tras-os-Montes und Beïra.

wichtige und wesentliche Werk des allgemeinen Friedens zu fördern.

Der Friedensvertrag darf nur als eine Art Protokoll angesehen werden, weil in ihm erwähnt wird, daß die Feindseligkeiten erst nach der Ratifikation aufhören sollen.

Teilen Sie ihm ferner mit, daß der General Leclerc augenblicklich an der Spitze von 15 000 Mann stehe und daß 10000 andere, die sich an der französischen Grenze befinden, nur auf den Wink Spaniens warteten, um einzumarschieren. Ich wünschte ausdrücklich, daß die französischen Truppen durch 12 000 Spanier verstärkt würden, die Oporto und alle Provinzen überschwemmen sollen, welche besetzt werden müssen.

Endlich schreiben Sie ihm, wie unsinnig es ist, daß wir Portugal für die Zurückerstattung seiner Kolonien Bürgschaft leisten wollen; das entehre das ganze Kabinett, und ich würde lieber zur Ehre der Regierung eine Provinz verlieren, als diesen Vertrag ratifizieren.

Mein Name sei gewöhnt, nur bei Dingen genannt zu werden, die für die Nation nützlich und für das französische Volk ehrenvoll wären.

Morgen mittag werden Sie mir den Entwurf zu dieser Depesche vorlegen.

Außerdem bitte ich Sie, mir Ihre ganze Korrespondenz und den Vertrag mit Spanien mitzubringen.

Machen Sie den Entwurf zu einer Note, die der Bürger Otto dem Londoner Hofe mit dem gegenwärtigen Vertrage als Protokoll vorlegen soll. Der Zweck derselben wäre:

Lord Hawkesbury mitzuteilen, daß die Provinz Alemtejo von den Spaniern erobert worden sei, daß die

Königin von Portugal Herrn Pinto gesandt habe, und daß eine Art Vertrag zwischen diesem und dem französischen Gesandten abgeschlossen worden wäre. Es seien jedoch schon Befehle unterwegs, daß dieser Vertrag als nichtig angesehen werde, weil der Erste Konsul niemals von der in Lorient Herrn d'Aranjo gemachten Erklärung abstehen würde, nur dann mit Portugal Frieden zu machen, wenn er drei Provinzen besetzte, die als Ersatz für die Kolonien der Verbündeten dienen könnten. Obwohl der Erste Konsul den französischen Armeen befehlen würde, sich auf die Fortsetzung der Angriffe auf Portugal gefaßt zu machen, sei er es doch der Schwäche und Ohnmacht der portugiesischen Regierung schuldig, die Feindseligkeiten so lange einzustellen, bis der Londoner Hof auf die letzten Vorschläge geantwortet habe, nämlich, ob er in den Verhandlungen für Portugal den Status quo ante bellum als Aequivalent für den Status quo ante bellum von Amerika annehmen wolle.

Ferner muß in dieser Note gesagt werden, daß die englische Regierung in diesem offenen Schritt den Wunsch erblicken solle, eine schwache Macht zu schonen, die allerdings in diesem Kriege die Rolle einer englischen Provinz gespielt habe, sowie alles zu vermeiden, was die beiden Nationen gegenseitig erbittern könnte.

Bonaparte.

Ich bitte Sie, mir diesen Brief morgen mittag wieder mitzubringen.

———